L'ÉCONOMIE EN DISSERTATIONS

PIERRE-ANDRÉ CORPRON
Enseigne en classe préparatoire
économique et commerciale
Lycée Jean-Baptiste Corot,
Savigny sur Orge (91)

PIERRE-OLIVIER PERL
Enseigne en classe préparatoire
économique et commerciale
École nationale de commerce,
Bessières, Paris (75)

STÉPHANE MOUSSIEGT
Enseigne en classe préparatoire
économique et commerciale
Lycée militaire de Saint-Cyr-l'École (78)

MICKAEL SYLVAIN
Enseigne en classe préparatoire
économique et commerciale
Lycée Gustave Flaubert, Rouen (76)

Bréal

ISBN : 978 2 7495 3146 5

AVANT-PROPOS

Cet ouvrage est destiné aux étudiants préparant les épreuves d'**Analyse économique et historique des sociétés contemporaines** aux concours des écoles de management. Mais il s'adresse de manière plus générale à tous ceux qui préparent des dissertations d'économie ou de sociologie.

Les 20 sujets proposés sont originaux. Il ne s'agit donc pas de corrigés proposés sur des sujets réellement posés les dernières années, mais ils sont très proches et la variété des thèmes proposés couvre très largement le champ des sujets possibles. Le découpage retenu, propose 5 grands thèmes qui structurent le programme des deux années :

- Croissance, développement et crise.
- Monnaie, financement de l'économie et politique monétaire.
- Mondialisation de l'économie.
- Déséquilibres économiques et politiques macroéconomiques.
- Structures sociales et changement social.

La **méthodologie** explique pas à pas comment réussir une dissertation, en présentant des étapes incontournables. Tous les sujets font l'objet d'une **analyse** préalable, permettant d'en dégager les enjeux et de les replacer dans les programmes des deux années de classe préparatoire. Une **bibliographie** est proposée à la fin de chaque sujet pour orienter le travail personnel des candidats aux concours.

Nous avons choisi de présenter les dissertations en laissant apparent le plan pour bien mettre en avant l'importance de la construction.

Nous espérons que ce livre constituera pour les candidats aux concours un outil de préparation efficace.

Les auteurs

SOMMAIRE

La méthode de la dissertation

Les caractéristiques de la dissertation

L'analyse économique et historique des sociétés contemporaines (AEHSC) est la matière caractéristique de la voie économique des concours des écoles de commerce et de management. Elle s'appuie sur trois piliers : l'économie, la sociologie et l'histoire économique. Il s'agit d'utiliser les éclairages de ces trois disciplines, de les combiner, pour comprendre des phénomènes économiques et sociaux majeurs des deux derniers siècles.

La dissertation d'AEHSC obéit aux canons classiques de la dissertation, telle qu'elle est traditionnellement présente dans la plupart des concours en France. Il s'agit de présenter une argumentation, s'appuyant sur une structure solide et visant à construire une démonstration. C'est un exercice difficile, qui ne s'improvise pas, et qui n'est pas non plus « inné ». On peut apprendre à faire une dissertation, comme on apprend à résoudre des équations. Les qualités littéraires sont évidemment utiles, mais l'essentiel de la dissertation réside dans la construction d'un plan, dans la logique et l'équilibre de la démonstration réalisée, dans la volonté de proposer une réponse à la question posée.

Les banques d'épreuves et leurs spécificités

Les concours des écoles de management sont organisés autour de deux banques d'épreuves Ecricome d'un côté : Banque commune d'épreuves (BCE) de l'autre, dans lesquelles les écoles puisent pour composer leur concours.

Les écoles de la banque **Ecricome** réalisent un concours commun et il y a donc une épreuve d'AEHSC chaque année, avec deux sujets au choix, portant normalement sur des parties différentes des programmes. Parmi les sujets proposés dans les dernières années, on trouve :

- *Les déséquilibres démographiques mondiaux et leurs conséquences sur le développement.* (2002)
- *À la lumière de l'expérience historique, pensez-vous que l'équilibre budgétaire doive être un objectif des politiques économiques ?* (2002)
- *Préserver la concurrence : un facteur essentiel de régulation du capitalisme ?* (2004)
- *Le libre-échange, tel qu'il est conçu par l'Accord général sur les tarifs et le commerce (GATT), est-il un facteur de croissance économique depuis 1947 ?* (2004)
- *La dotation en facteurs explique-t-elle l'évolution de la spécialisation internationale des nations ?* (2007)
- *les prélèvements obligatoires représentent-ils un frein à la croissance économique dans les PDEM ?* (2007)
- *Peut-on toujours parler des classes moyennes ?* (2012)
- *Le progrès technique peut-il être orienté et conduit par la puissance publique ?* (2012)

On a ainsi un ensemble de sujets très variés, appariés souvent sur des parties très différentes du programme et couvrant fréquemment les thèmes des deux années.

La **Banque commune d'épreuves** (BCE) propose quatre épreuves d'AEHSC. Trois sont des dissertations uniquement, pilotées respectivement par HEC, l'ESSEC et l'ESCP. La quatrième combine une mini-dissertation (avec deux sujets au choix) et quatre questions de cours et correspond aux épreuves dites ESC.

Le sujet HEC n'est utilisé actuellement que par HEC. II se caractérise souvent par un libellé très général et par une forte dimension historique. Même si la référence au temps long n'est pas explicite, les concepteurs de sujets ont précisé que le traitement devait toujours se situer sur la temporalité du programme, c'est-à-dire depuis 1800. Ainsi ont été proposés des sujets tels que :

- *Innovation et emploi dans les pays industrialisés depuis le début du XIXe siècle.* (1999)

- *Les rôles respectifs de l'État et du marché dans la répartition et la redistribution des revenus depuis la fin du XIXe siècle.* (2001)
- *La mondialisation économique est-elle irréversible ? Vous analyserez la question en faisant appel à la théorie économique et à l'évolution historique depuis le début du XIXe siècle.* (2002)
- *Peut-on parler d'un apprentissage des politiques économiques de la part des gouvernements depuis le début du XIXe siècle ?* (2009)
- *La crédibilité des accords monétaires.* (2012)

Le sujet proposé par l'ESSEC ne sert que pour cette école. Il est souvent caractérisé par une dimension très économique, et souvent assez pointue.

- *Pourquoi la croissance ? La croissance pour quoi ?* (1999)
- *Unité et diversité du capitalisme.* (2005)
- *L'État-nation est-il en crise ?* (2008)
- *Progrès technique et emploi.* (2009)
- *« L'Europe sera monétaire ou ne sera pas ». Qu'en pensez-vous ?* (2012)

L'épreuve pilotée par l'ESCP-Europe est, quant à elle, utilisée par plus d'une quinzaine d'écoles. Il s'agit d'un sujet unique, de facture souvent très classique et rarement aux marges des programmes. Il doit permettre de juger des candidats à des concours de niveaux de difficulté très différents et doit donc permettre un étalonnage assez large des copies. Il se rapproche de ce fait assez souvent des libellés proposés par Ecricome, mais sans laisser le choix entre deux sujets. On trouve ainsi :

- *La place particulière du dollar dans le système monétaire international après 1944 a-t-elle favorisé et favorise-t-elle encore la croissance de l'économie mondiale ?* (1998)
- *Ouverture commerciale à l'international et croissance économique.* (2004)
- *L'inflation est-elle toujours et partout un frein à la croissance ?* (2007)
- *Les banques centrales ont-elles eu et ont-elles aujourd'hui une influence décisive sur l'activité économique ?* (2009)
- *L'inflation est-elle la meilleure des solutions pour résoudre les crises de la dette publique ?* (2012)

Les épreuves dites « ESC » comportent deux mini-dissertations au choix et quatre questions de cours obligatoires. Les dissertations portent sur des parties différentes des programmes et sont proches dans leurs intitulés de sujets classiques proposés par les autres banques (un peu plus de questions « fermées » peut-être). Les quatre questions de cours portent sur des thèmes très différents, avec quasiment toujours une question de sociologie, et doivent être traitées en 200 mots. Cela implique un travail de synthèse, pour condenser le propos, dire le maximum de choses dans le minimum de mots. Par exemple en 2012, les sujets étaient :

Dissertation

- Sujet n° 1 : *Les PED constituent-ils un ensemble homogène ?*
- Sujet n° 2 : *Dans une large perspective historique, quel est le rôle de l'innovation dans le développement des pays industrialisés ?*

Questions de cours

1. *Qu'est-ce que le cycle long Kondratiev ?*
2. *Présentez la « politique commerciale stratégique ».*
3. *Expliquez la méthode de « l'idéal-type » utilisée par Max Weber.*
4. *Quelles sont les fonctions économiques de la monnaie ?*

Les étapes de la réalisation d'une dissertation

1. Analyse du sujet et élaboration d'un plan provisoire (15 minutes)

L'analyse du sujet est une période essentielle de la réalisation de la dissertation. Elle se joue dans les premières minutes et conditionne souvent toute la suite du travail. C'est ici que peuvent se faire et s'éviter les contresens, les dérives par rapport au sujet posé, les oublis importants.

La démarche consiste à étudier précisément tous les termes du sujet posé, à se mettre au clair sur le sens des mots, à repérer l'angle suggéré par le libellé, à en délimiter le champ.

Les sujets posés au cours des dernières années présentent une grande variété de libellés. Beaucoup sont posés sous forme de question :

- *L'échange international peut-il toujours être considéré comme un facteur de rattrapage ?* (Ecricome, 1996)
- *Faut-il combattre les monopoles ?* (ESSEC, 2011)
- *Les Unions économiques régionales ont-elles été et sont-elles encore un moyen de contourner le libre-échange ?* (ESCP, 2010)

Dans tous ces sujets une réponse nuancée est attendue, même si la construction simple « oui » – « non » n'est pas toujours la plus appropriée. Si elle s'impose dans des sujets qui commencent par « *Dans quelle mesure...* », très minoritaires, elle conduit trop souvent à ne pas répondre, ne pas trancher. Or, les rapports de jurys insistent fortement sur le fait que le candidat doit tenter d'apporter une réponse claire et bien visible à la question posée, après avoir présenté des arguments variés. Ainsi, il n'y a pas réellement de corrigé-type pour chaque sujet, mais des manières différentes de le traiter en fonction de la problématique choisie, de la réponse apportée, des arguments présentés et de leur hiérarchisation.

D'autres sujets sont posés de façon très neutre, sans donner d'angle de réponse immédiat :

- *Sorties de crise.* (HEC, 2011)
- *Commerce international et crises économiques : les enseignements de l'Histoire.* (Ecricome, 2010)
- *Intérêt et limite de l'intervention de l'État.* (ESSEC, 2006)
- *Concurrence monétaire et compétitivité des nations.* (Ecricome, 2008)

Dans ce cas, le candidat est encore plus libre du traitement qu'il propose. Le choix de l'angle, la problématique, doit alors faire l'objet d'un soin particulier, bien explicité lors de l'introduction du devoir.

Analyser correctement le sujet, c'est d'abord bien comprendre et définir les termes utilisés. C'est aussi repérer le sens des verbes : étudier, analyser, expliquer... Beaucoup de sujets sont cependant construits sans verbe, se contentant d'opposer des termes : « Progrès technique et emploi » (ESSEC, 2009). Cela laisse toute liberté au candidat pour chercher les implications dans un sens ou dans l'autre, trouver des relations pertinentes qui permettront de construire un plan.

Lors de l'analyse du sujet il faut s'attarder sur les mots employés, se demander si le sujet change de sens lorsqu'on remplace un mot par un autre. Parler de « crises financières » n'a pas le même sens que

« crises économiques », « fluctuations » n'a pas la même signification que « crises »... Il faut accorder une attention particulière aux adverbes ou aux adjectifs.

Quelques exemples :

- *L'inflation est-elle la meilleure des solutions pour résoudre les crises de la dette publique ?* (ESCP, 2012). L'adjectif « meilleure » donne tout son sens au sujet et invite de ce fait à comparer cette solution à d'autres. De même, « publique » limite fortement le champ d'étude. Les retirer modifie très sensiblement l'intitulé.
- *La concentration industrielle est-elle toujours un obstacle à la concurrence ?* (ESCP, 2006). Retirer l'adverbe « toujours » donnerait un sujet beaucoup plus plat.
- *L'internationalisation financière a-t-elle accru les inégalités de développement ?* (Ecricome, 2006). Supprimer « financière » transformerait radicalement le sujet.

Le champ spatial et temporel est parfois précisé dans le sujet, mais il est souvent laissé à la libre interprétation du candidat. Il faut toujours se demander si le sujet concerne tous les pays, ou seulement certains groupes. L'oubli d'une dimension géographique est toujours pénalisante. De même, il ne faut pas traiter les sujets dans une seule perspective d'actualité. Le programme d'AEHSC est explicitement construit autour d'une dimension historique et l'omettre, y compris dans des sujets qui paraissent d'actualité, conduit forcément à ne traiter qu'une partie de la question posée. Ne jamais oublier qu'il y a une première mondialisation à la fin du XIXe siècle, que les structures sociales ou celles de l'entreprise évoluent beaucoup au XIXe, que les problèmes de financement du développement sont aussi présents à cette période et que les crises économiques et financières sont récurrentes depuis la révolution industrielle... et même avant.

À l'issue de cette analyse du sujet, on dispose souvent des premiers éléments de réponse qui permettent d'envisager un plan provisoire. Il ne s'agit pas de faire l'ensemble de la construction, mais de trouver une construction (ou plusieurs) qui réponde à la problématique choisie. Cette première approche de la construction, qui se résume souvent à imaginer les grandes parties, doit permettre de dégager l'argumentation, mais elle pourra être invalidée lors des étapes suivantes.

2. Recherche des connaissances (45 minutes)

Cette étape est très importante et il faut y consacrer un temps suffisant, de 30 à 45 minutes, faute de quoi on manquera de matière pour alimenter le contenu du devoir. Il ne faut pas s'arrêter trop tôt et continuer à réfléchir, même si on a l'impression d'avoir épuisé ses connaissances. Le fonctionnement de la mémoire est tel qu'une idée nouvelle en fait venir d'autres.

Il faut également se demander en permanence si les connaissances mobilisées sont utiles par rapport au sujet. Il ne s'agit pas d'en placer le plus possible, au risque de dresser un inventaire, mais de rechercher ce qui est véritablement exploitable en fonction de la question posée.

Deux types d'informations et connaissances sont à rechercher et peuvent être classées sur deux supports de brouillon différents.

- D'une part, des analyses, références théoriques, mécanismes économiques ou sociologiques, qui doivent permettre de construire les raisonnements. Ils permettront d'élaborer la structure de l'argumentation, celle des sous-parties ou des paragraphes.
- D'autre part, des faits, des chiffres, des dates..., qui permettront de justifier les analyses, illustrer les mécanismes, et donneront de la consistance au devoir.

3. Construction du plan détaillé (40 minutes)

Cette troisième étape de préparation va permettre de construire l'ossature du devoir. L'objectif est d'aboutir à un plan suffisamment détaillé pour ne plus avoir ensuite à se préoccuper de la construction et du contenu. Toutes les idées doivent y apparaître, les illustrations doivent y trouver leur place, ce qui laissera l'esprit libre dans la phase de rédaction.

À ce stade de la réflexion on doit d'abord se demander si le plan provisoire imaginé à la fin de la première étape doit être maintenu. C'est peut-être le cas, mais il ne faut pas hésiter à revenir au sujet et à s'assurer que la construction imaginée est bien en adéquation avec la question posée. Il ne sera plus possible dans les phases suivantes de revenir en arrière sur la problématique et la construction.

Avant de choisir un plan il faut élaborer une problématique. La problématique consiste à mettre en avant les enjeux du sujet, à formuler les bonnes questions qui se posent... et finalement à donner un angle permettant d'y répondre. La problématique découle du sujet, mais ne s'y réduit pas. La problématisation est fondamentale, car elle permet au correcteur de voir si le candidat a compris le sujet. Certains sujets imposent un angle, mais la plupart, même lorsqu'ils posent une question, peuvent appeler des réponses variées. Le plan choisi est nécessairement une réponse apportée à la problématique.

Plusieurs types de plans sont envisageables, en fonction des sujets posés.

• **Le plan dialectique et ses variantes.** Le plan dialectique pur, correspondant à une articulation de type thèse, antithèse, synthèse, est très rarement utilisé et on lui préfère très largement le plan de type dialectique qui oppose deux parties amenant à nuancer une proposition. On a alors une articulation de la forme «il est vrai... (I) – mais... (II)» ou encore «portée (I) – limites (II)». Ce type de plan est adapté aux sujets posés sous forme de question, et pour ceux dont les libellés commencent par «*Dans quelle mesure...*». Cependant, comme les jurys attendent des candidats un engagement, une tentative pour répondre à la question posée et pas seulement de lister des arguments pour et contre, il est fréquent de transformer la dialectique en un plan en trois parties. C'est souvent une manière également d'équilibrer les parties lorsque les arguments pour et contre sont inégalement distribués. On aboutit ainsi à des plans de type «oui – non – non» (ou l'inverse), ou «argument – portée – limites». La progression dans la réflexion conduit à développer à la fin les arguments qui apparaissent comme les plus convaincants. On aboutit alors à un plan que l'on qualifie parfois de progressif.

• **Le plan analytique.** Il découpe le sujet en divers éléments qui s'opposent. On retrouvera ici des clivages simples du type économiques/sociaux; court terme/long terme; causes/conséquences... Il est approprié lorsque le sujet demande d'analyser un phénomène, sans engager une discussion. Par exemple: «*Les déséquilibres démographiques mondiaux et leurs conséquences sur le développement*» (Ecricome, 2002). C'est un plan simple, assez rarement utilisé dans la construction d'ensemble des devoirs, mais qui peut servir de «roue de secours» à celui qui ne trouve pas de meilleure articulation. En revanche, cette approche est souvent efficace pour structurer les parties et sous-parties, car elle permet de bien mettre en valeur les argumentations. À noter qu'il est particulièrement efficace pour traiter les questions de cours des sujets ESC.

• **Le plan comparatif.** Ce type de plan est adapté à des sujets qui invitent à comparer des pays, ou des périodes. Par exemple: «*Les conséquences de la mondialisation sur les inégalités économiques depuis les années 1970 dans les pays développés et dans les pays en développement*» (ESC, 2007). Il faut évidemment éviter de consacrer une partie à chaque type de pays et il sera nécessaire de trouver des éléments de comparaison, à partir de critères pertinents. On se rapproche souvent d'un plan analytique, mais plus nettement construit autour d'oppositions par groupes de pays, ou par catégories sociales, etc. On trouve également des constructions simples ressemblances/différences. Là encore, c'est une méthode de construction plus souvent efficace pour les sous-parties et paragraphes.

• **Le plan interactif.** Il vise à mettre en avant des relations entre les phénomènes évoqués dans le sujet: «*Progrès technique et emploi*» (ESSEC, 2009); «*Prélèvements obligatoires et réduction des inégalités*» (ESC, 2009); «*Commerce international et crises économiques: les enseignements de l'histoire*» (Ecricome, 2010). L'objectif de la construction est alors de mettre en scène les relations, dans un sens et dans l'autre. Le sujet ne précise pas le sens de la relation causale et le candidat devra s'appliquer à décortiquer les différentes hypothèses. La nécessité de discuter les relations conduit parfois à transformer ou combiner cette approche avec un plan dialectique.

• **Le plan historique.** C'est un plan possible quand le sujet fait nettement intervenir le temps: «*Analyser l'évolution du système monétaire international, des accords de Bretton Woods au flottement des monnaies*» (ESSEC, 2002). Il peut d'avérer pertinent pour des sujets posés sur très longue période (comme souvent les sujets HEC), mais il n'est efficace que si on peut repérer dans l'histoire économique des périodes très différenciées. Ainsi, des oppositions sur les politiques économiques avant et après la Seconde Guerre mondiale, des ruptures de croissance avant et après 1973, des grandes phases dans la construction de l'Union européenne… justifient que l'on oppose des parties. Le plan historique n'a de sens que s'il s'appuie sur des ruptures, si on peut très nettement repérer des comportements différents, des conséquences différentes, des évolutions différentes entre les périodes. Il faut également que les ruptures aient un sens en fonction du sujet. Les guerres ou les crises ne constituent pas toujours des ruptures sur la plan économique.

4. Rédaction de l'introduction et de la conclusion (20 minutes)

La préparation au brouillon de l'introduction et de la conclusion est la dernière étape avant la rédaction du devoir. Il faut les préparer soigneusement car elles constituent le premier et le dernier contact avec le correcteur. Lorsqu'il a lu l'introduction d'un devoir, un correcteur a déjà une impression très forte sur la qualité de la prestation. Il sait si le sujet est compris, si la problématique choisie est intéressante, si le plan proposé est pertinent. Il n'est pas encore en état de mettre une note au devoir, mais il sait par exemple si le devoir correspond ou pas aux attentes.

L'introduction obéit à une construction simple, en forme d'entonnoir, conduisant à l'annonce du plan. Elle se décompose en :

- **Une accroche.** La phrase d'accroche du sujet doit être choisie avec soin. Elle doit inciter le lecteur à aller plus loin, le surprendre parfois, montrer l'érudition du candidat. Les références à l'actualité peuvent servir, l'utilisation de statistiques est un moyen d'entrer directement dans le vif du sujet, mais on privilégiera surtout les approches théoriques (citations…) ou historiques qui donnent de la profondeur au sujet. Il faut au maximum éviter les phrases « bateaux », proscrire les définitions à ce stade et chercher au contraire à contextualiser le sujet.

- **Une présentation du sujet.** Il s'agit ici de reprendre le sujet posé, de définir les termes importants, de montrer son intérêt. L'objectif n'est pas nécessairement de réécrire l'intitulé à l'identique, mais de se l'approprier. Il faut évidemment veiller ici à ne pas poser un sujet différent de celui qui doit être traité. À vouloir modifier légèrement la question, on finit parfois par répondre carrément à côté !

- **L'énoncé de la problématique.** Cela permet de donner l'angle qui répondra au sujet et de poser les questions intermédiaires qui justifieront la construction. Ainsi, dans un sujet qui appelle un plan thématique, c'est ici que l'on présentera les différents critères qui structureront l'analyse.

- **Une annonce de plan.** Le plan doit être annoncé à la fin de l'introduction et il découle directement de la problématique choisie. Cependant, il ne suffit pas d'énoncer la problématique pour présenter le plan. On se contentera d'indiquer les grandes parties, sans évoquer les sous-parties. On peut énoncer le plan de façon explicite : *« Dans une première partie, nous aborderons... »*. Mais il est préférable de construire une ou plusieurs phrases d'annonce en se contentant d'indiquer entre parenthèse les numéros de parties.

La conclusion obéit également à des règles formelles assez strictes et reprend la logique de l'entonnoir, mais inversé. Elle doit comporter deux phases, souvent séparées en deux paragraphes, mais pas obligatoirement :

- **Une réponse.** Un premier paragraphe reprend rapidement, sans les développer, les éléments de démonstration présentés dans le devoir. Il s'agit ici de réaliser une synthèse et de rappeler les résultats obtenus. C'est l'occasion de clarifier une dernière fois la position qui a été choisie dans le débat lorsque le sujet était posé sous cette forme. Il ne faut absolument pas présenter dans la conclusion des arguments nouveaux, qui auraient dû figurer dans le développement. Ce n'est pas une séance de rattrapage et rédiger au brouillon la conclusion, en même temps que l'introduction, permet d'éviter ce travers.

- **Une ouverture.** Le second paragraphe vise à ouvrir la réflexion vers des sujets proches, vers des questions qui peuvent découler de celle qui a été traitée. Il faut veiller à ne pas trop s'éloigner du sujet et éviter les formules trop convenues du genre *« L'avenir nous le dira... »*

5. Rédaction du devoir (100 minutes)

Si elle a été sérieusement préparée par les étapes précédentes, le candidat doit pouvoir se consacrer maintenant à rédiger soigneusement le devoir. Il n'est plus temps de modifier la construction, de transformer la problématique ou de réfléchir au sujet posé. L'objectif principal est de présenter les argumentations de façon claire et rigoureuse, tout en respectant les règles de forme.

Il faut avoir présent à l'esprit que le correcteur d'un concours travaille généralement plusieurs heures sur son paquet et qu'il a plusieurs dizaines de copies à corriger. Une copie agréable à lire, bien présentée, est immédiatement valorisée, tandis qu'une copie au même contenu mais illisible ou à la structure peu visible est nécessairement pénalisée.

Quelques règles de bon sens doivent être respectées :

• **L'écriture**. Il est nécessaire de soigner l'écriture, en évitant d'écrire trop petit, ou trop gros. Il faut utiliser une encre foncée, noire ou bleue, et proscrire les encres très claires qui ne se voient pas bien en éclairage artificiel et obligent le correcteur à des efforts qui nuisent à sa concentration.

• **La présentation.** La structure du devoir doit être visible. On peut rendre apparent le plan des grandes parties en mettant des titres, mais il est en général préférable de le remplacer par une phrase-titre. Les sous-parties doivent être très clairement identifiables, au besoin en les séparant par des étoiles (*). Chaque étape de l'argumentation, qui détermine un paragraphe, doit se traduire par un retour à la ligne et peut même faire l'objet d'une matérialisation, décalage du texte, voire utilisation de puces.

Il est impératif de commencer les parties par une introduction partielle, indiquant le découpage des sous-parties, et de les terminer par une conclusion partielle, ces introductions et conclusions étant visuellement repérables, par un saut de ligne par exemple.

• **Le style et l'orthographe.** Le style doit être agréable à lire, mais doit surtout permettre de comprendre les argumentations développées. On privilégiera des phrases courtes et simples. Le correcteur ne doit pas être obligé de relire une phrase plusieurs fois pour en comprendre le sens ou pour repérer les différents arguments présentés. On veillera particulièrement à l'orthographe, accords des verbes et des sujets, temps employés, orthographe des noms propres… On cherchera à utiliser les mots de liaison appropriés, ainsi que les expressions qui permettent de conduire l'argumentation et les enchaînements logiques.

Si des sigles usuels peuvent être utilisés, à condition d'être définis à leur première utilisation, les abréviations doivent être proscrites.

Pour rendre la lecture plus fluide, il est possible de renvoyer en note de bas de page les références précises des citations proposées, ou les indications d'œuvres d'auteurs cités.

6. Relecture (20 minutes)

Cette dernière étape doit permettre de s'assurer de la qualité du travail demandé. Ce n'est pas une étape superflue, même si l'expérience montre que les candidats la négligent souvent, par manque de temps ou par crainte de se juger mauvais. Il est normal d'avoir une impression très mitigée lorsqu'on se relit; on trouve toujours qu'on aurait pu faire mieux.

Mais la relecture permet de corriger des défauts mineurs dans le devoir, réduire le nombre de fautes d'orthographe, repérer des mots qui manquent. Il n'est plus temps évidemment de rajouter des passages ou de tenter de déplacer des éléments de l'argumentation. Les ajouts en marge, ratures de passages entiers, flèches matérialisant des déplacements de paragraphes... sont autant de signes que la construction initiale était mal maîtrisée.

PARTIE 1
Croissance, développement, crises

Sujet 1 : Y a-t-il un modèle anglais de révolution industrielle ? (Mickael Sylvain)

Sujet 2 : La croissance économique est-elle durable ? (Mickael Sylvain)

Sujet 3 : Comment expliquer l'échec au XXe siècle des économies socialistes à planification centralisée face aux économies capitalistes de marché ? (Stéphane Moussiegt)

Sujet 4 : Les crises financières sont-elles inévitables ? (Pierre-André Corpron)

Sujet 1

Y a-t-il un modèle anglais de révolution industrielle ?

Analyse du sujet

À l'heure où la Chine fait sa révolution industrielle (RI), un tel sujet, aussi classique soit-il, n'est absolument pas démodé !

Il présente de plus l'avantage d'articuler la notion polysémique et polémique par excellence qu'est la « révolution industrielle », propice donc à la vérification d'une maîtrise complexe des connaissances, avec la notion de « modèle », dont tout étudiant doit connaître la double dimension – d'expérience exemplaire et d'imitation –, pour construire une dissertation solide. C'est donc un parfait sujet de concours, permettant de jauger les savoirs et les compétences du candidat. Il porte principalement sur le point II du programme de 1re année : « La croissance du XIXe siècle. »

Au sens historique, le modèle anglais de RI est une réussite exemplaire du *take-off* (Walt Whitman Rostow) que voudront connaître les autres pays du monde. Karl Marx écrit ainsi dans la préface du *Capital* (1867) que *« le pays le plus développé industriellement ne fait que montrer à ceux qui le suivent sur l'échelle industrielle l'image de leur propre avenir »*. Le devoir devra ainsi proposer une « image » de l'industrialisation à l'anglaise, mais aussi défendre jusqu'à un certain point la thèse de l'industrialisation des autres pays occidentaux (France, États-Unis, Allemagne) ou non (Japon, Russie) par imitation de l'expérience anglaise.

La formulation du sujet, introduit par « Y a-t-il », impose de discuter cette thèse. L'industrialisation ne s'est pas toujours produite de manière aussi brutale qu'en Angleterre (France) ou de la même manière (Japon, Russie). Enfin, il faudra prendre le temps de revenir à rebours sur la notion de « révolution industrielle » : n'est-elle pas finalement un archétype ? Autrement dit, n'a-t-on pas, à l'inverse, forgé cette notion sur la base de l'expérience anglaise de l'industrialisation au XIXe siècle, de sorte qu'elle est de fait un outil mal affûté pour rendre compte des expériences d'industrialisation en général ?

Ainsi nous traiterons ce sujet en deux temps : La RI en Angleterre est une réussite exemplaire qui suscite des comportements d'imitation de la part d'autres nations (I), cependant, les autres expériences réussies d'industrialisation apparaissent comme irréductiblement originales (II), de sorte que la notion même de révolution industrielle est un archétype discutable : le *take-off* est une expérience d'industrialisation essentiellement anglaise (fin du II).

Proposition de corrigé

Au cours des vingt dernières années, se sont multipliés les « animaux » industriels : Dragons (Corée du Sud, Hong Kong, Singapour et Taïwan), Tigres (Malaisie, Indonésie, Thaïlande et Philippines) et autres Jaguars (Mexique et Brésil). Ces nouveaux pays industrialisés (NPI) ont connu nombre de bouleversements économiques, techniques et socioculturels qu'on a fréquemment l'usage de regrouper sous l'expression de révolution industrielle, signalant par là même la concentration dans le temps de ce processus qui conduit au passage d'une économie traditionnelle à une économie moderne, c'est-à-dire, dans sa dimension technique, travaillée par « la tradition du nouveau » (Harold Rosenberg), autrement dit, l'innovation.

L'antériorité de la RI de l'Angleterre peut alors être rapidement assimilée à une réussite exemplaire, inévitablement imitée, plus ou moins médiocrement. Pourtant, le XXe siècle a été marqué du sceau des réussites, notamment économiques, de pays non européens, et non des moindres : les États-Unis, l'URSS et le Japon ! L'élève aurait-il dépassé le maître ou, pire, s'en serait-il passé ? Plus fondamentalement, ne serait-il pas opportun de réinterroger l'expression de RI, dont l'acception apparaît fortement contingente à l'idée de *take-off* (Rostow), donc à l'expérience anglaise d'industrialisation ?

Certes, entre 1750 et 1870, l'Angleterre connaît une RI qui semble, à bien des égards, une réussite exemplaire suscitant des imitations de la part d'autres pays (I). Cependant, certains pays non européens (États-Unis, Japon, Russie notamment) ont connu un processus original d'industrialisation qui devait leur conférer un statut de puissance dominante au XXe siècle tandis que l'expérience anglaise de l'industrialisation apparaît sous-jacente à l'expression de RI (II).

I. La réussite exemplaire du *take-off* anglais au tournant du XIXe siècle a suscité des tentatives d'imitation de la part d'autres pays qui souhaitaient s'industrialiser.

A. Une révolution technologique au cœur du *take-off* anglais dont d'autres pays s'inspirent…

1. Une révolution technologique, source du *take-off* anglais. Quelques inventions majeures, dans le textile et la sidérurgie, à la fin du XVIIIe siècle, sont à l'origine des mutations radicales qu'a connues l'Angleterre. La machine à vapeur (James Watt, 1769), le fer et la houille (la sidérurgie au coke d'Abraham Darby, 1709) sont au cœur du « système technique » (Bertrand Gilles, 1968) de la première révolution industrielle : ces interdépendances vertueuses entre une source d'énergie, des matériaux (la fonte, l'acier), des secteurs d'activité (textile, sidérurgie) et bientôt des transports (les chemins de fer) permettent le *take-off* du PIB/hab. de l'Angleterre à la fin du XVIIIe siècle. Joseph Alois Schumpeter (*Capitalisme, socialisme et démocratie,* 1942) a théorisé l'action innovatrice de ces artisans ingénieux – pourtant parfois à moitié illettrés, tel le barbier Richard Arkwright, dont le *water frame* (1768) est au cœur de la révolution technique dans le textile –, comme étant à la source d'une destruction créatrice, moteur de la croissance économique. Cette « grappe » d'innovations porte un premier cycle long selon Nicolas Kondratief. L'Exposition universelle de 1851, la première des expositions universelles, consacre la supériorité technologique du Royaume-Uni. Sûre de son avance, l'Angleterre exporte même depuis 1842 ses machines dans le monde entier.

2. Accéder aux innovations technologiques anglaises pour s'industrialiser. Pourtant, dès la fin du XVIIIe siècle, les innovations technologiques anglaises sont copiées. À la fin des années 1790, une mule-jenny arrive ainsi frauduleusement en France en pièces détachées pour y être copiée. William Wilkinson contribue avec Ignace de Wendel à la fondation du Creusot en 1782, premier site de sidérurgie au coke en France. Les Français étaient conscients de l'intérêt économique des innovations anglaises et copier était facile : Paul Bairoch a insisté sur « le faible écart entre la technique nouvelle et la technique traditionnelle », ce qui a pour conséquence de faciliter les transferts d'innovation. Jusque dans les années 1850, de simples modèles de machine et papiers de documentation permettent la diffusion d'innovations majeures. Plus tard, l'Allemagne et le Japon envoient des techniciens se former en Angleterre, à l'image d'Alfred Krupp, qui retire de son voyage en Angleterre les idées nécessaires pour transformer l'entreprise paternelle de 7 salariés à la fin des années 1820 en un mastodonte industriel de plus de 8 000 salariés en 1865 : les Allemands utilisent les spécialistes et les techniques anglaises, les machines, les rails. Cette assimilation des acquis anglais, ces transferts de technologies ont favorisé le développement économique allemand.

B. L'usine anglaise, le nouveau modèle productif qu'il faut imiter…

1. Une révolution du mode productif : l'usine, au cœur de la nouvelle croissance industrielle. L'usine est un choix d'organisation du travail, celui de la manufacture, dont Adam Smith (*Recherche sur la nature et les causes de la richesse des nations*, chap. 1, 1776) a montré les gains de productivité, et d'une source d'énergie, la vapeur en l'occurrence, qui va permettre l'entraînement des machines et accroître encore la productivité du travail. La concentration des salariés autour de la machine au sein de l'usine constitue une impressionnante mise au travail de la population, assurée par l'exercice du pouvoir disciplinaire du capitaliste industriel : les usines de Manchester exploitent ainsi des armées de prolétaires (Marx, *Le Capital*, 1867) qui ne profitent en rien, jusqu'au milieu du XIXe siècle, des gains de productivité réalisés. Selon Marx, les *enclosures* libèrent en effet une main-d'œuvre considérable. Les petits paysans chassés des campagnes convergent vers les villes industrielles, où ils cherchent à se faire employer à n'importe quel prix : spoliée, séparée de ses moyens de production, cette main-d'œuvre forme une « armée de réserve » dans laquelle l'industrie peut piocher et maintenir le salaire au niveau de subsistance. Lors de la première RI, les gains de productivité peuvent ainsi être alloués à l'autofinancement de la croissance des entreprises.

2. Adopter le modèle productif anglais de l'usine, une nécessité pour s'industrialiser. Aux États-Unis, dans un pays structurellement en manque de main-d'œuvre au XIXe siècle, la nécessité de rationaliser le facteur travail s'est rapidement imposé. Le recul de la

« frontière » absorbe trop rapidement l'accroissement naturel et l'immigration, qui, malgré son importance, ne contribue qu'à 30 % de la croissance démographique. De la production en série de moissonneuses-batteuses par Mac Cormick dès les années 1840 à la diffusion rapide de l'organisation scientifique du travail (OST) de Frederick Winslow Taylor à partir du tournant du XXe siècle, le modèle usinier anglais est largement adopté et amélioré par les Américains. Le rattrapage économique de l'Allemagne s'appuie de même sur de grandes concentrations usinières urbaines, alors qu'en France on attribue le « retard français » à la trop lente diffusion de l'usine : les entreprises françaises comptent ainsi seulement 9,6 ouvriers par établissement lors de la première étude industrielle du milieu du XIXe siècle. Sous le Second Empire de Napoléon III, l'économie française doit se mettre à l'heure anglaise : la modernisation passe par la diffusion de l'usine et le recul des formes traditionnelles de production que sont la proto-industrialisation et l'artisanat.

C. La souplesse de l'économie de marché anglaise, un facteur d'industrialisation qu'il faut adopter.

1. Le développement de l'économie de marché (marchés des biens et services, du travail, financier), propice à la croissance industrielle. Patrick Verley, *L'Échelle du monde*, 1997, a insisté sur le rôle du dynamisme de la demande intérieure au XVIIIe siècle dans l'industrialisation anglaise : le succès de nouveaux biens à l'élasticité-prix fortement négative, comme l'indienne, auprès de couches sociales moyennes plus fournies que dans d'autres pays, impulse la dynamique d'innovations dans un contexte de rareté relative de la main-d'œuvre jusqu'au tournant du XIXe (Ashton, *La Révolution industrielle*, 1948). En innovant, les artisans ingénieux ne font ainsi que répondre aux incitations et contraintes du marché. Après 1815, la transition démographique nourrit le marché du travail et, très vite, l'économie anglaise devient une « économie d'exportation » (Crouzet, 1978) : les importations de blé permettent certes d'accentuer encore la baisse des salaires en l'absence d'un salaire minimum, donc d'augmenter les profits des entreprises, mais surtout, les débouchés extérieurs pallient ainsi le ralentissement de la demande intérieure sur laquelle pèse la prolétarisation des ouvriers qui accompagne l'industrialisation (le paupérisme). L'accumulation du capital est rapide et rend nécessaire la conquête des marchés étrangers pour écouler une production croissante en panne de débouchés domestiques. Au tournant des années 1830 l'élargissement du marché financier de l'État aux entreprises contribue au financement de la révolution ferroviaire.

2. Mener une politique libérale favorable au développement des marchés. Si la Révolution française a fortement perturbé la conjoncture économique, l'œuvre législative de la monarchie constitutionnelle (1790-1792) – fortement inspirée par l'exemple anglais, a été libérale, instaurant par le décret d'Allarde (mars 1791) et la loi Le Chapelier (juin 1791) un marché du travail libre de l'encadrement des corporations. De même, pour Napoléon III, le traité de libre-échange de Cobden-Chevalier de 1860 vise à faire profiter l'économie française des avantages du commerce international dont l'Angleterre avait jusqu'alors surtout bénéficié. La levée de l'autorisation administrative nécessaire à la création d'une société anonyme (SA) en 1867 doit faire émerger de grandes entreprises dont l'horizon de vente est le marché national. Enfin, le Zollverein allemand de 1834 a permis la constitution d'un grand marché dont l'unification a été assurée par la révolution ferroviaire dans les années qui suivirent: il permet d'approfondir la division du travail (Smith, *RDN*, chap. 3, 1776) et de concentrer l'activité pour exploiter les économies d'échelle, dans la sidérurgie notamment. Si le libre-échange n'aura pas de succès aux États-Unis, en revanche le fonctionnement libre du marché du travail est un dogme, au point que le Sherman Act de 1890, d'abord dirigé contre Rockefeller, sera utilisé contre l'existence de coalitions syndicales!

II. Cependant, les autres expériences réussies d'industrialisation au XIXe siècle apparaissent comme irréductiblement originales par rapport à l'expérience anglaise d'industrialisation, archétype de la révolution industrielle.

A. Les traits originaux des industrialisations française et allemande au XIXe siècle.

1. Proto-industrialisation et « retard français »? Le *take-off* de l'économie française n'aurait eu lieu selon Rostow qu'entre les années 1830 et 1860. Pourtant l'expression de « retard » qu'il emploie est maladroite: à bien des égards, la France utilise avec la même souplesse que l'Angleterre ses facteurs de production. L'importance de la population rurale et agricole permet en effet, jusqu'au milieu du XIXe siècle, à la proto-industrialisation (Franklin Mendels, 1972) d'être compétitive face à l'usine. La rareté du charbon naturel et la plus grande disponibilité du charbon de bois expliquent le développement plus tardif de la métallurgie au coke. Les efforts de modernisation des transports l'entraînent par des effets de demande – de matériels ferroviaires notamment –, et des effets d'offre – réduction des coûts de transports et unification des marchés –, qui rendent possible l'exploitation des économies d'échelle d'une telle métallurgie. L'industrie française s'appuie sur la demande rurale en hausse, notamment entre les années 1830 et 1870 : en 1850, les agriculteurs représentent en effet la moitié de la population active (contre 22 % en Grande-Bretagne). Mais le traité Cobden Chevalier de 1860 arrive au mauvais moment : la baisse des prix mondiaux agricoles à partir de la fin des années 1860 fait s'effondrer le pouvoir d'achat des agriculteurs et provoque en partie la « Grande Dépression » en France. Les classes moyennes restent donc moins développées qu'au Royaume-Uni au XIXe siècle et la France se spécialise dans les produits de luxe et demi-luxe et évite la concurrence anglaise sur les marchés internationaux.

2. Révolution ferroviaire et capitalisme organisé en Allemagne. Loin d'être largement spontanée comme en Angleterre ou en France, l'industrialisation allemande doit beaucoup à la révolution ferroviaire et à l'intervention directe de l'État, notamment en Prusse. Par une politique douanière mise en place dès 1834, les effets d'entraînement de la construction ferroviaire s'exercent en amont, favorisant le développement de la métallurgie et des industries mécaniques, mais aussi en aval : la métallurgie représente un quart du trafic ferroviaire dans les années 1870. L'investissement public est colossal et représente d'un cinquième à un quart de l'investissement total dans la seconde moitié du XIXe siècle. La production de fonte est multipliée par 6 en Allemagne entre 1880 et 1913 et les exportations métallurgiques et mécaniques représentent 40 % des exportations allemandes en 1913. L'industrialisation allemande s'est ainsi faite par l'industrie lourde ! Le rôle majeur des banques dans le financement du développement industriel est un trait distinctif du « modèle allemand » : neuf grandes banques détiennent la moitié des dépôts à vue dans les années 1850 et opèrent une transformation à défaut d'épargne préalable accumulée. La commandite des banques s'accompagne d'une concentration bancaire qui encourage la concentration industrielle et la formation d'un « capitalisme de groupes » dont l'effort d'investissement est dynamique et permet à l'Allemagne d'être un des fers de lance avec les États-Unis de la deuxième RI : l'électricité et le moteur électrique (AEG), le moteur à explosion (Benz) ainsi que la chimie (Bayer).

B. Les caractéristiques des voies nationales d'industrialisation japonaise, russe et américaine.

1. Le rôle de l'État dans l'industrialisation réussie du Japon et de la Russie a été d'autant plus important que l'industrialisation a été tardive. Selon Alexander Gerschenkron (1962), plus un pays est en retard, plus l'industrialisation s'apparente à un choc brutal. L'industrialisation ne se réalisant pas spontanément, il faut que l'État intervienne et la produise. Au Japon comme en Russie, la modernisation est envisagée dans un but défensif par les gouvernements. Il s'agit d'emprunter la voie de la RI pour mieux résister et préserver les valeurs nationales. L'État en est l'acteur majeur : il doit assimiler les techniques, créer des infrastructures, fournir des débouchés, assurer les conditions initiales d'un développement fondé sur l'initiative privée. En Russie, le tournant interventionniste est pris en 1876. La hausse des droits de douane (40 % en 1902) et l'obligation faite aux compagnies de chemins de fer d'utiliser au moins 50 % de rails russes pour la construction des voies ferrées permettent enfin la manifestation d'effets d'entrainement (sidérurgie, constructions mécaniques) et l'industrialisation en profondeur du pays. Mais là où la Russie continue de faire appel aux capitaux étrangers pour développer le pays, le Japon choisit l'indépendance financière. Par la réforme fiscale de 1873, Mutsuhito ponctionne fortement l'agriculture pour financer le développement de 34 entreprises publiques créées dans toutes les branches industrielles. Elles vont largement contribuer au *take-off* de l'économie japonaise avant d'être cédées au privé au début des années 1890. Comme en Allemagne, de grandes banques prennent alors en charge le financement de l'économie. Néanmoins, en 1913, les productions industrielles russe et japonaise ne représentent respectivement que 5 % et 5,5 % de la production industrielle mondiale.

2. Les spécificités de l'industrialisation de l'économie des États-Unis. Jusque dans les années 1840, la croissance économique américaine reste extensive, s'appuyant sur l'exploitation d'exceptionnelles richesses naturelles et le recul de la « frontière ». L'immigration aux États-Unis joue ainsi un rôle important dans la conquête et la maîtrise du territoire là où, au contraire, l'Angleterre exporte son surplus de population. De même, les chemins de fer contribuent bien plus à l'unification du marché intérieur qu'en Angleterre, où le chemin de fer est plutôt une conséquence de la RI, le maillage dense des voies fluviales et des routes ayant porté la première RI. L'homogénéité des goûts et la taille du marché intérieur font le reste : la production en série par de grandes entreprises est favorisée, source de gains élevés de productivité. Plus que l'intégration verticale à l'allemande cependant, la concentration horizontale s'affirme dans le dernier tiers du XIXe siècle, mais elle est combattue par l'État fédéral (Sherman Act, 1890) de sorte que ce sont des holdings qui prennent la place : la Standard Oil de Rockefeller est démantelée en 30 sociétés en 1890 et reconstruite financièrement dès 1899. La naissance du capitalisme financier américain est liée à cette histoire et culmine avec le rapprochement en 1907 de la banque Morgan et de Rockefeller. En 1913, les États-Unis sont la première puissance industrielle mondiale avec 35 % de la production industrielle mondiale, mais leur économie reste commercialement faiblement ouverte.

C. L'expérience anglaise de l'industrialisation, l'archétype de la RI.

1. La théorisation *ex post* des conditions préalables nécessaires à l'industrialisation. C'est à partir de l'expérience anglaise de l'industrialisation que Rostow (*Les Étapes de la croissance économique*, 1960) théorise la sortie de la société traditionnelle par la mise en place de « conditions préalables à la croissance » au *take-off*. La révolution agricole tout d'abord permet, par les gains de productivité réalisés, de libérer une partie des travailleurs pour l'industrie. La mise en place d'infrastructures de transport ensuite unifie le marché et va rendre possibles l'approfondissement de la division du travail et la mécanisation. L'émergence enfin d'entrepreneurs innovateurs, de capitalistes, de savants, de techniciens, tous animés par un « esprit de la civilisation industrielle moderne » dira plus tard Raymond Aron (1962), c'est-à-dire par un esprit de science et de technique, le goût du changement, de l'innovation et de calcul économique, produisent spontanément la RI. Au XVIIIe siècle, l'Angleterre offre aussi l'exemple d'une monarchie parlementaire où les libertés individuelles sont garanties. L'État de droit fait respecter la propriété et les contrats entre égaux ; les entrepreneurs et les innovateurs peuvent alors prendre leurs initiatives sans crainte d'être pillés par l'État. En présentant souvent le processus de révolution industrielle comme nécessitant ces conditions préalables, beaucoup d'auteurs contribuent à forger la notion de RI à partir de la seule expérience anglaise d'industrialisation !

2. La RI anglaise, « réussite d'un modèle » pensé par avance ou contingences historiques favorables ? Pourtant, à bien des égards, la RI anglaise est le fruit de hasards plus que le déploiement d'une stratégie de développement : le « scandale géologique » britannique – une île de fer et de charbon –, des conjonctures historiques favorables, mais pas forcément économiques, comme l'effondrement militaire de la France postnapoléonienne. Certes, il y a des initiatives individuelles anglaises (James Watt, William Wilkinson), mais elles se produisent parfois à l'étranger (Wilkinson au Creusot) ou éclipsent des tentatives tout aussi brillantes ailleurs, mais mises à l'écart dans un premier temps (en France, les travaux de Robert Fulton sur la propulsion à vapeur par exemple). En revanche, il y a bien un discours normatif des Anglais, dès les débuts de la révolution industrielle, sur ce que doit être la réussite économique. Mais en inventant un « modèle », ils tentent surtout d'établir une forme de domination. Ainsi l'Inde, et plus généralement l'Asie, dont le commerce extérieur est structurellement composé d'exportations de produits industriels (ou semi-industriels : cotonnades, porcelaine, laque, soieries, etc.), excédentaires au XVIIIe siècle, ont en partie été désindustrialisées par la présence anglaise, qui a apporté le chemin de fer en Inde certes, mais afin justement d'en prendre possession, voire tout simplement de faire fermer des entreprises concurrentes aux leurs. À la fin du XIXe siècle, cette conviction d'être réellement LE modèle insurpassable d'économie et de civilisation les conduit cependant à négliger un certain nombre d'avancées technologiques importantes (électricité, chimie, automobile, fer de lance de la « seconde » révolution industrielle)… S'amorce alors avant 1914 le déclin relatif de l'Angleterre.

Historiquement, l'Angleterre peut se prévaloir d'avoir réussi son industrialisation. Pourtant, celle-ci n'a pas toujours pris les mêmes formes selon les pays européens étudiés, contredisant Marx qui annonçait dans sa préface du *Capital* que « le pays le plus développé industriellement ne fait que montrer à ceux qui le suivent sur l'échelle industrielle l'image de leur propre avenir ». Surtout, au-delà de cette diversité des expériences nationales d'industrialisation en Europe, il faut bien observer les traits originaux des industrialisations américaine, russe ou japonaise : loin s'en faut que les futures puissances du XXe siècle n'auraient fait que suivre l'exemple anglais ! En revanche, aujourd'hui encore, alors que les expériences d'industrialisation nationales se sont multipliées, l'ombre de l'expérience britannique continue de planer sur la notion même de RI. Elle en fournit l'archétype.

C'est ainsi à l'aune de cet enseignement qu'on pourrait légitimement s'interroger sur le sens profond de nombre de notions utilisées aussi fréquemment en sciences sociales et historiques que celle de RI, à commencer peut-être par celle, souvent présentée comme contingente, de développement.

Références bibliographiques

- Jean-Charles Asselain, *Histoire économique. 1. De la Révolution industrielle à la Première Guerre mondiale*, Points Seuil Histoire, 1985 : à consulter en bibliothèque car il n'est plus disponible pour le moment. Un manuel très complet sur les voies nationales d'industrialisation (Angleterre, France, États-Unis, Russie, Japon).
- Paul Bairoch, *Victoires et déboires I*, Folio, 1997 : une référence incontournable, une présentation exhaustive (RI anglaise, acteurs et facteurs, voies nationales d'industrialisation et échecs).
- Jean-Pierre Rioux, *La Révolution industrielle*, Points Seuil Histoire, 1971 : un récit captivant de l'industrialisation au XIXe siècle, centré sur les expériences anglaise et française. Une référence qui peut être lue comme un roman.
- Patrick Verley, *La Révolution industrielle*, Folio, 2005 : la deuxième partie « Acteurs et facteurs » est un glossaire bien pratique pour mettre à jour les connaissances.

Sujet 2

La croissance économique est-elle durable ?

Analyse du sujet

Bien sûr l'actualité de cette question est criante à l'heure où l'Europe est en crise ! Certes la crise des *subprimes* ouvre aux États-Unis en 2007 la séquence, mais elle se poursuit en Europe et s'y ajoute celle des dettes souveraines depuis décembre 2009. Mais l'urgence écologique peut tout aussi bien vous venir à l'esprit tant la problématique du développement durable s'est elle aussi imposée dans l'actualité. Le sujet mobilise plus particulièrement les points III, « Croissance et développement du capitalisme au XXe siècle », IV « Fluctuations et crises », mais aussi VI « Le rôle de l'État dans la crise économique et sociale » du programme de première année, ainsi que X « Déséquilibres et politiques économiques et sociales en économie ouverte » du programme de seconde année.

La croissance économique reste un marqueur entre la pensée classique ou néoclassique et la pensée keynésienne : d'une question d'offre pour les premiers, elle devient une question de demande pour les seconds. En effet, du modèle Ricardo-Malthus (la menace de l'état stationnaire) à celui de Solow (la convergence vers l'état stationnaire induite par la loi des rendements décroissants, pouvant certes être repoussée par le progrès technique) en passant par l'essentiel de la croissance endogène (les externalités et l'innovation expliquent le progrès technique), tous font de la croissance un problème d'offre. En revanche, de Keynes (l'insuffisance de la demande effective) aux postkeynésiens (l'incertitude radicale peut être en partie neutralisée par une régulation) en passant par les néokeynésiens (les échecs de marché appellent l'intervention de l'État), tous font de la croissance plutôt une question de demande.

Reste que l'opposition entre les classiques et les keynésiens ne résume pas la pensée économique et surtout pas celle de la croissance économique. Certains hétérodoxes envisagent ainsi la croissance comme un processus dynamique et non stationnaire : Marx (la multiplication des crises, signe de la contradiction intrinsèque du capitalisme), Schumpeter (la crise comme étape normale du cycle économique d'un capitalisme par essence non stationnaire, marqué par la destruction créatrice) et Nicholas Georgescu-Roegen (la décroissance est nécessaire, pas seulement le développement durable, qui prend en compte les contraintes environnementales pour obliger les générations actuelles à laisser aux générations futures la possibilité de satisfaire leurs besoins).

Proposition de corrigé

Trop rapide ou trop lente, le rythme de la croissance économique n'est jamais acceptable aux yeux de nos contemporains. Trop rapide, elle est accusée de détruire l'environnement et de fragiliser la cohésion sociale, trop lente, elle ne permet pas de créer assez d'emplois et de réduire suffisamment la pauvreté. L'augmentation de la production, à court terme comme à long terme, n'a jamais le rythme qu'il faut.

Pourtant, comme processus de transformation de l'activité productive élevant son efficacité et la quantité produite, la croissance économique est consubstantielle de nos sociétés modernes. Par définition non stationnaires, animées par ce que le philosophe de l'art Harold Rosenberg appelle, s'agissant de l'art moderne et contemporain, « la tradition du nouveau » (1988), nos sociétés ont l'économie de leurs structures : la croissance n'est qu'une manifestation de leur modernité.

Pour autant, la croissance est-elle forcément durable ?

La croissance butte sur les capacités de production à court terme et sur les rendements décroissants à long terme, mais l'investissement et le progrès technique permettent d'y faire face depuis deux siècles (I). Pourtant, les hommes peuvent-ils encore préserver la croissance malgré les crises récurrentes et les dégradations toujours plus vives de l'environnement (II) ?

I. L'extinction programmée de la croissance économique a pour l'instant été retardée.

A. La menace de l'état stationnaire pèse sur la croissance économique…

1. Augmenter la production se heurte aux capacités de production limitées à court terme. La microéconomie standard défend l'idée qu'à court terme le stock de capital fixe est fixe et qu'en conséquence la production dépend de la quantité de travail mobilisée, mais la productivité marginale du travail étant décroissante, à mesure que la quantité de travail utilisée augmente, la hausse de la production diminue rapidement. La demande de travail est décroissante en fonction du prix sur le marché du travail puisque la productivité marginale du travail est décroissante. L'offre de l'entreprise, comme l'offre globale d'un produit, est une fonction croissante du prix parce qu'il faut bien que le consommateur accepte de payer plus cher afin que le producteur puisse amener au marché l'unité supplémentaire dont le coût de production est plus élevé que la précédente (coût marginal croissant). Lorsque Paul Samuelson et Robert Solow intègrent la courbe de Phillips (1958) au modèle à prix-fixes IS/LM (John Hicks, 1937) pour forger le modèle demande globale/offre globale (AD/AS) en 1960, ils traduisent cette contrainte à court terme sur la production potentielle, par un effet prix : lorsque la demande s'élève au-dessus de l'offre potentielle, la croissance économique n'est qu'une croissance en valeur et non en volume. L'inflation traduit l'excès de la demande globale sur l'offre globale.

2. Les modèles Ricardo-Malthus et de Solow annoncent l'état stationnaire à long terme. Dans ses *Principes d'économie politique et de l'impôt*, 1817, Ricardo affirme que la loi de Malthus et la fertilité décroissante des terres, au fur et à mesure de leur mise en culture, impliquent la hausse du coût de production des produits agricoles. En conséquence, le salaire naturel augmente et pèse sur les profits, c'est-à-dire sur l'accumulation du capital. La croissance finit ainsi par s'éteindre. En 1956, Solow développe dans un article l'idée que la croissance démographique borne la croissance de la production une fois l'état stationnaire atteint. L'accumulation du capital par tête cesse en effet du fait des rendements décroissants du capital dans un contexte où la population est un facteur quasi fixe : les pays développés ayant connu la transition démographique, la croissance démographique est en effet très lente. Lorsque l'épargne ne permet plus de financer que les seuls investissements de renouvellement et d'équipement, des nouveaux travailleurs se présentant sur le marché du travail à l'égal des travailleurs déjà présents, la croissance du PIB devient égale à celle de la population, autrement dit un état stationnaire est atteint en termes de PIB/hab. Du milieu des années 1960 au milieu des années 1980, l'économie américaine se rapproche de cet état stationnaire. La croissance économique y est lente, de l'ordre de 2,5 % par an au sens du PIB.

B. Pourtant, il a été jusqu'à présent repoussé.

1. La division du travail (Smith) et l'investissement (Solow) élèvent la productivité du travail. Selon Smith (*Richesse des nations*, 1776, chap. 1 et 3), l'extension des marchés permet d'approfondir la division du travail et par conséquent d'obtenir des gains de productivité qui entretiennent la croissance. Dans l'industrie, les organisations taylorienne puis fordienne du travail ont considérablement approfondi la division du travail et permis des gains de productivité colossaux au XXe siècle. Selon Solow, l'accumulation du capital élève d'abord fortement la productivité du travail, puis de moins en moins à mesure que le stock de capital par tête atteint un niveau plus élevé. Un taux d'épargne plus élevé permet néanmoins un plus fort investissement dans cette économie : il élève à la fois la croissance économique et le PIB/habitant à l'état stationnaire, même en l'absence de progrès technique. Le « miracle asiatique » (Alwyn Young, 1992 ; Paul Krugman, 1994) n'a rien de miraculeux pour ces auteurs, qui y voient une illustration de la pertinence du modèle de Solow : 70 % de la croissance économique de Singapour des années 1960 aux années 1990 est le fait d'un investissement colossal. La population est certes mise au travail, mais un important effort d'équipement de celle-ci en biens de production durables a surtout lieu. Pendant toute cette phase d'accumulation du capital, la productivité du travail augmente et le PIB/habitant progresse de 8 % par an. C'est une croissance par « transpiration ».

2. Les innovations permettent la poursuite de la croissance. Dans l'agriculture, la révolution chimique des engrais due à la deuxième révolution industrielle a permis d'augmenter les rendements des terres agricoles et de contrer la loi ricardienne de la baisse de la fertilité des terres nouvellement mises en culture à mesure que la croissance démographique (n) appelle une hausse de la production agricole. Depuis la révolution industrielle, la fonction de production se déplace vers le haut à mesure que la productivité globale des facteurs augmente, mesurant par là (x) le progrès technique : la croissance économique (g) au sens du PIB est ainsi supérieure à celle de la population et telle que $g = n + x$. La destruction créatrice initiée par l'innovation est à la source d'un progrès technique selon Schumpeter : les innovations apparaissent par grappes et impulsent pour un temps – une cinquantaine d'années selon les cycles longs Kondratiev – la croissance économique. Philippe Aghion a développé depuis le début des années 1990 un programme de recherche néoschumpétérien sur l'endogénéisation du progrès technique. Les efforts en R&D des acteurs économiques, les entreprises au premier chef, débouchent sur des innovations qui déclassent et évincent les produits installés sur le marché, ce qui favorise la croissance. À bien des égards, les efforts de R&D des entreprises dans les NTIC sont ainsi à la source de l'accélération de la croissance économique américaine depuis le milieu des années 1990, mettant fin au paradoxe de Solow qu'il énonce en 1987 : « *Les ordinateurs sont partout, sauf dans les statistiques de la productivité* ». La réorganisation des processus de production de l'ensemble des entreprises ou presque (Philippe Askénazy, 2001) autour des produits des branches des NTIC permet de réels gains de productivité et tire la croissance économique qui passe de 2,4 % par an dans la première moitié des années 1990 à 3,3 % par an dans la seconde moitié des années 1990 – aux deux tiers, cette croissance s'explique par la hausse de la productivité globale des facteurs (PGF).

3. Les externalités positives entretiennent la croissance. L'analyse économique des relations hors marché entre les acteurs économiques a longtemps été laissée de côté par les économistes. Or certaines externalités positives seraient au cœur de la pérennité de la croissance. Endogénéisant par-là la croissance, Paul Romer (1986) met en avant les externalités de savoirs et savoir-faire qui accompagnent l'accumulation du capital des entreprises. L'agglomération d'entreprises utilisant des hautes technologies de laboratoires universitaires, de centres de recherche publics et privés favoriserait, à l'instar de la Silicon Valley, le développement économique de ces entreprises au point de lever la contrainte des rendements décroissants. En conséquence, le gouvernement français a par exemple décidé en 2004 l'instauration de tels *clusters*, baptisés «pôles de compétitivité», au nombre de 71 aujourd'hui. De manière générale, la croissance économique se poursuit, car des externalités par exemple liées au développement de certaines infrastructures publiques (Robert Barro, 1990) et à l'accumulation de capital humain (Robert Lucas, 1988) l'entretiennent. La PGF s'accroît d'autant plus que dans certaines économies apparaissent ces externalités. L'importance des externalités de capital humain serait ainsi au cœur des inégalités de PIB/habitant dans le monde : la progression du nombre d'années de scolarisation a en effet été plus rapide au XXe siècle dans les pays développés que dans les pays en développement, de sorte qu'elle rend statistiquement compte à elle-seule de l'absence de rattrapage des seconds sur les premiers (Daniel Cohen et Marcelo Soto, 2004).

II. Pourtant, la croissance économique reste toujours menacée aussi bien à court terme qu'à long terme.

A. Face aux crises de surproduction à court terme et aux dégradations de l'environnement à long terme…

1. L'insuffisance potentielle des débouchés pèse sur la croissance économique. L'effondrement de la croissance économique en 2009 est venu nous rappeler celui de 1929, analysé depuis Keynes (*Théorie générale*, 1936) comme la conséquence de l'insuffisance de la demande effective. Aux États-Unis et dans un certain nombre de pays européens, le nécessaire désendettement des ménages et des entreprises a fait s'effondrer la consommation et surtout l'investissement, immobilier pour les premiers et productif pour les secondes. Roy Forbes Harrod et Evsey Domar ont traduit cette conditionnalité de la croissance à l'existence de débouchés suffisants pour écouler la production par une expression saillante : la croissance est «*sur le fil du rasoir*» (premier problème de Harrod). L'investissement est en effet à la fois du côté de la demande et du côté de l'offre, en conséquence, le processus d'accumulation du capital nécessite que l'effet multiplicateur (côté demande) et l'effet accélérateur (côté offre) se combinent harmonieusement dans une même progression du revenu, ce qui n'est pas, *a priori*, garanti : g = s/v ; s, le taux d'épargne exogène des ménages et v, le coefficient exogène de capital des entreprises ne permettent pas, sauf hasard heureux, d'égaliser g, la croissance équilibrée.

2. Les contraintes monétaires et financières de la croissance. Les crises de 1929 et de 2009 ont aussi la caractéristique d'être des crises financières. Après avoir favorisé l'expansion économique par le développement de l'endettement à la faveur des innovations financières et d'anticipations exagérément optimistes, les banques et les marchés financiers ont basculé dans le pessimisme et l'obsession du désendettement des acteurs privés. La lecture du chapitre 12 de la *Théorie générale* de Keynes fait souligner aux post-keynésiens, tels Hyman Minsky ou André Orléan en France, le rôle central de l'incertitude dans le fonctionnement de nos économies de marché. La précarité des anticipations liée à cette absence de connaissance du futur, ne serait-ce que sous la forme du risque probabilisable, conduit, dans un cadre où la réglementation ne vient pas borner les actions des agents économiques, à la succession de « conventions financières » (Orléan) irréductiblement versatiles – optimistes ou pessimistes. Les effets sur l'économie de ces changements brusques de convention financière sont d'autant plus dévastateurs que l'endettement se développe, c'est-à-dire qu'il permet de jouer une partie de la richesse future au casino d'aujourd'hui. S'ensuivent des épisodes de purge d'autant plus longs et/ou profonds qu'on aura abusé de l'endettement dans une voie qui se révèle, avec le temps, illusoire.

3. Les dégradations de l'environnement induites par la croissance et la loi de l'entropie annoncent la fin de la croissance à long terme. La croissance économique qui s'est imposée depuis la révolution industrielle prélève dans l'environnement, dans des stocks renouvelables (les ressources halieutiques par exemple) et non renouvelables (le pétrole par exemple), et y rejette des déchets (par exemple, les gaz à effet de serre qui contribuent au réchauffement climatique ou les déchets nucléaires qui constituent une menace extrême de pollution). Faute de carburant, la croissance économique est menacée, et le rapport Stern évalue aussi le coût de l'inaction contre le réchauffement climatique entre 5 % et 20 %

du PIB mondial. La surexploitation de l'environnement au risque de sa fragilisation trouve bien souvent sa source dans le fait qu'il est un bien libre (l'air pur menacé par les rejets excessifs de tout genre) ou une ressource commune (la ressource halieutique menacée d'épuisement par la surexploitation). Selon Georgescu-Roegen (1970), l'économie est « mécanique », elle puise dans un stock limité de ressources naturelles – puisque la planète Terre est par définition un système fermé – pour les transformer en énergie et en produits. Elle est donc soumise à la loi de l'entropie : il arrivera un jour où les stocks seront épuisés et ce jour-là la croissance s'éteindra : la « mort de la chaleur » nous menace. En 1972, les époux Meadows ont alerté des « limites de la croissance » dans un rapport pour le Club de Rome qui a fait date. Ils y prônaient, à l'instar de Georgescu-Roegen, la « décroissance » afin de faire reculer cette « mort de la chaleur » qu'ils évaluaient pour les années 2015-2030. Depuis 1987, la notion de développement durable s'est imposée dans les réunions internationales et, pour les partisans d'une durabilité forte, nos faibles capacités de substitution au capital naturel que nous diminuons, d'autres capitaux pour entretenir la croissance économique, doivent nous conduire à choisir la décroissance.

B. L'homme a-t-il encore les moyens d'assurer la poursuite de la croissance économique ?

1. Les interventions régulatrices de la croissance par l'État et la société sont-elles encore à la hauteur ? Depuis la contre-révolution monétariste dans les années 1970, le keynésiannisme de régulation de la demande effective a été largement abandonné. Si les politiques de *stop and go* ont participé de la croissance française des Trente Glorieuses par exemple (– 5,5 % par an), le tournant de la rigueur en 1983 en a depuis sonné le glas en Europe. La relance de Pierre Mendès France en 1954 par l'investissement après le refroidissement d'Antoine Pinay en 1952 avaient permis de limiter l'inflation sans casser la croissance économique par une morosité durable de la demande qui n'aurait pas manqué de diminuer l'effort d'investissement caractéristique de la période (25 % du PIB en moyenne) et ralentir la croissance potentielle. Ces politiques ne sont pourtant plus menées par les gouvernements en Europe depuis vingt-cinq ans. Face à la crise économique à la fin de l'année 2008, le nécessaire plan européen de relance n'a pas vu le jour et les plans nationaux sont restés bien plus timides (de l'ordre de 1 % du PIB européen en cumulé) qu'en Chine ou aux États-Unis qui ont su en revanche faire preuve de pragmatisme keynésien. Le savoir et la pratique keynésiens ne sont donc pas totalement perdus à l'heure où l'UE semble s'enfoncer pour le pire dans des politiques d'austérité. Le « miracle allemand », de la croissance économique rapide de l'après-guerre de 1945 aux années 1990, a été largement attribué en revanche à l'action structurelle de l'État et à la mise en place de l'économie sociale de marché (ESM). L'État met en place les cadres réglementaires efficaces pour la croissance (ordolibéralisme) et intervient par une action sociale pour obtenir la cohésion sociale nécessaire à cette croissance. À défaut d'intervention régulatrice, jusqu'en 1967 tout du moins, la croissance économique est plus volatile, mais est aussi forte qu'en France qui y a articulé une planification indicative ayant favorisé une modernisation sans précédent de l'économie française (Richard F. Kuisel, 1984). Roosevelt a initié en 1935 avec ses Banking Act I et II une réglementation du financement de l'économie afin de stabiliser l'économie américaine tout en préservant la croissance. La garantie des dépôts bancaires, le Glass-Steagal Act qui sépare banques d'affaires et de dépôts, le contrôle accru de la Fed sur la création monétaire ont apporté aux États-Unis la stabilité financière tant qu'ils restèrent effectifs, c'est-à-dire jusqu'aux années 1980. Le démantèlement général des règles mises en place sous Roosevelt a ensuite permis à la fois les innovations financières et le retour des crises financières, sources d'une plus en plus grande instabilité de la croissance.

2. L'intelligence humaine a-t-elle encore les moyens d'assurer le développement économique ? Le libéralisme économique n'est vraisemblablement pas la meilleure politique pour entretenir la croissance économique, tant du point de vue de la demande que de l'offre. Le FMI propose depuis 2004 un indice de gouvernance économique dont la valeur mesure la qualité des institutions mises en place dans un pays, c'est-à-dire leur capacité à favoriser la croissance : la corruption, l'absence d'État de droit, l'instabilité politique, l'inefficacité de l'administration, l'insuffisance de la réglementation, concourent à limiter la capacité d'une économie à produire des richesses. Mais les institutions favorables à la croissance ne se limitent à ces institutions créatrices de marchés. Selon

Dani Rodrik et Arvind Subramanian (2003), *des institutions de réglementation des marchés*, qui s'occupent des effets externes, des économies d'échelle et des informations imparfaites, *des institutions de stabilisation des marchés*, qui garantissent une inflation faible, réduisent au minimum l'instabilité macroéconomique et évitent les crises financières, ou encore *des institutions de légitimation des marchés*, qui fournissent une protection et une assurance sociales, organisent la redistribution et gèrent les conflits, sont favorables au développement économique. Après Michel Albert (*Capitalisme contre capitalisme*, 1991) Bruno Amable défend l'idée que ces arrangements institutionnels favorables à la croissance sont pluriels. Observant *Les Cinq Capitalismes* (2005), il en déduit que la croissance économique qui s'est manifestée et pérennisée dans différentes régions du monde depuis deux siècles ne l'a été qu'au prix d'arrangements institutionnels efficaces mais différents. Il n'y aurait pas dès lors à faire converger une économie nationale vers une économie « naturelle » de marché pour y observer la croissance, mais au contraire des « cohérences institutionnelles » relativement originales à préserver. Sortir de la croyance libérale qui s'est forgée et imposée depuis trente ans apparaît ainsi tout à la fois très difficile et nécessaire.

3. Préserver l'environnement sans sacrifier la croissance est-il hors d'atteinte ? Selon Jean-Paul Fitoussi et Éloi Laurent (*La Nouvelle Écologie politique*, 2009), il faut abandonner notre économie « mécanique » qui scie la branche matérielle et environnementale sur laquelle elle est assise pour adopter une économie « dynamique » qui intègre la loi de l'entropie et préserve l'environnement. Il faut développer une croissance économique qui s'appuie de plus en plus sur les énergies renouvelables (éolien, solaire, biomasse, hydraulique), seules énergies à échapper à la loi sur l'entropie, mais aussi modifier nos modes de consommation de manière à économiser au maximum les ressources non renouvelables (réhabiliter la montre qui se remonte au détriment de la montre à pile...). En substituant certaines énergies à d'autres, certains produits à d'autres, nous pouvons faire reculer le moment où interviendra la « mort de la chaleur ». Si nous sommes des « nains juchés sur des épaules de géant », il nous faut encore faire progresser la connaissance suffisamment vite pour éviter l'extinction de la croissance. Forts des enseignements de la croissance endogène et notamment néoschumpétérienne, une politique de l'innovation doit être menée dans les pays développés qui fixe correctement les priorités : lorsqu'un pays est proche ou sur la « frontière technologique » (Aghion), il doit investir davantage dans l'enseignement supérieur et la recherche. L'UE et la France sont à ce titre en retard sur les États-Unis. Pour les autres pays, il faut favoriser les transferts de technologie qui leur permettront de produire avec une efficacité énergétique croissante et d'investir dans l'éducation secondaire pour former des techniciens capables de les appliquer. Une politique environnementale s'appuyant sur l'ensemble des leviers (réglementaires, taxes, marchés des permis d'émission), cohérente localement et globalement, doit voir le jour. Le recul de l'UE sur la mise en place d'une taxe carbone aux frontières de l'UE pour les compagnies aériennes extra-européennes utilisant l'espace aérien européen est donc un mauvais signal. Plus fondamentalement, la prise en compte de « la capacité des générations futures à pouvoir satisfaire leurs besoins » peut être favorisée en sortant de la naïveté qui consiste à en appeler à une prise de conscience. Selon Éloi Laurent (*Social-Écologie*, 2011), une politique de réduction des inégalités entre les générations actuelles permettrait de forger une propension à prendre en compte le sort de l'autre afin de cesser de glorifier la capacité individuelle à s'en sortir. Alors pourra peut-être émerger une réelle action en faveur de l'environnement et des générations futures.

La croissance est consubstantielle à nos sociétés modernes, elle est la traduction dans l'ordre économique et à l'échelle macrosociale de la crise de l'homme moderne. La science économique actuelle, à l'instar de la croissance endogène, a montré que ce sont les hommes, notamment par les institutions qu'ils façonnent, qui déterminent la croissance économique. Face aux défis des rendements décroissants et surtout des dégâts environnementaux, les hommes doivent redécouvrir la délibération démocratique (Jacques Rancière) entre égaux afin de réorienter impérativement la croissance sur un mode beaucoup plus respectueux de l'environnement.

La crise actuelle présente un double danger : le retour rapide de la croissance énergivore habituelle au détriment de l'environnement et la transition lente vers une croissance verte au détriment des chômeurs et des précaires.

Références bibliographiques

- Jean-Luc Gaffard, *La Croissance économique*, Armand Colin, Cursus, 2011 : un manuel récent : la première partie présente « les théories de la croissance » y compris les modèles de croissance endogène dans leur diversité (capital humain, innovation, destruction créatrice).
- Agnès Bénassy-Quéré, Benoit Cœuré, Pierre Jacquet et Jean Pisani-Ferry, *Politique économique*, De Boeck, 2009, chapitre 6 « Politiques de croissance » : un découpage en trois parties, « enjeux », « théories » et « politiques », dont chacune apporte l'essentiel. Notamment, le point 6.1.3 pour la comptabilité de la croissance et différencier les deux sources de la croissance, le point 6.2.2 pour la destruction créatrice, le point 6.3.5 pour le rôle des institutions.
- Daniel Cohen, *La Prospérité du vice*, Le Livre de Poche, 2011 : une histoire de la croissance économique depuis le néolithique jusqu'à la crise actuelle. De nombreux passages très clairs : pages 31-33 sur la révolution néolithique, produit de l'évolution des cadres de pensée des hommes plus que des changements naturels ; loi de Malthus pages 66-68, loi des rendements décroissants page 69, révolution industrielle pages 79-86, division du travail et accumulation du capital pages 93-101, croissance endogène pages 102-106.
- Daniel Rodrik et Arvind Subramanian, « La primauté des institutions », *Finance & Développement*, juin 2003 : un quatre-pages éclairant sur ce que peut être le rôle des institutions ou non dans la croissance économique, disponible à l'adresse suivante : http://www.imf.org/external/pubs/ft/fandd/fre/2003/06/pdf/rodrik.pdf

Sujet 3

Comment expliquer l'échec au XXe siècle des économies socialistes à planification centralisée face aux économies capitalistes de marché ?

Analyse du sujet

La quasi-universalité en ce début du XXIe siècle de la domination des logiques économiques capitalistes nous donne l'illusion que ce système économique, dans son incontournable diversité, serait une donnée naturelle de l'activité productive et des échanges de richesses dans les sociétés humaines.

L'analyse économique et historique permet au contraire de montrer qu'il s'agit bien d'une construction historique, finalement assez récente, et que celle-ci est en partie le fruit de choix collectifs (leurs modalités étant une autre question) réalisés par les sociétés au travers d'évolutions institutionnelles progressives. D'autres voies que le capitalisme ont été suivies par certains peuples au XXe siècle et la guerre froide qui a opposé deux blocs pendant plusieurs décennies avait aussi une dimension économique. N'oublions pas non plus qu'il y a un siècle encore, des figures illustres de l'économie néoclassique, dominante au XXe siècle, comme Léon Walras ou Wilfredo Pareto, envisageaient explicitement l'existence de deux voies efficaces pour organiser la circulation des richesses économiques : le marché concurrentiel et l'économie socialiste.

Pourtant, le grand laboratoire de l'histoire humaine au XXe siècle a plutôt tranché en faveur de logiques capitalistes et marchandes (qui seront à distinguer dans le traitement du sujet) et au détriment des systèmes socialistes planifiés. L'étude de ce sujet permet de découvrir les raisons économiques de cet écart de performance au-delà de la lutte géopolitique des blocs qui a, elle aussi, déterminé l'issue historique finalement constatée. Il convient donc de dégager les grandes causes de l'échec relatif du socialisme planificateur en faisant ressortir les idées essentielles.

Proposition de corrigé

Les années 1989-1991 ont vu l'effondrement du bloc socialiste dans la partie orientale de l'Europe. Depuis 1921, l'URSS était un pays communiste, à économie socialiste, système qui s'était étendu aux pays de l'Europe de l'Est et à une partie de l'Asie après 1945. Dans ces États, les moyens de production étaient détenus et gérés par l'administration afin de permettre un développement organisé de la production, conformément à la doctrine marxiste-léniniste. La chute du communisme dans la plupart de ces pays il y a vingt ans n'a pas été qu'une victoire politique des États-Unis et de leurs alliés, mais aussi une victoire économique, perceptible par la modicité des richesses matérielles des ménages des anciennes économies socialistes vers 1990 et par l'effondrement de la production dans les années qui suivirent. Le choc de l'ouverture au capitalisme et à l'économie de marché a poussé à la faillite une part importante des anciennes entreprises des pays communistes et plusieurs années ont été nécessaires pour que l'offre redevienne apte à concurrencer les entreprises des pays capitalistes à économie de marché. Ce système économique repose, au contraire de l'économie socialiste planifiée, sur une propriété essentiellement privée des moyens de production, une quête du profit maximum par les principaux producteurs, et une liberté individuelle d'entreprendre, d'échanger. Les décisions économiques y sont fondamentalement décentralisées.

Quelles étaient les principales faiblesses des économies du Bloc de l'Est par comparaison avec les économies occidentales ? Comment expliquer le fait qu'un système économique contrôlé par l'État ait été moins performant qu'un système d'économie privée décentralisée ? Pourquoi les dirigeants communistes n'ont-ils pas réussi à réformer leurs économies pour sauver l'économie socialiste dans ces pays alors que le capitalisme s'est lui-même transformé au fil du temps ?

Nous soulignerons dans une première partie que les économies socialistes à planification centralisée ont éprouvé des difficultés plus importantes que les économies de marché capitalistes à répondre aux besoins de leurs consommateurs (I). Nous verrons ensuite que ce problème révèle, plus largement, une inefficacité relative des économies socialistes planifiées (II). Enfin, nous expliquerons pourquoi ces économies n'ont pu être réformées, ce qui a précipité leur disparition en Europe orientale (III).

I. Une plus grande difficulté à répondre aux besoins des consommateurs finaux.

A. Les biens de consommation ne sont pas la priorité dans les économies socialistes planifiées.

1. La priorité donnée aux biens de production. Cette priorité est posée par Staline à partir de 1928 en URSS, inspirée par le programme de Préobrajenski et on la retrouve pour l'essentiel dans les pays d'Europe de l'Est après 1945 et en Chine entre 1949 et 1958. La puissance économique d'un pays s'appréhende selon cette conception par sa performance dans l'industrie lourde, et la fabrication de nombreux biens de production doit permettre aux pays de devenir des puissances capables de produire d'autres biens en abondance. À partir des années 1940, la priorité aux biens de production se double d'une priorité à l'armement en URSS. Dès lors, dans les filières de production, en cas d'incapacité d'un producteur à respecter les objectifs du plan, ce sont systématiquement les filières conduisant aux biens de consommation qui subissent en premier les pénuries, afin de préserver les branches des biens de production et du matériel militaire. Cela conduit chroniquement à une offre insuffisante en biens de consommation et, étant donné les prix assez bas des produits de consommation, à des files d'attente dans les magasins d'État (Janos Kornai, 1986).

2. Les faiblesses chroniques de la production agricole. L'agriculture n'est pas une priorité de la politique de développement économique choisie par Staline. C'est même par des prélèvements sur les revenus de la paysannerie que doit s'effectuer l'accumulation primitive des ressources financières permettant l'industrialisation. Les prix agricoles auxquels les récoltes sont achetées sont donc faibles à partir de la fin des années 1920. Les paysans ne sont pas incités individuellement à s'investir dans les activités collectives des kolkhozes et des sovkhozes et l'URSS souffre de pénuries alimentaires jusque dans les années 1950. Si, alors, des réformes sont entreprises et permettent un meilleur approvisionnement en céréales ou en viande, la disponibilité en fruits reste un problème encore à la fin du XXe siècle en URSS. En Chine, autour de 1960, une famine importante a causé des millions de victimes. Des difficultés alimentaires que l'on retrouve en Corée du Nord dans les années récentes.

B. Une meilleure capacité des économies de marché capitalistes à répondre à la demande finale.

1. Le système des marchés utilise les prix comme véhicules d'informations pour ajuster l'offre à la demande. Friedrich Hayek assimile le marché à un jeu (la catallaxie) entre agents économiques. Ils cherchent à faire les meilleurs choix, guidés par les signaux des prix. La variation de ceux-ci reflète les modifications dans les conditions de production (prix des matières premières par exemple) ou de demande (évolution des goûts des consommateurs par exemple) et leur fluctuation permet une certaine harmonisation entre l'offre et la demande. Si le prix d'un produit est en hausse et que cela permet des profits accrus pour les producteurs, c'est un signe que la demande est forte. Attirés par les profits privés qu'ils pourront réaliser, les producteurs développeront leur production, de nouveaux producteurs apparaîtront et la demande sera mieux satisfaite. À l'inverse, si un produit est moins demandé, la chute de son prix sera un signal pour les producteurs qu'il faut se reconvertir.

2. Les désajustements structurels entre l'offre et la demande finale dans les économies socialistes planifiées. L'organisme central a l'illusion de pouvoir hiérarchiser objectivement les besoins des habitants, ce qui est contraire à l'idée que seul le consommateur connaît ses besoins et l'ordre dans lequel il préfère les satisfaire. La relative uniformité des produits, le caractère non prioritaire de certaines productions alors même que beaucoup de personnes les recherchent (exemple des Trabants en RDA), tout cela crée à la longue une insatisfaction d'autant plus marquée qu'à l'Ouest les produits paraissent plus disponibles, plus variés et aussi de meilleure qualité. C'est qu'également les objectifs du plan sont essentiellement quantitatifs et peu de soin est apporté à une amélioration qualitative des productions. L'absence de concurrence entre producteurs (sauf dans l'armement) ne les pousse pas à faire des efforts dans ce domaine. Les prix sont fixés par l'organisme central et ne permettent pas un ajustement entre l'offre et la demande. Ludwig Von Mises considérait dès les années 1920 que la planification ne serait pas aussi efficace que le système des prix de marché.

II. Un manque d'efficacité productive sur la durée.

A. Les aiguillons de l'efficacité économique dans une économie de marché capitaliste face aux dysfonctionnements des économies socialistes planifiées.

1. L'économie de marché fonctionne selon des principes concurrentiels, ce qui pousse à l'efficacité. Les ressources productives sont utilisées assez efficacement dans une économie de marché capitaliste, ce qui permet une production abondante répondant aux besoins de la population. Pour Pareto, l'allocation des ressources est même optimale dans une économie concurrentielle. En effet, les producteurs les moins efficaces, qui utilisent mal les ressources productives dont ils peuvent disposer, sont éliminés par la concurrence entre entreprises. Seuls les producteurs les plus efficaces se maintiennent, reçoivent les ressources financières et attirent à eux la main-d'œuvre. C'est l'efficacité allocative du marché.

2. La planification économique génère des dysfonctionnements dans l'allocation des ressources productives. Face à la contrainte du plan, les entreprises ne révèlent pas à l'organisme central leur meilleure combinaison productive, afin de conserver une marge de sécurité pour l'exécution du plan. Il en résulte des sureffectifs, des stocks inutilisés de pièces détachées et donc une productivité des facteurs de production sous-optimale. Comme le plan est tendu et que les moyens de production sont mal répartis, chaque producteur manque de certaines ressources productives ce qui crée un climat de pénurie. Par ailleurs, l'organisme central donne les autorisations d'investissement aux entreprises qui en font la demande, mais faute d'outil d'analyse microéconomique de la pertinence des différents projets, il est incapable d'orienter les ressources financières vers le financement des projets les plus pertinents. Le budget annuel consacré à l'investissement est donc mal distribué, ce qui nuit à la productivité moyenne du capital dans le pays.

B. La quête impossible d'une croissance intensive dans les économies socialistes planifiées.

1. La croissance de ces économies, essentiellement extensive, s'épuise. La croissance économique est réelle dans les économies socialistes planifiées, par exemple jusque dans les années 1950 en

URSS. Elle s'appuie sur un effort d'investissement considérable et sur une augmentation de la population exerçant un emploi. Mais cette croissance extensive finit par s'arrêter : le chômage ayant disparu, l'activité des femmes étant élevée, la hausse du nombre d'actifs occupés doit ralentir. Le stock de capital accumulé est énorme et il faut consacrer les ressources disponibles d'abord à son entretien ou à son renouvellement, et son accroissement devient difficile. En outre, les réclamations de la population souhaitant davantage de biens de consommation empêchent d'accentuer l'effort d'épargne intérieur pour financer la poursuite de la hausse du stock de capital.

2. Les difficultés structurelles pour intensifier la production alors que la croissance intensive est possible dans une économie de marché capitaliste. Les économies socialistes planifiées n'ont pas trouvé de mécanisme incitatif favorisant les innovations de procédés : l'organisme central ne peut pas connaître les meilleures combinaisons productives de chaque entreprise et chacune n'est pas incitée à faire différemment de ce qui est prévu par le plan pour progresser. Dans les économies capitalistes de marché au contraire, la concurrence pousse chaque producteur, à son échelle, à trouver des innovations de procédés permettant d'être plus efficaces pour se démarquer des concurrents et obtenir un profit privé plus élevé. Par ailleurs, la situation de pénurie de main-d'œuvre, en URSS par exemple, permet aux salariés d'obtenir les primes au mérite tout en ne s'investissant que de manière modérée dans les activités productives de l'économie officielle.

III. Les économies socialistes planifiées ont été moins aptes à se réformer.

A. Un système économique qui se maintient par la contrainte.

1. L'usage de la violence d'État dans la sphère économique ne peut favoriser l'adhésion de la population au système économique. Après les nationalisations forcées du communisme de guerre entre 1917 et 1921, une autre phase violente de mise en place du système économique socialiste planifié a lieu à partir de la deuxième moitié des années 1920 : la fin de la NEP entraîne alors l'élimination, y compris physique, des koulaks et des Nepmen, avant que Staline ne s'attaque à l'ensemble de la paysannerie par la collectivisation forcée des terres à partir de 1928. Les arrestations, les déportations au Goulag (2 millions de personnes concernées à cette période) et les famines (11 millions de morts) révèlent la violence de la mise en place du système collectiviste dans l'agriculture. Ensuite, au milieu des années 1930, l'URSS est affectée par des purges massives qui touchent l'encadrement du pays. Les dirigeants d'entreprises n'y échappent pas. De manière structurelle ceux-ci sont, par ailleurs, soumis à l'obligation de respecter les plans impératifs annuels et à défaut peuvent être lourdement sanctionnés, voire déportés. Tout cela entretient un climat de terreur et les camps de travail sont si peuplés qu'ils contribuent à 20 % de la production du pays au début des années 1950.

2. Un système officiel de plus en plus contesté. Ne pouvant manifester d'aucune manière son opposition aux décisions de la hiérarchie du Parti, y compris en matière de gestion des entreprises, la population résiste passivement en limitant son implication dans le travail officiel. L'absentéisme ou le manque de qualité des produits fabriqués dans les circuits officiels révèlent cette démotivation. L'organisme central en est bien conscient mais il doit progressivement s'y résigner et tolérer les circuits économiques souterrains dans lesquels la population s'engage avec plus d'enthousiasme et qui permettent de maintenir des conditions globales de vie supportables dans ces pays. On peut ainsi souligner le cas édifiant des rendements sur les lopins individuels au sein des kolkhozes.

B. Des économies socialistes planifiées difficiles à réformer alors que l'économie capitaliste de marché parvient à surmonter ses crises.

1. Les impossibles réformes des économies socialistes planifiées. Face à la difficulté pour intensifier la production et répondre aux besoins de la population, plusieurs réformes sont tentées. La fin des années 1950 et les années 1960 sont marquées par ces tentatives, tant dans la sphère soviétique que dans la Chine communiste. Khrouchtchev veut relancer l'agriculture soviétique et les réformes Liberman visent à laisser un peu plus d'autonomie aux entreprises. En Chine, les communes populaires, en impliquant pleinement les campagnes, doivent accélérer l'avancée vers le communisme. Ces réformes sont des échecs relatifs (réformes soviétiques) ou des échecs meurtriers (communes populaires). D'autres réformes, en Hongrie ou en Yougoslavie, conduisent à un abandon de la planification impérative, marquant son échec aux yeux des dirigeants de ces pays. En Chine, à partir de la fin des années 1970, l'économie se transforme par l'acceptation de greffes capitalistes dans les ZES : l'échec du système socialiste planifié est acté en Chine par le développement d'un « capitalisme bureaucratique » depuis deux décennies. En URSS, la libéralisation politique et économique de la deuxième partie des années 1980 a attisé les contestations et conduit à l'effondrement économique et politique de l'Union soviétique.

2. La capacité d'adaptation des économies capitalistes de marché. Les économies de marché capitalistes se sont transformées dans le temps et ont pris des visages assez différents selon les pays. Ceci révèle une capacité d'adaptation qui, sur la durée, est un atout pour la survie de la logique économique marchande et capitaliste. On est ainsi passé, selon les économistes de l'école de la régulation, d'un capitaliste libéral au XIXe siècle et jusqu'à la crise des années 1930, à un capitalisme ensuite régulé. Suite à la crise des années 1970, le capitalisme s'est encore transformé, devenant plus financier. Traversant des crises majeures, le système économique a pu être réformé par l'État tout en conservant certains principes comme la décentralisation de la plupart des décisions économiques, la liberté individuelle dans l'échange, la propriété privée de l'essentiel de moyens de production et la recherche du profit par la plupart des producteurs. Ce système économique a su, par ailleurs, prendre des visages différents selon les pays, en fonction des contingences politiques et institutionnelles nationales. C'est ce qu'ont montré les travaux de Michel Albert ou de Bruno Amable.

L'échec des économies socialistes à planification centralisée est difficilement dissociable de l'échec global du projet communiste tel qu'il a été tenté par un nombre significatif de pays au XXe siècle. Si la faillite semble au premier abord être de nature essentiellement politique, on en sous-estime sans doute les fondements économiques, comme le montre *a contrario* la capacité du maintien d'un régime politique communiste en Chine, sans doute en grande partie grâce aux succès économiques de ce pays converti dans les faits au capitalisme. L'échec des économies socialistes à planification centralisée est un échec relatif, qui apparaît du fait de progrès économiques rapides en parallèle dans bien des pays du reste du monde. La croissance économique a été plus forte dans le monde capitaliste à économie de marché et le bien-être matériel y a en moyenne progressé plus rapidement à partir des années 1960. Le décalage croissant des niveaux de vie devenait à long terme intenable, en dépit de certains avantages sociaux offerts par l'économie des pays communistes.

L'échec économique communiste du XXe siècle est un échec à la fois dans l'allocation des ressources et dans l'élévation de la productivité globale. Les dirigeants, en particulier soviétiques, ne sont pas parvenus à trouver un mode de coordination des activités aussi efficace que le marché et une source de motivation à la quête du perfectionnement des combinaisons productives aussi fortes que la recherche du profit privé. Les expériences de socialisme de marché, en Hongrie ou en Yougoslavie, ne se sont par ailleurs guère avérées plus performantes.

Références bibliographiques

- Bruno Amable, *Les Cinq Capitalismes*, Le Seuil, 2005.
- Jean-Charles Asselain, *Histoire économique du XXe siècle*, tome 3, Presses de la FNSP et Dalloz, 1995.
- Wlodzimierz Brus, *Histoire économique de l'Europe de l'Est (1945-1985)*, La Découverte, 1986.
- Bernard Chavance, *Le Système économique soviétique, de Brejnev à Gorbachtev*, Nathan, 1989.
- Jean-Paul Depretto, *Pouvoirs et société en Union soviétique*, Éditions de l'atelier, 1995.
- Gérard Duchêne, *L'Économie de l'URSS*, La Découverte, 1987.
- Roger Guesnerie, *L'Économie de marché*, Le Pommier, 2006.
- Janos Kornai, *Socialisme et économie de la pénurie*, Economica, 1996.
- Jean François Muracciole (dir.), *Histoire économique et sociale du XXe siècle*, Ellipses 2006.
- Ludwig von Mises, « Die Wirtschaftsrechnung im sozialitischen Gemeinwesen », *Archiv für Sozialwissenschaften*, vol. 47, 1920.

Sujet 4

Les crises financières sont-elles inévitables ?

Analyse du sujet

Ce sujet est d'une grande actualité, le retour des crises financières caractérisant la fin du XXe siècle et le début du XXIe. Mais il présente également une très grande profondeur historique. Depuis la révolution industrielle et même bien avant, les crises financières sont présentes et elles sont souvent le déclencheur des crises économiques qui rythment le capitalisme. Ainsi, bien qu'aucune référence temporelle ne soit présente, le sujet invite largement à présenter et analyser les crises financières qui ont émaillé les derniers siècles. Il s'inscrit très bien dans les programmes, les crises y étant abordées en plusieurs occasions : en première année lors de l'étude de la croissance et des fluctuations, en seconde année à travers les déséquilibres économiques. Sous l'appellation de crises financières on regroupe plusieurs types de crises, qui ont pour point commun le développement d'un mouvement spéculatif, reposant sur l'existence de croyances collective (sur des perspectives de rendement, sur la solidité financière, sur le prix d'une devise…) dont l'effondrement brutal marque le début de la crise. Le support spéculatif peut être très varié et les crises ont donc des formes différentes : crises bancaires caractérisées par des faillites d'établissements bancaires et de crédit, crises boursières lorsque le marché des titres connaît un krach, crise des dettes souveraines lorsque la solvabilité d'un État est mise en cause, crise de change lorsque la spéculation porte sur des devises… Et on peut également inclure les crises immobilières, les crises obligataires, les crises liées à une spéculation sur une matière première…

Le sujet invite à réfléchir au caractère inévitable des crises, ce qui permet d'engager la réflexion dans plusieurs directions. Les crises peuvent être inévitables parce qu'elles sont inhérentes au système et qu'elles sont le résultat de son fonctionnement même. Elles peuvent être inévitables aussi parce que nous sommes incapables de les prévoir, par exemple parce qu'elles changent constamment de forme, et qu'il est donc difficile de mettre en œuvre les instruments permettant de les éviter.

Proposition de corrigé

« Il n'y a pas de capitalisme sans crises financières » affirme en 2004 le rapport du Conseil d'analyse économique consacré aux crises financières. Et l'histoire semble lui donner raison. La liste est longue des crises financières qui ont émaillé les derniers siècles. Sans même remonter avant la révolution industrielle, depuis le XIXe siècle c'est presque tous les dix ans qu'une crise financière se produit. La crise de 1929, commencée par un krach boursier et par une crise bancaire ayant provoqué la faillite de milliers de banques américaines, a largement marqué l'histoire économique du XXe siècle. Ses conséquences sociales et politiques, à la fois aux États-Unis et dans le reste du monde, en ont fait un phénomène majeur pour les générations qui l'ont vécue, au même titre que les deux guerres mondiales. Après une période relativement calme, après 1945, les crises ont réapparu depuis les années 1970. La crise dite des *subprimes*, commencée également aux États-Unis en 2007-2008, marquera peut-être de la même façon le XXIe siècle.

Crises bancaires, crises boursières, crises de change, crises des dettes souveraines..., les crises financières prennent des formes diverses, mais elles se caractérisent toutes par un changement brutal dans les croyances collectives, les anticipations des agents. Cela peut se traduire par un brutal retournement après un épisode spéculatif, sur un support variable, ou par une peur soudaine sur la solvabilité d'un État, sur la croissance future d'un pays...

Cette récurrence des crises financières laisse penser qu'elles sont inhérentes au système capitaliste et qu'elles sont de ce fait inévitables. Les solutions apportées à une crise se révèlent inefficaces pour combattre la suivante. Pourtant, les mécanismes sur lesquels reposent ces crises sont tout à fait identifiables, mais pas toujours clairement identifiés par ceux qui les vivent. Les contemporains, persuadés que *« cette fois, c'est différent »* comme l'écrivent Carmen Reinhart et Kenneth Rogoff (2010), se laissent aveugler. Mais les historiens et économistes des crises arrivent à mettre en évidence les régularités, les mécanismes qui conduisent systématiquement au désastre. La question que l'on doit alors se poser est celle de la prévention de ces crises. Comment mettre en place des instruments de régulation qui permettent de les voir venir et de les empêcher.

Nous mettrons d'abord en évidence la récurrence des crises financières (I), puis nous analyserons les mécanismes qui sous-tendent ces crises et qui leur donnent un caractère endogène (II). Nous verrons ensuite que si les crises sont inhérentes au système capitaliste il est possible d'en réduire l'impact (III).

I. Les crises financières sont des phénomènes récurrents depuis l'origine du capitalisme.

A. Les crises financières ponctuent l'histoire du capitalisme.

1. Les crises financières naissent avec le capitalisme. La crise des tulipes qui frappe les Provinces-Unies en 1636 est souvent considérée comme la première grande crise financière du capitalisme. Elle symbolise le développement de la spéculation financière et ses excès et frappe le premier pays véritablement capitaliste de l'histoire. Même si son impact est aujourd'hui contesté, elle reste un épisode marquant d'une spéculation sur un produit. Quelques décennies plus tard, la banqueroute de Law (1720) frappe profondément la société française. Elle contient les éléments caractéristiques des grandes crises financières : innovation financière, spéculation, choc provenant d'un défaut sur l'économie réelle, effondrement brutal… Elle comprend également un volet lié aux finances publiques, puisque Law était contrôleur général des finances et que son « système » visait à fournir au Régent les moyens financiers qui lui faisaient défaut. L'effondrement de son système traduit la fragilité d'une construction certainement avant-gardiste, une fuite en avant alors que les recettes liées à l'exploitation des colonies se faisaient attendre et qui montre que les mécanismes de contrôle et de régulation étaient absents. Cette défaillance du contrôle va se retrouver dans toutes les crises.

2. Les crises financières donnent le rythme économique du XIXe siècle et du début du XXe. Avec la révolution industrielle, apparaît une forte croissance économique, mais également un rythme marqué par la présence de crises économiques : 1825, 1836, 1848… Le XIXe siècle est ponctué de crises, qui débutent quasiment toutes par des crises financières. Panique boursière en 1825, faillite de banques : Overend Gurney (1866), Jay Cooke (1873), Union générale (1882), Baring (1890), krach boursier en 1907 et 1929…

Ces crises financières ont des répercussions sur l'économie réelle, ou sont la conséquence de difficultés nées dans l'économie réelle : problèmes liés à la production cotonnière, spéculations sur les constructions de chemin de fer, opérations portant sur les activités minières en Amérique latine, conséquences de la ruée vers l'or… tous ces facteurs ont contribué à déclencher des crises qui s'inscrivent dans un cadre plus général. Les auteurs de la deuxième moitié du XIXe s'intéressent d'ailleurs à ce rythme propre au capitalisme. Les cycles économiques courts sont ainsi mis en évidence par Juglar (1862) pour expliquer le « retour périodique des crises » financières et commerciales.

3. Les crises financières réapparaissent à la fin du XXe siècle. Après une longue période marquée par une quasi-disparition des crises financières, on assiste à leur retour dans le dernier tiers du XXe siècle. Les années 1980 sont marquées par des crises de dettes souveraines en Amérique latine et par un krach boursier américain, puis mondial (1987). Dans les années 1990, c'est au tour de l'Asie, Japon d'abord puis Thaïlande, Corée, Malaisie…, de connaître des crises boursières et de change. Elles se transmettent en 1997 à la Russie et provoquent la quasi-faillite de LTCM (1998), dont les conséquences sur les marchés ont été très importantes. L'Europe connaît une sévère crise de change en 1993 qui a failli sonner le glas de la construction monétaire. Les années 2000 ont débuté par une crise en Argentine (2001), le dégonflement de la bulle Internet, et se sont terminées dans une gigantesque turbulence financière : crise des *subprimes*, faillites bancaires, et crise des dettes souveraines.

B. Les crises financières sont plus souvent présentes lorsque les marchés financiers se développent.

1. Les crises financières sont liées à l'apparition d'innovations financières et au développement des marchés. La multiplication des crises financières, de tous types, a mis en lumière le fait qu'elles sont souvent liées à des innovations financières. La crise de 1929 peut s'expliquer par le développement des achats de titres à crédit, avec des effets de levier très élevés qui ont conduit à une bulle spéculative, dans un contexte où la réglementation sur les marchés était très limitée et les banques américaines très fragiles. La crise de *subprimes* a montré comment le mécanisme de la titrisation, qui s'est généralisé depuis le milieu des années 1980, a poussé les agents à prendre davantage de risques, et a propagé ce risque à l'ensemble de l'économie. La titrisation a rendu les banques beaucoup moins sensibles à l'évaluation du risque de leurs clients car elles n'étaient plus obligées de conserver ces crédits dans leur bilan. On est ainsi passé d'un modèle «*originate and hold*» à un modèle «*originate and distribute*». La construction de portefeuilles structurés, mélangeant les risques, loin de les réduire, a contribué à les diffuser vers des agents dont le rôle n'était justement pas de les assumer (fonds de pensions, collectivités territoriales...). La globalisation financière a favorisé la diffusion internationale des risques. Ce phénomène s'était déjà produit à la fin du XIXe siècle, dans un contexte de première mondialisation. Les placements dans certains pays émergents de l'époque (Argentine, Russie) sur des activités nouvelles (chemin de fer, extractions minières, plantations...) avaient provoqué de nombreuses crises bancaires et financières.

2. *A contrario* les crises sont peu fréquentes lorsque des politiques de régulation sont à l'œuvre: À la suite de la faillite de Law, les autorités françaises ont limité très fortement les sociétés de capitaux, considérées comme des officines spéculatives et il faudra attendre 1867 pour que les Sociétés anonymes soient librement autorisées. Les crises de la fin du XIXe siècle et leurs faillites bancaires ont débouché, en France et en Angleterre, sur une spécialisation bancaire et une stricte séparation des banques d'affaires et des banques de dépôt. La crise de 1907, qui a touché particulièrement les États-Unis a finalement conduit à la création de la Réserve fédérale (1913). La crise de 1929 ayant révélé la fragilité du système bancaire américain, le Président Roosevelt a introduit, dès 1933, une spécialisation bancaire (Glass-Steagall Act) et un système fédéral d'assurance des dépôts (FDIC). Ainsi, les grandes crises financières depuis le XIXe siècle ont souvent débouché sur régulation accrue du système... avant que de nouvelles innovations financières provoquent de nouveau la crise. De même, les crises des années 1990 ont conduit à un renforcement des règles prudentielles... même si elles n'ont pas été appliquées assez tôt pour empêcher la crise de 2008. Pendant les Trente Glorieuses, les crises financières sont rares. Les réglementations bancaires et financières encadrent très fortement les activités et réduisent la spéculation. Cette régulation est jugée excessive à partir des années 1960 et l'ouverture des marchés est présentée comme permettant une meilleure allocation des ressources et une réduction des coûts de financement. C'est ce qui justifiera, à partir des années 1980 surtout, les vagues de déréglementation et de décloisonnement qui permettront la globalisation financière. Mais cela s'est accompagné d'un retour des crises financières et de leurs conséquences.

II. Les crises financières peuvent être considérées comme endogènes au système.

A. La récurrence des crises financières peut s'expliquer par le comportement rationnel des acteurs économiques ou par l'imperfection des marchés financiers.

1. Les crises financières comme conséquence du comportement rationnel des agents… même dans des marchés efficients. Les crises financières, dans leur déclenchement, sont des crises économiques qui concernent au départ les marchés financiers : marché des changes, marché des titres, marché de taux d'intérêt… La théorie de « marchés efficients » (Eugène Fama) considère que sur ces marchés les prix incorporent immédiatement toute l'information disponible, sans coût, et tendent donc vers un niveau d'équilibre. Les crises ne seraient alors que la conséquence de dysfonctionnements ou de chocs imprévisibles. Les marchés financiers peuvent sans doute se rapprocher des critères de l'efficience, en raison de l'interconnexion des places financières et de la circulation et disponibilité très rapide de l'information. Mais, même sur ce type de marché, des bulles spéculatives parfaitement rationnelles peuvent se produire. La particularité des marchés financiers est que le prix et les quantités demandées évoluent souvent dans le même sens et pas en relation inverse, comme la théorie classique des marchés le prévoit. La hausse d'un titre conduit les agents à en demander s'ils estiment que le prix est amené à monter encore. Ce mécanisme peut être à l'origine de bulles correspondant à une déconnexion des prix des titres de leur valeur fondamentale. Ces bulles reposent sur une logique de prophéties auto-réalisatrices, de comportements moutonniers décrits par Keynes, et conduisent à des krachs lorsque les agents corrigent massivement leurs anticipations.

2. Les crises peuvent s'expliquer par les imperfections des marchés. Dans cette logique c'est le fait que les marchés ne soient pas efficients qui produit de l'instabilité. Les marchés financiers sont caractérisés, comme d'autres types de marché, par des asymétries d'information (Frédéric Mishkin, 1997) L'existence de ces asymétries conduit à ne pas fixer correctement les prix des actifs et génère des bulles et des krachs. Les asymétries entre les agents peuvent être regroupées selon deux formes : « aléa moral » et « sélection adverse ». Dans la situation d'aléa moral, un agent se comporte d'une façon différente de ce qui était attendu : prise de risque trop importante en comptant sur le secours des autorités (*too big to fail* par exemple). Le développement de la titrisation a ainsi conduit les banques à moins se soucier de la qualité des emprunteurs car elles ne conservaient pas les créances. Dans une situation de sélection adverse (George Akerlof), un agent peut être conduit à choisir une solution non conforme à son intérêt, du fait d'une information insuffisante ou erronée : la montée de l'incertitude sur les marchés augmente le risque de choisir des emprunteurs de mauvaise qualité et accroît ainsi le risque supporté par les banques. En période de crise, les asymétries d'information contribuent à renforcer les mouvements de panique. Par exemple, l'impossibilité pour les déposants de connaître réellement la solidité des banques peut conduire à des courses au retrait *(run bancaire)* qui touchent les banques solvables comme celles qui ne le sont pas.

B. Les crises financières peuvent être considérées comme inhérentes au système capitaliste.

1. Les crises financières sont le produit de la spéculation. On trouve chez Irwing Fisher ou chez Keynes dans les années 1930 l'idée que les crises financières sont liées au fonctionnement même des marchés financiers. Selon eux, la spéculation est un mécanisme inhérent au comportement des agents sur ces marchés. Dans le chapitre 12 de la *Théorie générale*, Keynes souligne l'importance des « esprits animaux » dans les prises de décision : *« Les décisions humaines engageant l'avenir sur le plan* *personnel, politique ou économique ne peuvent être inspirées par une stricte prévision mathématique, puisque la base d'une telle prévision n'existe pas; [...] notre besoin inné d'activité constitue le véritable moteur des affaires, notre intelligence choisissant de son mieux entre les solutions possibles, calculant chaque fois qu'elle le peut, mais se trouvant souvent désarmée devant le caprice, le sentiment ou la chance.»* Cela conduit à des comportements moutonniers qui dérivent en bulles spéculatives ou krachs. Fisher comme Minsky mettent en avant l'importance des innovations financières dans le développement des crises. Elles permettent d'accroître la rentabilité des investissements et incitent les agents à s'endetter davantage, Les effets de levier conduisent progressivement à un surendettement et au retournement des anticipations, provoquant la vente des titres. Les spéculateurs liquident leurs actifs pour faire face aux échéances, ce qui conduit à un mécanisme de déflation aggravant encore la situation: «*Chaque dollar de dette encore impayé devient plus lourd [...] plus les débiteurs remboursent, plus ils doivent.*»

2. Les crises financières sont reliées aux cycles économiques. Hyman Minsky (1982) considère que les crises financières sont endogènes au fonctionnement du capitalisme. C'est «l'hypothèse d'instabilité financière». Selon lui trois formes de financement des entreprises peuvent être distinguées: un financement prudent *(hedge finance)* dans lequel les revenus tirés de l'investissement permettent de couvrir les charges financières; un financement spéculatif *(speculative finance)* dont les profits permettent de couvrir les intérêts d'emprunt mais pas le remboursement du capital; le financement Ponzi *(Ponzi finance)* dans lequel les emprunts servent à rembourser les dettes antérieures, y compris les intérêts. Minsky classe ainsi les systèmes économiques en fonction de leur degré d'instabilité financière. Mais il souligne également que les trois formes de financement tendent à se succéder au cours du cycle économique, conduisant inexorablement à une prise de risque accrue. Une période d'expansion, caractérisée par des taux de rentabilité élevés, conduit les agents à s'endetter davantage et ce d'autant plus qu'ils ont confiance dans l'avenir. C'est le «paradoxe de la tranquillité». La crise se produit lorsque la hausse des taux d'intérêt vient provoquer la faillite des structures Ponzi et spéculatives (la hausse de taux réduit la rentabilité des investissements).

L'interdépendance des bilans des acteurs (entreprises, banques et institutions financières) propage la crise à l'ensemble de l'économie.

3. L'aveuglement au désastre. La récurrence des crises conduit à se demander pourquoi les agents ne les anticipent pas. Lors de toutes les crises, certains ont cherché à alerter leurs contemporains: des pamphlets circulaient en 1636 pour dénoncer la folie des prix des bulbes de tulipe; Galbraith rappelle que le banquier Warburg avait annoncé la crise de 1929; on loue aujourd'hui Nouriel Roubini pour avoir prévu la crise des *subprimes*… Pourtant, ils ne sont pas entendus. Pour André Orléan, comme pour Minsky, les périodes d'euphorie s'accompagnent d'un «aveuglement au désastre» qui est lié au fait qu'il est presque impossible de définir objectivement la valeur d'un actif. Si un expert affirme qu'il y a une bulle spéculative sur l'immobilier, il ne peut pas facilement le justifier car il n'existe aucune valeur incontestable du prix d'un logement. Trois mécanismes viennent renforcer l'aveuglement:

- l'idée que «*Cette fois c'est différent*»: dans toutes les bulles, les acteurs affirment que les problèmes précédents ne se reproduiront pas, que le contexte est cette fois différent, et que les erreurs du passés ne seront pas répétées;

- la confiance dans «la sagesse des foules»: comment quelques individus isolés pourraient-ils avoir raison contre des marchés qui intègrent toutes les informations? Mais, même dans ce cas, «*pour gagner de l'argent sur un marché, l'important n'est pas de connaître la vérité, c'est-à-dire de connaître quelles sont les vraies valeurs du marché, mais bien de prévoir les mouvements du marché lui-même*» (Orléan). Même si les investisseurs pensent que les prix sont trop hauts, ils ont quand même intérêt à poursuivre tant que les prix montent. Les investisseurs ne sont pas irrationnels, ils appliquent une rationalité «autoréférentielle» qui s'appuie sur les opinions des autres investisseurs. C'est la parabole du «concours de beauté» développée par Keynes;

- l'idée que ceux qui gagnent de l'argent sont forcément intelligents: Galbraith affirme que c'est ce qui explique que les gens aisés cherchent à imiter les placements des plus riches, provoquant une montée des cours… ou leur effondrement.

III. Même si les crises financières sont inhérentes au système, on peut en réduire l'impact ou les prévenir.

A. En réduire les conséquences.

1. Les conséquences des crises financières. La contagion à l'économie réelle passe par différents canaux :

• **Le *credit crunch*.** La crise bancaire provoque une contraction de l'offre de crédit. Les banques deviennent plus exigeantes sur les conditions d'obtention de prêts. Les entreprises ne peuvent plus se financer (financement de l'investissement ou crédit à court terme). Les particuliers obtiennent plus difficilement les crédits immobiliers et les prêts à la consommation. Cela finit par provoquer une réduction de la consommation et de l'investissement.

• **Les effets de richesse.** L'effondrement des cours des titres, ainsi que de la valeur des biens immobiliers conduit les ménages à réduire leur consommation et à accroître leur épargne pour tenter de reconstituer la valeur de leur patrimoine. À cela s'ajoute une perte potentielle pour les retraités liée aux difficultés des fonds de pension. Les entreprises réduisent également leurs investissements.

• **La crise de confiance.** Dans une logique de prophétie autoréalisatrice, les entreprises, craignant la diminution de la demande, réduisent leurs investissements, provoquant la chute de l'activité, la contraction des revenus… Les ménages, par crainte de la récession, augmentent leur épargne, réduisent leur consommation, notamment de biens durables et alimentent la baisse de la demande.

• **La transmission internationale** de la crise. Elle se fait par la contraction du commerce international et/ou par des effets de taux de change.

2. Une intervention publique nécessaire pour réduire les conséquences. Face aux crises financières, la logique des gouvernements peut être de laisser faire. C'est une approche encore dominante au moment de la crise de 1929, avec l'idée que ceux qui ont spéculé ont perdu, que c'est un processus normal et que leur venir en aide génère un aléa moral. On incite les spéculateurs à prendre des risques s'ils savent qu'ils seront secourus. Cependant, l'importance de la crise conduit dans les années 1930 à un changement de logique. Les États interviennent partout pour sauver le système économique et éviter l'effondrement complet des systèmes financiers et bancaires. Parmi les premières mesures prises par Roosevelt en 1933-1934 on trouve toute une panoplie de décisions monétaires (fermeture des banques, assurance des dépôts, spécialisation bancaire, dévaluation…). Lors de la crise de 2008, les États sont massivement intervenus pour sauver le système bancaire (même si le non-sauvetage de Lehman Brothers a été le catalyseur du krach). Les plans de sauvetage ont permis d'éviter le scénario de 1929, mais ils ont également alimenté la croissance de la dette publique, avec les risques de défauts souverains.

B. Prévenir les crises : l'importance de la régulation du système financier.

1. Il est difficile de prévoir les crises, car elles changent souvent de forme. Au cours des dernières décennies, les crises financières ont été fréquentes, mais elles se sont présentées sous des formes variées, ce qui rend plus compliquée la prévision.

• Le support spéculatif à l'origine de la bulle financière peut changer constamment de forme. La crise des *subprimes* a reposé sur une bulle immobilière, mais la crise Internet du début des années 2000 est une bulle boursière. Le début des années 1990 a connu une spéculation sur les changes, particulièrement en Europe entre 1992 et 1993. Les années 1980 sont marquées par des crises de dettes souveraines qui font suite à une forte spéculation sur l'endettement des pays émergents de l'époque (Brésil, Mexique, Argentine, Pologne…). La crise asiatique de la fin des années 1990 est liée à une ouverture importante de ces pays à des flux internationaux de capitaux, alors que leur économie n'était pas prête à l'assumer.

• On voit également ici que la géographie des crises est également très variable. Elle traduit le phénomène de mondialisation et rend l'emballement spéculatif encore moins facile à appréhender. L'information imparfaite des acteurs financiers favorise les comportements moutonniers et alimente la bulle.

2. Mettre en place des politiques de supervision microprudentielle et macroprudentielle. La tendance à croire que « *cette fois c'est différent* » et que l'emballement spéculatif n'en est pas un conduit à ne pas se rendre compte que les mécanismes à l'œuvre sont toujours les mêmes. Cela plaide pour la mise en place de mécanismes de surveillance permettant une régulation du système et évitant le risque systémique. Les grandes crises financières ont souvent débouché sur la mise en place d'instances de régulation. La crise actuelle, par son ampleur mondiale, par le fait qu'elle a touché des acteurs que l'on pensait à l'abri devrait conduire à renforcer les instances de régulation et la supervision du système bancaire et financier.

Depuis les années 1980, on a le plus souvent privilégié une régulation microprudentielle, fondée sur l'édiction de normes, comptables et financières. Ainsi, les accords de Bâle (1988) ont imposé aux institutions financières de respecter des ratios prudentiels (ratio Cooke). Les accords de Bâle II (2004) ont voulu durcir les normes imposées (ratio McDonough), mais ils n'étaient pas encore entrés en vigueur au moment de la crise de 2008. De nouvelles contraintes ont été décidées sous l'impulsion du G20 dans le cadre des accords de Bâle III (2010), mais elles ne devraient pas entrer en vigueur avant plusieurs années…

Cependant, la prévention des crises passe également par une régulation macroprudentielle… Il s'agit d'établir des indicateurs économiques et politiques permettant de gérer le risque systémique. La question de savoir qui doit mener cette régulation n'est pas aujourd'hui tranchée. Doit-on la confier aux banques centrales ou faut-il disjoindre la conduite de la politique monétaire de la régulation prudentielle ? Le rapport du Conseil d'analyse économique « Banques centrales et stabilité financière » (n° 96, 2011) affirme que la régulation macroprudentielle doit chercher à :

- réduire les imperfections des marchés ;
- diminuer la procyclicité des acteurs financiers qui ont une tendance collective à sous-estimer les risques et à s'y surexposer, en favorisant une modération du crédit en phase ascendante du cycle et son maintien en phase descendante ;
- amener les acteurs à internaliser les effets externes découlant de leurs comportements individuels.

Tout cela suppose la mise en œuvre d'une batterie d'indicateurs macroéconomiques et financiers permettant de repérer les bulles et de mener des politiques visant à les contrer. La conduite de cette régulation ne peut évidemment pas se faire dans un cadre strictement national et doit intégrer une dimension mondiale.

Les crises financières sont largement inhérentes au fonctionnement du capitalisme. Elles sont une composante essentielle des crises économiques et en ont souvent été les catalyseurs, même si elles n'en sont pas complètement responsables. Le monde de la finance cristallise largement les difficultés venues de l'économie « réelle ». Les bulles spéculatives s'appuient le plus souvent sur des produits et ce sont souvent les asymétries d'information concernant les marchés de ces produits qui génèrent la déconnexion des cours de marchés par rapport aux données fondamentales. Sur les marchés financiers les mêmes innovations financières permettent de se couvrir contre des risques ou de spéculer. La frontière entre les deux activités est souvent réduite.

À chaque crise, les acteurs pensent avoir compris la leçon, affirment que les outils de régulation sont au point pour prévenir une nouvelle catastrophe. Et pourtant, « *les crises reviennent toujours* », comme l'affirme Paul Krugman. À chaque fois, l'aveuglement au désastre conduit à penser que « *cette fois c'est différent* ».

La récurrence des crises financières plaide évidemment pour la mise en place d'une régulation micro et macroprudentielle. Mais on peut être sceptique sur la mise en œuvre réelle. Le retard permanent de la réglementation contre l'innovation financière fait que les normes en vigueur se révèlent efficaces… pour lutter contre la crise précédente.

Références bibliographiques

- Carmen Reinhart, Kenneth Rogoff, *Cette fois, c'est différent. Huit siècles de folie financière*, Pearson, 2010.
- Paul Krugman, *Pourquoi les crises reviennent toujours*, Le Seuil 2000, rééd. 2009.
- Chistian Chavagneux, *Une brève histoire des crises financières. Des tulipes aux* subprimes, La Découverte, 2011.
- Conseil d'analyse économique, *Les Crises financières*, n° 50, 2004.
- Conseil d'analyse économique, *La Crise des* subprimes, n° 78, 2008.
- Conseil d'analyse économique, *Quelles leçons de la crise pour les banques centrales ?*, n° 96, 2011.

PARTIE 2
Monnaie, financement de l'économie, et politique monétaire

Sujet 5 : La place de la finance dans le capitalisme depuis le début du XIXe siècle.
(Pierre-André Corpron)

Sujet 6 : À quoi servent les banques centrales ?
(Mickael Sylvain)

Sujet 7 : Endettement et crise économique.
(Stéphane Moussiegt)

Sujet 5

La place de la finance dans le capitalisme depuis le début du XIXe siècle.

Analyse du sujet

La première difficulté du sujet consiste à définir précisément le terme de finance. On peut l'envisager d'une manière restrictive, en limitant l'approche aux marchés financiers. Cela semble trop limitatif ici car cela conduirait à écarter de l'analyse le rôle des banques, qui sont des agents très importants du financement des entreprises. Cela nous conduit à considérer la finance comme le processus permettant aux agents économiques de se procurer les capitaux dont ils ont besoin et également de placer leurs capitaux excédentaires. Cette approche permet d'intégrer le rôle des banques dans l'analyse, qu'elles assurent directement le financement des agents, par les crédits qu'elles accordent, ou qu'elles acquièrent sur les marchés des titres émis par les entreprises, ou encore qu'elles titrisent des crédits dont elles sont à l'origine. Cela permet également de s'intéresser aux mécanismes de transfert des ressources d'un agent à un autre, d'un pays à l'autre…

Ce thème de la finance est abordé en première année, lors de l'étude de la croissance et des transformations des entreprises (points II et III du programme), mais également dans le point V concernant la monnaie et le financement de l'économie. Il réapparaît en deuxième année, dans les points IX et X consacrés aux paiements internationaux et aux déséquilibres économiques.

Le sujet impose une approche historique et doit conduire à étudier l'évolution du poids de la finance. Trois axes principaux peuvent se dégager :

- le rôle de la finance dans le financement de l'économie : un poids croissant ;
- le rôle dans les décisions et la gestion des entreprises ;
- finance et régulation du capitalisme : la finance, facteur de croissance ou de crise.

Cependant, les deux premiers points sont suffisamment liés pour les regrouper dans une partie.

Proposition de corrigé

«*La politique de la France ne se fait pas à la corbeille*» affirmait le général de Gaulle en 1966, indiquant par là que l'opinion des marchés financiers, ne le conduirait pas à modifier sa politique. En 2009, quelque temps après le déclenchement de la crise dite des *subprimes*, le Président Nicolas Sarkozy déclarait: «*Face à un capitalisme financier devenu fou à force de n'être soumis à aucune règle, serait-il raisonnable d'attendre encore?*» (15 juin 2009 à l'Organisation internationale du travail). Lors de la campagne présidentielle de 2012, son adversaire François Hollande affirme que «*[son] ennemi c'est la finance*» et que «*le redressement ne sera possible que si la finance est dominée*».

Deux contextes différents, quarante-cinq ans d'écart, et pourtant une même condamnation du rôle de la finance. Si de Gaulle veut minimiser l'impact de la finance sur la vie économique et politique française, elle joue pourtant déjà un grand rôle. La crise financière commencée en 2008 est venue ternir l'image de la finance dans l'opinion publique. Les financiers sont présentés comme sans scrupules, âpres au gain, et responsables aussi bien des délocalisations, des défaillances d'entreprises que des difficultés des États.

Mais derrière cette appellation générique se cachent des réalités très diverses. Finance de marché, finance d'entreprise, finances publiques..., toutes ces activités recouvrent des domaines très différents. Lorsqu'on pense aux financiers, on imagine immédiatement des spéculateurs, mais les gestionnaires de portefeuille, les banquiers qui prêtent à des PME ou des ménages font également partie de la finance.

Nous proposons ici de retenir une définition très large du terme et de considérer la finance comme le processus permettant aux agents économiques de se procurer les capitaux dont ils ont besoin et également de placer leurs capitaux excédentaires.

Si l'actualité du rôle de la finance est dominée par la crise financière qui a éclaté en 2008, le sujet nous invite à porter un regard de long terme sur cette question. Le XIXe siècle marque un tournant dans la place de la finance dans le capitalisme naissant. Elle est certes présente bien plus tôt: le développement de la puissance économique de Venise ou d'Amsterdam ne peut pas se comprendre sans référence à ces banquiers qui assurent le financement du commerce lointain, qui prêtent aux princes et consacrent ainsi leurs alliances politiques… Mais le XIXe siècle connaît une profonde mutation du système bancaire et financier. Les banques se transforment, drainent des petits dépôts, financent des investissements à long terme, assurent des transferts de capitaux entre pays… De véritables marchés financiers voient le jour, connectés grâce à des moyens de communication rapides (télégraphe). Des crises financières sont également présentes de manière régulière, environ tous les dix ans à partir de 1825.

À partir du milieu du XIXe siècle, les entreprises ont de plus en plus souvent besoin d'un financement extérieur, que les banques et les marchés de capitaux assurent. Mais cela transforme la nature du capitalisme et les relations à l'intérieur de l'entreprise. La finance est à l'origine de la croissance parce qu'elle en apporte les moyens financiers, mais elle est également génératrice de crise.

Nous verrons d'abord que le rôle croissant de la finance dans le financement des entreprises conduit à des transformations dans la nature du capitalisme (I), puis nous développerons l'idée que la finance joue un rôle moteur dans la croissance, mais que les crises financières sont inhérentes au capitalisme (II).

I. Le rôle croissant de la finance dans le financement des entreprises transforme progressivement la nature du capitalisme.

A. La montée en puissance de la finance…

1. Le rôle des banques et des marchés de capitaux dans le financement des entreprises. Au début de la révolution industrielle, le niveau d'investissement est faible et le taux de profit élevé. Les machines s'apparentent à des « jouets mécaniques » (Ernest Labrousse) et le retour sur investissement est important. Le recours à des financements externes n'est donc pas nécessaire. Les transformations économiques du milieu du XIXe siècle (développement des chemins de fer, industrialisation lourde) conduisent à un appel plus important aux banques et aux marchés de capitaux. Il en résulte une révolution bancaire, provoquant l'apparition de banques d'affaires et de banques de dépôt. Le développement du crédit, y compris pour financer la consommation des ménages, est un fait marquant de l'entre-deux-guerres, mais c'est dans la seconde moitié du XXe siècle que le recours des entreprises à un financement externe domine largement, que celui-ci repose sur le crédit bancaire ou sur l'émission de titres longs (obligations) ou courts (billets de trésorerie) sur les marchés de capitaux.

2. Un rôle essentiel également dans le financement des États. Dès le milieu du XIXe siècle les banques accroissent leur participation au financement des États. Ce n'est certes pas une nouveauté dans l'histoire, car les banquiers ont largement contribué à prêter de l'argent aux princes, mais les banques et les caisses d'épargne incitent leurs clients à souscrire aux emprunts d'État. À la fin du XIXe siècle, ce sont même les États des nouveaux pays émergents qui font appel aux banques pour assurer le financement de leur industrialisation (emprunts russes).

Au XXe siècle, les États ont souvent recours à l'endettement auprès des banques et sur les marchés de capitaux. L'émission de titres publics, parfois souscrits par les banques, mais également les crédits directement consentis à certains pays, contribuent à renforcer l'importance de ce financement. Les déficits publics permanents de la fin du XXe et du début du XXIe siècle rendent ce mécanisme nécessaire pour assurer le bouclage du budget des États.

3. La transformation des structures de financement. Si le recours au financement externe progresse très fortement, les structures économiques particulières à chaque État sont le reflet de son histoire, de sa réglementation, voire des crises qu'il a traversées. La Grande-Bretagne est la première à prôner une stricte spécialisation bancaire dès le milieu du XIXe siècle, séparant très nettement les banques qui reçoivent les dépôts du public de celles qui ont vocation à financer les investissements industriels. En France, on voit apparaître les premières formes de banques d'affaires (Crédit mobilier, 1852) mais également des banques de dépôt (Crédit lyonnais, 1863), tandis que certaines s'essayent à la banque universelle (Société générale, 1864). La crise économique de 1882 consacre la doctrine Germain, du nom du fondateur du Crédit lyonnais, qui instaure une spécialisation bancaire, comme en Angleterre. Pendant ce temps, l'Allemagne fonctionne avec un modèle de banque universelle de grande taille (les 4 D : Darmstäterbank ; Deutsche Bank ; Dresdner Bank ; Diskontund Commerzbank) très liée aux intérêts de l'industrie, tandis que le modèle américain repose également sur une banque universelle, souvent de petite taille et avec un système bancaire très morcelé. Ce n'est que pendant la grande crise des années 1930 que le Glass-Steagall Act (1933) y impose la spécialisation. La deuxième moitié du XXe siècle consacre le modèle de la banque spécialisée, jusqu'aux réformes engagées à partir des années 1960. En France, c'est la loi bancaire de 1984 qui va mettre fin à ce régime, après un assouplissement avec la réforme Debré-Haberer de 1966, et permettre une diversification des activités des banques.

Les structures de financement font apparaître une très nette différence entre le modèle anglo-saxon, caractérisé par un recours massif aux marchés de capitaux, et un modèle dans lequel les banques assurent l'essentiel du financement des agents. La distinction faite par John Hicks entre une économie de marchés financiers et une économie d'endettement renvoie à cette opposition. Les réformes bancaires et financières de la fin du XXe siècle marquent la victoire de la finance de marché en favorisant un recours plus important encore aux marchés de capitaux. Le mouvement de désintermédiation financière traduit ce recul du financement indirect par les banques au profit d'une émission de titres souscrits sur les marchés, voire d'une titrisation de crédits initialement portés par les banques.

B. … provoque des transformations de la nature du capitalisme.

1. Les transformations de la gestion de l'entreprise : l'émergence du capitalisme financier. La première moitié du XXe siècle consacre la montée en puissance de la technostructure (Galbraith). Les entrepreneurs du capitalisme traditionnel laissent la place à des managers, chargés d'assurer la bonne gestion de l'entreprise, son développement… Ce capitalisme managérial, qui se développe dans des entreprises dont le capital est souvent morcelé, s'installe au détriment des actionnaires car il est souvent plus soucieux de la part de marché, du chiffre d'affaires…, que de la distribution de dividendes. Le partage des gains de productivité se fait entre tous les partenaires ou *stakeholders* (actionnaires, salariés, managers de l'entreprise), ainsi qu'en témoigne la relative stabilité du partage de la valeur ajoutée jusqu'aux années 1970. Le retour des actionnaires s'opère ensuite avec le développement d'un nouveau modèle qui se traduit par la primauté des actionnaires ou *shareholders*. Cette domination, qui s'explique par l'importance prise par les fonds d'investissement dans le capital des sociétés, a pour conséquence un changement dans l'objectif de l'entreprise qui devient la création de valeur actionnariale, l'augmentation du cours boursier, et plus la croissance du chiffre d'affaires ou la part de marché. Cela se traduit par des principes nouveaux de gouvernance. Les managers doivent se conformer aux attentes des actionnaires : on voit apparaître de nouvelles pratiques visant à améliorer la visibilité de l'entreprise sur les marchés financiers telles que les audits, les *reportings*, les notations par des agences spécialisées... Cela se traduit également par le refus de mesures de protection anti-OPA pour laisser planer la menace sur les dirigeants ; par un nouveau mode de rémunération des dirigeants les intéressant directement à la hausse des cours de bourse, les stock-options. Toutes ces transformations ont conduit à une déformation de la valeur ajoutée en faveur des profits.

2. Finance et mondialisation de l'économie. Les mouvements de capitaux ont joué un rôle essentiel dans le processus de mondialisation qui s'est opéré dès la fin du XIXe siècle. Dans cette « première mondialisation » (Suzanne Berger, 2003), les marchés financiers se développent et les progrès dans les transports et les communications (télégraphe) permettent leur interconnexion. Les investissements directs à l'étranger se développent, mais ce sont surtout les investissements de portefeuille qui dominent. Ce phénomène débouche cependant sur une vague de démondialisation dans l'entre-deux-guerres, la finance étant à cette occasion l'un des vecteurs de la propagation de la crise à l'économie mondiale (*cf. infra*).

La mondialisation financière a repris dans la seconde moitié du XXe siècle. Le développement des euro-dollars, la libéralisation des opérations sur les marchés des changes, le développement d'opérations de couverture de risque, d'arbitrages sur les monnaies ont contribué à faire de la finance mondialisée un acteur essentiel du fonctionnement du capitalisme. Le financement des déficits publics par émission de titres pouvant être souscrits par des non-résidents a permis de réaliser d'importants transferts d'épargne au niveau international.

Le facteur travail étant peu mobile internationalement, alors que la mobilité du capital s'est largement accentuée, la finance a joué un rôle essentiel dans l'allocation des ressources au niveau mondial, permettant la mise en concurrence des pays, de leurs systèmes fiscaux et sociaux. Le développement rapide des FTN dans la seconde moitié du siècle n'aurait pas pu se faire sans une libéralisation des marchés financiers.

La globalisation financière a eu des conséquences sur la conduite des politiques économiques. Le triangle d'incompatibilité (Robert Mundell, 1961) montre qu'il n'est pas possible de réaliser simultanément les trois objectifs de stabilité des changes, d'autonomie de la politique monétaire et de liberté de circulation des capitaux.

II. La place de la finance dans la croissance et les crises du capitalisme.

A. La finance au service de la croissance économique.

1. La nécessité d'un financement des entreprises. Les entreprises sont constamment confrontées à des besoins de financement, qu'il s'agisse de faire face à un décalage de trésorerie entre le paiement des fournisseurs ou des salariés et les recettes tirées de la vente des produits, ou de la nécessité de financer des investissements qui ne rapporteront que dans le futur. Les crédits à court ou long terme consentis par les banques, les émissions de titres (billets de trésorerie ou obligations) permettent le fonctionnement de l'économie. La place du financement intermédié, par le crédit bancaire, ou du financement sur les marchés, est variable selon les pays et les époques. Si la France ou l'Allemagne ont été plutôt les modèles d'un financement par les banques après la Seconde Guerre mondiale, les États-Unis représentent plutôt le modèle d'un financement par les marchés financiers. Le choix de développer les marchés financiers depuis les années 1980 a été dicté par différentes considérations : volonté des entreprises de contourner l'encadrement du crédit et de se procurer des ressources moins chères dans un contexte de taux d'intérêt bancaires élevés ; possibilité pour les États de trouver des financements autres que ceux de leurs banques centrales ; idée que la lutte contre l'inflation est plus facile dans une économie de marchés financiers que dans une économie d'endettement ; transformation des instruments de la politique monétaire par utilisation des interventions sur le marché monétaire plutôt que *via* le réescompte... Tout cela repose finalement sur l'idée que les marchés financiers sont plus efficients pour allouer l'épargne et réaliser le financement des agents. On a alors assisté à une diminution très nette du taux d'intermédiation financière. En le mesurant au sens le plus large, c'est-à-dire en tenant compte du rachat de titres sur les marchés par les établissements de crédit, les assurances et les OPCVM, le taux d'intermédiation est passé de 75 % à 55 % entre le milieu des années 1990 et la fin des années 2000.

2. Les agents financiers exercent deux fonctions qui permettent de se projeter dans le futur.

• Ils permettent un transfert de ressources dans le temps et dans l'espace. Ils réalisent ainsi une allocation optimale des ressources assurant l'égalisation de l'épargne et de l'investissement. Si cette fonction s'est longtemps limitée à un champ purement national, la globalisation financière des dernières décennies l'a étendue aux déséquilibres des paiements internationaux. Les déséquilibres de balances des paiements ont pour contrepartie une répartition inégale de l'épargne et de l'investissement dans le monde. Les marchés, les banques jouent un rôle essentiel dans l'ajustement, en assurant par exemple le recyclage des pétrodollars dans les années 1970, ou en permettant aux excédents allemands ou japonais, puis chinois, de financer les déficits américains.

• Ils assurent également une gestion des risques. Le financement par le marché de *start-up*, qui ne pourraient pas souscrire facilement à des crédits bancaires, permet de démarrer des activités apparemment plus risquées. La diversification des risques, en jouant sur les grands nombres ou sur la dilution du risque au milieu d'actifs plus solides, devrait permettre de faire supporter le risque inhérent à l'apparition de nouvelles activités à l'ensemble du système économique. D'une façon plus générale, la couverture des variations de change, de fluctuations des cours de matières premières, de taux, etc., permet aux entreprises de prendre des risques calculés dans leurs activités.

3. Les marchés sont-ils efficients? Selon la théorie des marchés efficients, le marché est parfaitement capable de mesurer les risques et donc de les assurer. Un marché est dit efficient lorsque les fluctuations de cours qui s'y observent sont dues à des informations nouvelles. Cela traduit le fait que le prix intègre ainsi toute l'information disponible. Harry Markowitz (1952), James Tobin, William Sharpe, Robert Merton, Hyron Scholes, Fisher Black (tous prix Nobel pour leurs travaux) ont montré que les fluctuations de cours reflètent les risques des titres. Diversifier ses placements permet de réduire les risques. Les marchés financiers permettent à chacun de définir son niveau de risque et celui-ci détermine le rendement du portefeuille. Les marchés permettent de s'assurer contre le risque par le mécanisme des options…

Cette vision très optimiste du fonctionnement des marchés a participé à leur développement et a contribué par exemple au mécanisme de la titrisation. Il faut cependant noter ici que des marchés réellement efficients ne devraient pas connaître de bulles spéculatives puisqu'ils intègrent correctement toute l'information. Ou alors il faut considérer que toutes les bulles apparues au cours des dernières décennies ne s'expliquent que par le manque de transparence de l'information sur les produits financiers.

B. Les crises financières et leurs conséquences.

1. L'importance des crises financières dans l'histoire du capitalisme. Les crises financières ont marqué l'histoire du capitalisme depuis le XIXe siècle: crises bancaires, crises boursières, crises des dettes souveraines… Leurs formes sont variées, mais on les retrouve le plus souvent au cœur des crises économiques. Au XIXe siècle, toutes les crises économiques ont une composante financière: une faillite bancaire, un krach boursier font toujours partie des facteurs déclenchant les crises. Et les bulles spéculatives sont largement présentes. La crise de 1929 est la dernière de ces grandes crises du XIXe siècle. L'effondrement des marchés financiers et l'explosion du système bancaire américain qui suit ont plongé l'économie mondiale dans une crise sans précédent. Elle a conduit à un puissant mouvement de réglementation des activités financières et bancaires (spécialisation, assurance des dépôts…) qui caractérise encore les années d'après-guerre. Après une période marquée par une nette réduction des crises, elles reprennent avec la libéralisation des mouvements de capitaux à partir des années 1980 : crise des dettes souveraines en Amérique latine, krach boursier de 1987, crises asiatique, russe, des années 1990, crise de *subprimes* en 2007.

2. Les rouages des crises financières. «*Il n'y a pas de capitalisme sans crises financières*» affirment Robert Boyer, Mario Dehove et Dominique Plihon dans un rapport du Conseil d'analyse économique de 2004. De nouvelles sources de profit, de nouvelles méthodes de gestion des risques, de nouveaux produits financiers sont à l'origine des bulles spéculatives. L'incertitude est inhérente aux marchés financiers et conduit souvent à des prophéties autoréalisatrices : il vaut mieux avoir tort avec le marché que raison contre lui ! Cela produit des bulles financières et leur correction. Les marchés ne sont certainement pas aussi efficients qu'on a pu l'imaginer. Les comportements des acteurs de la finance sont procycliques. Lorsque tout va bien, ils acceptent de prendre des risques, assurent à prix bas le financement de l'activité et dopent ainsi la croissance. Mais il suffit que la tendance commence à se retourner pour que les sources de financement se tarissent, que les taux d'intérêt ou les primes de risque liées à certaines activités s'envolent, amplifiant la récession. La transmission de la crise financière ou bancaire à l'ensemble de l'économie se fait par différents mécanismes, dont la contraction du crédit, le *credit crunch*, est la principale.

3. Faut-il réguler la finance ? C'est la question que se posent de nombreux hommes politiques de tous bords depuis la crise des *subprimes*. Elle revient de manière récurrente lors des crises financières, mais les réponses se font souvent attendre. L'innovation financière est au cœur du processus de croissance, dans une pure tradition schumpétérienne. Ce sont les innovations qui permettent de dégager temporairement du profit parce qu'elles assurent une situation de monopole. Mais, toujours dans cette logique, l'innovation génère des cycles. Elle détruit l'ordre ancien, tout en permettant l'émergence d'un nouveau système économique. La crise financière récente montre que les États ont dû intervenir pour sauver le système bancaire et financier, souvent aux frais des contribuables, pour éviter que la crise économique ne soit encore plus grave. Les innovations récentes n'ont pas fait disparaître les risques, elles les ont transformés en un risque de système. Cela conduit alors à la nécessité d'une nouvelle régulation. En renforçant la spécialisation bancaire, en assurant les dépôts…, les réglementations prises à l'issue de la crise de 1929 ont largement permis d'éviter les crises pendant plusieurs décennies. La déréglementation amorcée depuis les années 1980 a facilité l'apparition d'innovations financières, mais a conduit à la multiplication des crises. La sortie durable de la crise actuelle passera nécessairement par la mise en place de normes prudentielles, tant au niveau microéconomique que macroéconomique.

Le capitalisme s'est profondément transformé depuis le XIXe siècle. Les entrepreneurs innovateurs, comme les définissait Schumpeter, existent encore, mais la plupart des entreprises sont dirigées par des gestionnaires. Les apporteurs de capitaux, actionnaires ou banquiers, jouent un rôle essentiel dans la prise de décision. La possibilité de trouver des financements est devenue l'un des principaux moteurs de la vie des entreprises. Les États sont soumis à la notation des marchés, et les dirigeants de la France souhaiteraient pouvoir dire aujourd'hui que leur politique ne se fait pas à la corbeille. En parallèle, les marchés financiers semblent avoir acquis une vie propre. Les échanges y représentent des sommes sans commune mesure avec le PIB, les tendances à la hausse ou à la baisse y paraissent déconnectées de celles de l'économie réelle. Mais les crises se transmettent très rapidement d'une sphère à l'autre.

L'appellation de « capitalisme financier » traduit bien ce changement de nature dans le fonctionnement du capitalisme. L'un des enjeux de la crise actuelle est certainement de remettre la finance au service de l'économie réelle, mais cela nécessitera des réformes structurelles qui supposent une véritable gouvernance mondiale.

Références bibliographiques

- Michel Aglietta, *Macroéconomie financière, tomes 1 et 2*, La Découverte, coll. Repères, n° 307 et 308, 2008.
- Jézabel Couppey-Soubeyran, *Monnaie, banques, finance*, PUF, 2010.
- Paul Krugman, *Pourquoi les crises reviennent toujours*, Seuil, 2000 (rééd. 2008).
- Didier Marteau, *Les Marchés de capitaux*, Armand Colin, 2012.

Sujet 6

À quoi servent les banques centrales ?

Analyse du sujet

Il s'agit bien sûr d'inventorier les fonctions que les banques centrales (BC) remplissent dans un système monétaire et financier. Par exemple, émettre la monnaie utilisée au sein d'une communauté de paiements ou encore assurer la liquidité du système financier par l'intervention sur le marché monétaire, lui-même intégré au marché des capitaux dans une économie de marchés financiers. Cela ne signifie pas pour autant qu'il y ait un accord fort entre économistes sur toutes les fonctions qu'on va pouvoir lister.

Il n'y a pas une banque centrale dans le monde mais autant (ou presque) que de pays et leurs rôles évoluent dans le temps, dans des systèmes monétaires et financiers qui se modifient. On peut par exemple opposer l'économie d'endettement et l'économie de marchés financiers, en ce que la politique monétaire est mise au service de la croissance économique et de la stabilité financière (PDR contraint) dans la première tandis qu'elle lutte contre l'inflation (assurant avant tout la fonction de réserve de valeur de la monnaie) dans la seconde.

La banque centrale a donc aussi un rôle dans la pérennité ou l'évolution du système lui-même ! L'autorité de la BC lui permet d'intervenir, y compris et surtout de manière discrétionnaire, parce qu'elle a la confiance des acteurs, pour empêcher l'implosion du système… On redécouvre cette dimension politique à l'occasion de la gestion du risque de système (Michel Aglietta) lors des crises financières récentes. La crise des *subprimes* a rappelé les BC à leur rôle de PDR afin d'empêcher l'implosion de l'économie de marchés financiers libéralisés… et peut-être aussi l'avantage qu'il y aurait eu à la prévenir (politique prudentielle).

Enfin, les BC ont souvent en charge la valeur externe de la monnaie, particulièrement dans les régimes de changes fixes où elles doivent assurer la parité de la monnaie, comme à la fin du XIXe siècle et après la Seconde Guerre mondiale. Si, depuis les accords de la Jamaïque de 1976, le système de Bretton Woods a officiellement disparu, les changes ne sont pas pour autant parfaitement flexibles partout : de nombreuses banques centrales interviennent sur les marchés des changes afin, notamment, de stabiliser le taux de change.

Le sujet porte plus particulièrement sur les points V « Le financement de l'économie » de programme de première année, IX « Les paiements internationaux » et X « Déséquilibres et politiques économiques et sociales en économie ouverte » du programme de deuxième année.

Proposition de corrigé

« Magic Greenspan ». Ainsi avait-on surnommé Alan Greenspan, le président de la Banque centrale (BC) américaine, la Fed, de 1987 à 2006. Non seulement sa politique monétaire assurait la stabilité monétaire, c'est-à-dire protégeait l'économie américaine contre l'inflation, mais elle lui offrait en sus la stabilité économique, autrement dit la croissance économique de plein-emploi. Tout juste si elle ne produisait pas enfin la stabilité financière. À défaut, elle permettait tout du moins au NYSE, la bourse des valeurs mobilières américaine, de toujours récupérer à l'issue d'un krach – comme en 1987 ou en 2000. La Fed sous Alan Greenspan endossait ainsi avec succès un triple rôle dans l'économie américaine.

Pourtant, la crise des *subprimes* puis la crise économique actuelle ont conduit à réviser l'héritage de Greenspan et à rendre à d'autres facteurs certains résultats – comme la stabilité monétaire, un peu hâtivement attribuée à la seule politique monétaire de la Fed. Surtout, historiquement, les BC des pays développés n'ont pas toujours reçu ce triple rôle depuis leur apparition dans la seconde moitié du XIXe siècle.

En conséquence, quels ont été les rôles que l'on attribue aux BC et comment ont-ils évolué depuis la fin du XIXe siècle ?

Hier comme aujourd'hui, les banques centrales doivent assurer la liquidité du système monétaire et financier (I). Si elles ont pu hier sacrifier à l'impératif des changes fixes et de la croissance, aujourd'hui c'est principalement contre l'inflation qu'elles agissent (II). Pourtant, les banques centrales redécouvrent dès la fin des années 1980 leur rôle politique de garant du système monétaire et financier (III).

I. Hier comme aujourd'hui, les banques centrales doivent assurer la liquidité du système monétaire et financier.

A. La banque centrale s'impose au XIXe siècle à la tête des systèmes monétaires et financiers occidentaux.

1. La BC, clé de voûte d'un processus long d'organisation et de sécurisation de l'émission monétaire. L'apparition d'une banque d'un rang supérieur aux autres à laquelle incombe la responsabilité, de fait ou de droit, du bon fonctionnement d'un « système bancaire » est récente. Si la Banque d'Angleterre date de 1694, elle est d'abord en charge du trésor et du financement du royaume. Elle ne devient responsable de l'émission monétaire qu'au cours du XIXe siècle. La Banque de France est créée en 1800.

Accompagnant les besoins de la révolution industrielle, un système bancaire hiérarchisé se met en place au XIXe siècle : les banques de second rang créent de la monnaie scripturale, mais la banque centrale obtient le monopole de l'émission de monnaie métallique. Progressivement, au XIXe siècle, la contrainte de liquidité est restreinte aux banques de second rang : la monnaie de la BC est devenue inconvertible en or, dont le cours est forcé, c'est une pure monnaie fiduciaire. Pouvant en créer autant qu'elle le souhaite, la BC a néanmoins la responsabilité de l'inflation monétaire.

2. La controverse bullioniste, fondatrice du Bank Charter Act (1844) : la convertibilité-or interne et externe (l'étalon-or). À l'occasion de la controverse bullioniste au tournant des années 1810, la thèse de la Currency School de la nécessaire convertibilité-or des billets de banque émis par la Banque d'Angleterre s'impose et est actée en 1844 (Bank Charter Act) : la dépréciation des billets de banque qui se manifeste par l'inflation est la conséquence de leur émission excessive. Cette théorie « quantitative » de la valeur de la monnaie, défendue par l'économiste David Ricardo, s'impose progressivement dans les pays développés.

Ce faisant, la généralisation de cette convertibilité-or interne des billets de banque à la fin du XIXe siècle a produit un étalon-or, c'est-à-dire la convertibilité des monnaies nationales entre elles à leur parité – leur poids relatif en or. Le franc germinal vaut ainsi 322,56 mg au titre de 9/10 d'or fin contre 7,988 g au titre de 11/12 pour la livre sterling et s'échangent donc à 1 livre contre

25,22 francs. La politique monétaire de la Banque de France ne peut donc plus être seulement une politique d'émission suivant une règle, la convertibilité-or, ce qui n'a d'ailleurs jamais été le cas, mais aussi une politique de change, qui peut être menée au mépris de l'activité économique, d'autant que la Banque d'Angleterre impose aux autres sa politique à l'heure de la première mondialisation à la fin du XIXe siècle (triangle d'incompatibilité de Robert Mundell).

B. Les économies d'endettement qui se mettent en place après 1945 en France notamment obligent les BC à assurer la liquidité du système monétaire et financier.

1. La BC, dernière roue de l'économie d'endettement. En France, l'État s'appuie après la Seconde Guerre mondiale sur un système bancaire largement nationalisé, qu'il contrôle, pour financer la reconstruction et la modernisation de l'économie. Les banques sont sollicitées par les ménages et les entreprises pour financer leurs consommations de biens durables et leurs investissements à crédit. C'est retour de la Banking School : la création monétaire prend sa source dans la sphère réelle, dans les décisions de consommation et de production des agents. La monnaie est endogène.

Après les réformes Debré-Haberer dans les années 1966-1967, la plus grande liberté accordée aux banques de second rang dans l'octroi du crédit est pensée comme permettant une meilleure allocation des ressources, au plus près de l'information disponible. Dans les économies d'endettement, la BC centrale valide *ex post* ces décisions d'offre de crédit des banques de second rang en les refinançant, assurant par là leur liquidité.

2. Le réescompte et l'encadrement du crédit, des instruments contraints de maîtrise de la liquidité. Par l'encadrement *ex ante*, la BC cherche à contrôler la création monétaire des banques de second rang. Le risque est en effet élevé que celles-ci accordent sans précaution des crédits, sûres qu'elles sont d'obtenir un refinancement de leurs crédits auprès de la BC. Le mécanisme du diviseur de crédit fait, il est vrai, de la BC un prêteur en dernier ressort contraint. La liquidité des banques de second rang constitue dès lors l'objectif principal de la BC.

Mais cette stabilité «bancaire» est acquise au mépris de la stabilité monétaire: l'inflation rampante des Trente Glorieuses est le prix à payer. Si la BC intervient sur le marché des changes pour maintenir la parité de la monnaie nationale vis-à-vis du dollar dans le cadre du SMI de Bretton Woods, les taux de change restent ajustables: les dévaluations du franc permettent ainsi de redresser périodiquement la compétitivité-prix et la balance commerciale du fait de cette inflation relativement plus rapide en France. En revanche, l'allocation des crédits manque d'efficacité, de sorte que les performances de l'économie réelle sont amoindries.

C. Les économies de marchés financiers libéralisés depuis les années 1980 laissent à la BC le soin d'émettre une monnaie exogène.

1. L'offre de monnaie de la BC détermine la masse monétaire. En changes flexibles, la libre circulation des capitaux laisse à la politique monétaire la possibilité de viser un objectif autonome (triangle d'incompatibilité). Libérée par les accords de la Jamaïque des règles de changes fixes du SMI de Bretton Woods, la BC doit lutter contre l'inflation selon les thèses monétaristes de Milton Friedman. En France, s'opère dans les années 1980 une transition vers une économie de marchés financiers et la priorité est donnée à la Banque de France de lutter contre l'inflation. La théorie quantitative de la monnaie fait l'objet d'une réhabilitation générale: l'offre de monnaie est exogène.

Dans un système bancaire hiérarchisé, les réserves obligatoires des banques de second rang peuvent les contraindre dans leur création monétaire, si la BC parvient à rendre crédible sa position d'une disponibilité limitée de la monnaie centrale. Le mécanisme du multiplicateur de crédit se met alors en place: la masse monétaire dans l'économie est un multiple, (dont la valeur dépend du coefficient de réserves obligatoires), de la base monétaire de la BC.

2. L'intervention sur le marché monétaire, instrument de maîtrise de la masse monétaire. Le marché monétaire est ce lieu fictif où les banques de second rang s'échangent de la monnaie centrale: c'est un marché interbancaire. L'EONIA mesure ainsi le taux d'intérêt auquel les 40 plus grandes banques intervenant sur ce marché se sont échangé la monnaie centrale chaque jour en Europe. La BC intervient sur ce marché pour réguler la liquidité bancaire au moyen d'une politique d'*open market*.

Entre 1999 et 2003, la BCE lutte contre l'inflation en pratiquant un ciblage monétaire, c'est-à-dire en visant un objectif de quantité de monnaie dans l'économie. Elle s'appuie sur le lien entre quantité de monnaie et niveau général des prix énoncé par la théorie quantitative de la monnaie. Elle en déduit les inflexions nécessaires de ses taux directeurs pour atteindre son objectif final d'inflation.

II. Si elles ont pu hier sacrifier à l'impératif des changes fixes et de la croissance, aujourd'hui c'est contre l'inflation qu'elles agissent principalement.

A. La politique monétaire expansionniste au service de la croissance pendant les Trente Glorieuses.

1. L'action conjoncturelle de la politique monétaire en faveur de la croissance est modélisée par les économistes de la « synthèse néoclassique ». Dans le cadre des politiques de *stop and go* justifiées par le modèle IS/LM (John Hicks, 1937) et la courbe de Phillips (1958), la politique monétaire favorise la croissance économique (modèle offre globale/demande globale, Paul Samuelson et Robert Solow, 1960). La baisse du taux d'intérêt menée par une BC abaisse le coût de financement des investissements et de la consommation à crédit, ce qui permet une relance de l'activité économique par la hausse de la demande de biens de production et de consommation durables.

Pourtant, la représentation des effets de la politique monétaire est ici bien mécanique. De l'aveu de John Keynes, il n'est pas sûr que la BC puisse infléchir le pessimisme des agents économiques de sorte que la hausse de l'investissement passe plutôt par sa socialisation par les pouvoirs publics (*Théorie générale*, chap. 12). De plus, les inflexions trop fréquentes de la politique monétaire auraient limité leurs effets bénéfiques sur la croissance en Angleterre pendant les Trente Glorieuses.

2. L'action structurelle de l'abondance monétaire en faveur de la croissance économique. Dans le cadre de l'économie d'endettement française, la certitude d'un refinancement auprès de la BC permet aux banques de second rang de donner leur chance à des projets d'investissements dont les perspectives de rentabilité sont limitées ou hasardeuses. En monétisant les mauvaises créances, la Banque de France dilue ainsi dans l'inflation les ratés de la croissance forte des Trente Glorieuses.

Pour Alain Cotta (1972), le choix de l'inflation est donc bien plus structurel – celui de l'économie d'endettement – que conjoncturel – celui des politiques conjoncturelles de *stop and go*. L'inflation favorise le développement de l'investissement pendant les Trente Glorieuses : l'inflation est créatrice. Elle permet aux entreprises de répercuter sur le prix de vente tout à la fois les revendications salariales auxquelles elles cèdent et le coût des investissements hasardeux.

B. La politique monétariste depuis les années 1980 cherche à assurer la stabilité des prix.

1. Milton Friedman souligne le rôle perturbateur et inflationniste de la politique monétaire expansionniste à court terme. Selon lui, il n'y a pas d'influence de la politique monétaire sur l'équilibre réel à long terme (courbe de Phillips verticale). L'illusion d'un arbitrage à court terme (courbes de Phillips anticipées de l'inflation) rend même la lutte contre l'inflation d'autant plus nécessaire. La BC adopte une règle de croissance de la masse monétaire égale à celle du produit réel. L'indépendance de la BC des pouvoirs publics doit crédibiliser ce discours de lutte contre l'inflation du banquier central conservateur.

À partir 1979, sous l'impulsion de Paul Volcker, la Fed américaine laisse s'élever son taux de réserve jusqu'à 17,6 % en avril 1980 afin de casser l'inflation. À court terme, l'effet récessif attendu a lieu : le coût de la désinflation Volcker est d'environ un point de chômage en plus pour un point d'inflation en moins entre 1979 et 1985.

2. L'action structurelle des politiques de désinflation compétitives est de favoriser une croissance économique extravertie… sauf si tout le monde fait la même chose. À moyen et long termes, l'effet expansionniste est recherché : la désinflation est compétitive car la progression relativement plus lente des prix dans une économie que chez ses partenaires commerciaux doit favoriser la hausse des exportations et une croissance de plein-emploi extravertie.

Pratiquée en France à partir de 1983, cette politique ne permet pas de retrouver la croissance dès lors que tous ses partenaires commerciaux européens font de même et que la concurrence des pays émergents – Chine, Inde, etc. – en limite les bénéfices par un effet «frontière»: les prix stagnent du fait de l'intégration de plus d'un milliard de travailleurs non qualifiés faiblement payés au commerce international. C'est la «grande modération» (1990-2007).

C. L'art de la politique monétaire post-monétariste depuis la fin des années 1990.

1. Une politique monétaire pragmatique: la «discrétion contrainte». Les innovations monétaires et financières fragilisent la mesure de la monnaie par les agrégats monétaires. Les BC ont abandonné le ciblage monétaire pour un ciblage direct de l'inflation: depuis 2003, la BCE défend ainsi une stratégie des deux «piliers» (analyses «monétaire» et «économique»). Les décisions de politique monétaire sont dès lors expliquées par le gouverneur dans un discours qui se doit de convaincre les acteurs de son bien-fondé. La règle est abandonnée mais la politique discrétionnaire est contrainte de s'expliquer (Ben Bernanke et Frédéric Mishkin, 1997).

La règle de Taylor (1993) se propose de dévoiler la règle active implicite de la Fed: poursuivant à la fois un objectif de stabilité monétaire (lutte contre l'inflation) et de stabilité économique (favoriser la croissance de plein-emploi), la Fed modifie son taux directeur par rapport au taux naturel à l'équilibre de l'économie en fonction de l'écart entre l'inflation constatée et l'objectif d'inflation et de l'*output gap* (écart entre la croissance effective et la croissance potentielle).

2. Une politique de change stratégique? Les changes flexibles ne se sont pas durablement et partout imposés après la conférence de la Jamaïque (1976). La gouvernance par les G7 puis G8 et G20 s'est emparée rapidement de la question de l'instabilité des changes: les accords du Plaza (1985), puis du Louvre (1987) débouchent sur une action concertée des BC du G7 pour déprécier le dollar. Par ailleurs, la CEE s'est engagée dans la construction monétaire avec le SME puis l'euro: depuis 1999, les économies de la zone euro sont en changes définitivement fixes les uns avec les autres. La BCE n'a pour autant aucun objectif de taux de change de l'euro avec les autres monnaies (dollar, yen, yuan, etc.).

Plutôt que la coopération, la guerre des monnaies semble s'imposer ces dernières années : la BC de Chine mène aujourd'hui une politique d'ancrage de sa monnaie au dollar afin de préserver la compétitivité-prix de ses produits, alors que les politiques d'assouplissement quantitatifs de la Fed suite à la crise des *subprimes* favorisent la baisse du dollar.

III. Pourtant, les banques centrales redécouvrent depuis la fin des années 1980 leur rôle politique originel de garant du système monétaire et financier.

A. La BC, prêteur en dernier ressort, une vieille idée.

1. **Les crises financières de la seconde moitié du XIXe siècle ont conduit à l'intervention de la BC comme prêteur en dernier ressort (PDR).** Les difficultés des chemins de fer anglais et américain provoquent en 1866 la faillite de la maison Overend Gurney à Londres. Les interdépendances financières entre les maisons de la City obligent la Banque d'Angleterre à intervenir pour contenir un potentiel et désastreux effet domino. Dans Lombard Street, en 1873, Walter Bagehot théorise cette intervention de la Banque d'Angleterre comme la responsabilité par excellence d'une Banque Centrale : celle d'un prêteur en dernier ressort. La BC doit fournir toute la liquidité nécessaire aux banques solvables, mais à un coût élevé pour limiter l'aléa moral. La BC doit se garder d'aider les banques insolvables.

La naissance de la Fed aux États-Unis est le produit de la résolution de la crise de 1907 par l'action de PDR organisée par John Pierpont Morgan avec la Chambre de compensation de New York. Au cœur de la crise financière, on trouve une innovation financière mal contrôlée, les « trusts », nés dans les années 1890, qui gèrent en 1907 quasiment autant d'actifs que les banques. Sous-réglementés, ils n'ont pas la même contrainte que les banques de détenir des liquidités équivalentes à 25 % de leurs engagements. Lorsque le Knickerbocker Trust est victime de *runs* bancaires en octobre 1907 et suspend le remboursement de ses clients le

22 octobre, la Chambre de compensation de New York n'est pas prête à l'aider et la conséquence de ce refus est la défiance généralisée envers tous les trusts… et la crise financière. L'arme ultime, en l'absence de BC et sous la pression de Morgan, sera l'émission de 100 millions de certificats par la Chambre de compensation de New York obtenus par les institutions en difficulté contre des titres de qualité et un taux d'intérêt de 6 %. Les certificats sont utilisés dans les règlements interbancaires, ce qui libère les liquidités pour répondre aux demandes de remboursement des déposants. Le calme revient en janvier 1908 et la leçon de la crise sera la nécessité de disposer d'une force de frappe permanente avec la naissance de la Fed en 1913.

2. L'avènement d'économies de marchés financiers libéralisés fait courir un risque de système hier comme aujourd'hui. La BC intervenant comme PDR assure la liquidité du système bancaire et financier. Ce pouvoir discrétionnaire lui est concédé au nom de l'intérêt général qu'il y a à éviter l'effondrement du système. Son statut hors-marché est même nécessaire au retour à la normale sur les marchés monétaires et financiers, nous dit Michel Aglietta (1993). Le risque systémique est maximal, selon lui, lorsque les marchés financiers ont un rôle important dans le financement de l'économie, que les activités bancaires et financières ne sont pas séparées et que le secteur bancaire est faiblement concentré.

En 1907 comme en 1929, les États-Unis connaissent cette situation et l'incapacité de la Fed de jouer son rôle de PDR au début des années 1930 transforme une crise financière en la plus grave dépression des pays développés connue à ce jour. Or selon Aglietta, le risque de système ou « risque systémique » menace de nouveau fortement nos économies depuis les années 1980 avec l'avènement des économies de marchés financiers libéralisés et globalisés.

B. Les BC, principalement la Fed, ont dû intervenir depuis vingt ans face aux crises financières pour assurer la stabilité financière.

1. Les crises financières sont intrinsèques aux marchés financiers, mais alimentées par la déréglementation et l'expansion du crédit depuis vingt ans. La métaphore du concours de beauté utilisée par Keynes dans le chapitre 12 de la *Théorie générale* pour décrire le fonctionnement des marchés financiers souligne le caractère rationnel de la bulle spéculative en situation d'incertitude, c'est-à-dire de grande précarité de la connaissance. Après lui, André Orléan présente ainsi le cours boursier comme une « convention financière » qui n'a pas l'assise informationnelle que lui prêtent les économistes néoclassiques tels qu'Eugène Fama, parlant de « valeur fondamentale » autour de laquelle gravite le cours boursier de marché.

La libéralisation financière depuis les années 1980 a détricoté les digues qui avaient été érigées après la Crise de 1929 – tel le Glass-Steagall Act – pour préserver les économies des brusques variations, pessimistes et optimistes, des cours boursiers. Ces variations sont amplifiées par le développement de l'endettement (Charles Kindleberger) et les asymétries d'information. Les crises financières se sont ainsi multipliées depuis trente ans : krach du NYSE de 1987, crises bancaires asiatiques en 1997, krach du Nasdaq en 2000, crise des *subprimes* en 2007, notamment.

2. Les interventions de la Fed au nom de la stabilité financière se sont multipliées depuis vingt ans. Alan Greenspan, à la tête de la Fed (1987-2006), a systématiquement lutté contre le risque systémique. Lorsque la bulle financière éclate, il fournit la liquidité dont les acteurs ont besoin en abondance : c'est le cas en 1987 ou en 2000. La Fed ne cherche pas à prévenir les crises financières, mais à préserver l'intégrité du système monétaire et financier par son action de PDR. Ce faisant, elle fournit cependant une assurance globale aux acteurs financiers contre la baisse durable des cours (le « *Greenspan put* ») et peut les encourager à une prise de risque excessive. L'action de la BC comme PDR ne règle donc pas le problème de l'instabilité financière.

D'ailleurs, Bernanke, à la tête de la Fed depuis 2006, a dû faire face à une crise financière bien plus forte à partir d'août 2007, celle des *subprimes*, puis à sa transmission à la sphère réelle à partir de la fin 2008. Le banquier conservateur que représente Greenspan a échoué. La crise des *subprimes* fait bien sûr réapparaître le « paradoxe de la tranquillité » (Hyman Minsky), mais aussi un « paradoxe de la crédibilité » (Claudio Borio, 2009) : les taux d'intérêt bas ont favorisé une bulle de crédit. Cette divergence entre stabilité monétaire (pas d'inflation malgré des taux d'intérêt faibles) et instabilité financière ainsi que la convergence entre instabilité financière et instabilité économique et sociale n'avaient pas été prévues.

C. Comment assurer la stabilité financière après la crise des *subprimes*?

1. Les BC face à la crise financière de 2007-2008 : recettes habituelles et innovations. Face à la transmission de la crise financière à la crise économique, la Fed est dans une situation délicate. Typiquement à partir du 4e trimestre 2008, le taux estimé par la règle de Taylor est devenu négatif : c'est la trappe à liquidité. Il y a donc nécessité de prendre des « mesures non conventionnelles » puisqu'il n'est pas possible de fixer un taux d'intérêt directeur négatif. Le ZIRP (*Zero Interest Rate Policy*) est ainsi l'engagement de la Fed de maintenir les taux directeurs à zéro pendant un certain temps pour soutenir le financement de l'économie en infléchissant la courbe des taux vers zéro. Cet engagement est logiquement conditionné au retour de la croissance ou de l'inflation.

Face au blocage du canal du taux d'intérêt et du crédit, deux mesures supplémentaires sont engagées : le « *Quantitative Easing* » vise à saturer la demande de monnaie des banques de second rang par la constitution de fortes réserves excédentaires de monnaie centrale de manière à faire repartir le crédit (sauf si les agents souhaitent se désendetter…), et le « *Credit Easing* » cherche à réduire le coût du financement pour les acteurs sans solliciter le secteur bancaire réticent à prêter. À partir de janvier 2009, la Fed rachète directement des titres aux ménages, qui dépensent une partie de la liquidité obtenue par la Fed et contribuent par là au redémarrage de l'économie américaine (3 % de croissance en 2010 et 2011).

2. Quelles évolutions à venir des BC et de leurs rôles ? Par l'utilisation de ces « mesures non conventionnelles », la Fed a certes été très réactive face à la crise des *subprimes*, mais elle a surtout opéré un retour radical à de la pure politique. L'action du banquier conservateur engoncée dans des règles (« *rules rather than discretion* ») a totalement disparu ! Autant l'indépendance des BC et la politique de règle se justifiaient mutuellement (monétarisme), autant cet abandon de la politique de règle et le retour à la politique discrétionnaire reposent la question du « déficit démocratique » des BC (Jean-Paul Fitoussi, *La Règle et le Choix*, 2003). Des économistes tels que Joseph Eugene Stiglitz dénoncent même que, dans la situation actuelle, la Fed soit d'abord inféodée aux intérêts des banques d'affaires américaines.

La fin du monétarisme rend donc nécessaire une BC plus démocratique, c'est-à-dire qui ne soit plus indépendante des pouvoirs élus. Cette BC devrait par ailleurs élargir son rôle : la recherche de la stabilité monétaire n'est pas suffisante, la BC doit aussi viser la stabilité financière – par exemple en intégrant les prix des actifs financiers dans la règle de Taylor. Mais elle devrait aussi mieux articuler sa mission à celles qui pourraient être confiées à d'autres institutions chargées de la supervision du système monétaire et financier (Jézabel Couppey-Soubeyran, 2011), notamment de la supervision macroprudentielle – que prendra en charge en Europe le nouveau Conseil européen du risque systémique – et de la supervision microprudentielle – qui pourrait d'ailleurs être assurée par la BC.

Les banques centrales sont une invention récente dont le contexte d'émergence pour la plus célèbre d'entre elles, la Fed, a tendance à être oublié aujourd'hui. C'est la stabilité financière qui est au cœur de l'action de la Banque d'Angleterre à la fin des années 1860, mais qui est surtout à la source de la naissance de la Fed en 1913. Certes, au gré des transformations des systèmes monétaires et financiers et de la succession des paradigmes dans la pensée économique, les banques centrales se sont vu confier depuis des objectifs et des instruments pour les atteindre bien différents. Dans les années 1950 et 1960, comme dans les années 1980 et 1990, elles ont d'ailleurs semblé en partie capables d'atteindre ces objectifs très différents qu'on leur assignait : croissance de plein-emploi, mais au prix de l'inflation et de dévaluations récurrentes d'une part, stabilité monétaire au prix du chômage et/ou de l'instabilité financière d'autre part. Dans les deux cas toutefois, la part imputable à la politique monétaire reste très discutée.

Mais les libéralisations des systèmes financiers et la chute du monétarisme ont placé les banquiers centraux depuis la fin des années 1990 devant la nécessité d'agir alors que leurs moyens théoriques d'analyse se sont affaiblis. Désormais, l'art, c'est-à-dire la pratique des banquiers centraux, triomphe de la science, c'est-à-dire la recherche universitaire, et l'efficacité de la politique monétaire est plus que jamais en doute (Christian Bordes). L'occasion de redécouvrir certains contextes historiques d'intervention des banques centrales mais surtout d'en reprendre le contrôle démocratique.

Références bibliographiques

- André Orléan, *De l'euphorie à la panique. Penser la crise financière*, CEPREMAP, Opus n° 16, 2009.
- Jean-Paul Betbèze, Christian Bordes, Jézabel Couppey-Soubeyran, Dominique Plihon, *Banque centrale et stabilité financière*, rapport du Centre d'analyse économique, La Documentation française, 2011.
- Xavier Ragot, *Les Banques centrales dans la tempête. Pour un nouveau mandat de stabilité financière*, CEPREMAP, Opus n° 25, 2012.

Sujet 7

Endettement et crise économique.

Analyse du sujet

Voici une question récurrente de l'analyse économique, au moins depuis le travail pionnier de Juglar en 1862 sur les crises économiques. L'endettement apparaît pour les économistes à la fois comme un vecteur incontournable de l'activité et même du progrès économique et comme porteur de déséquilibres pouvant conduire à des catastrophes. Ce sujet invite à traiter de la dimension sombre du phénomène, même s'il peut être utile de rappeler en introduction que la relation établie par l'énoncé du sujet n'est pas exclusive.

Deux termes techniques sont associés par un « et », ce qui est une formulation assez courante pour un sujet d'analyse économique et historique. Il convient donc d'envisager la pertinence de l'interaction entre ces phénomènes, même si, comme cela est parfois le cas, l'étude d'un des sens de la relation est plus fructueuse (ici l'impact de l'endettement sur les crises). Par ailleurs, en introduction, il sera utile de soigner particulièrement la problématisation du sujet puisque celui-ci n'est pas énoncé sous une forme interrogative.

Le cadre spatio-temporel n'est pas délimité mais on s'en tiendra, pour l'essentiel et comme il est d'usage en analyse économique et historique, à des éléments factuels puisés dans l'histoire des trois derniers siècles. Ceux-ci viendront éclairer une démonstration construite essentiellement grâce aux acquis de l'analyse économique.

Ce sujet est très large et l'on veillera particulièrement à n'omettre aucune forme majeure de crise économique ainsi qu'à évoquer l'endettement des différentes catégories d'agents économiques.

Proposition de corrigé

L'observation de l'histoire économique longue nous enseigne que les phases d'essor ont souvent été accompagnées d'un développement du crédit, que celui-ci contribue à financer les expéditions du grand commerce, de l'Antiquité à l'époque moderne, ou qu'il permette la réalisation des lourds projets d'investissement, plus fréquents à partir du milieu du XIXe siècle, qui sont la condition au développement de l'industrie moderne. Si le crédit est essentiel pour la croissance, afin d'orienter l'épargne des ménages ou la création monétaire des banques vers l'accroissement de la production, il s'accompagne symétriquement d'un endettement, promesse de remboursement futur. L'incapacité à honorer cette promesse peut engendrer ou aggraver les difficultés d'une économie, si elle est le fait d'un grand nombre d'agents ou concerne certains opérateurs ayant un poids significatif. Une crise économique se signale alors par une chute ou un ralentissement brutal de l'activité et s'accompagne généralement d'une progression du chômage.

Quelles sont les formes d'endettement qui peuvent accentuer les risques de crise économique ? Quels agents économiques peuvent être impliqués et quels comportements participent à l'apparition de ces crises d'endettement ? Une économie monétaire, où le crédit et l'endettement sont des composantes centrales de la vie économique, est-elle condamnée à des crises périodiques liées à la dette ?

Nous verrons dans une première partie que, si tout endettement n'est pas dangereux pour la prospérité d'une économie, certaines formes de dettes sont porteuses de déséquilibres favorisant l'apparition de crises économiques (I), puis nous remarquerons que la diversité des formes dangereuses d'endettement conduit à l'apparition de crises économiques de natures elles-mêmes assez différentes (II), enfin nous verrons que, sur la base de l'expérience passée, des mesures sont prises ou discutées afin de limiter les conséquences négatives des excès d'endettement et d'empêcher que les dettes passées n'enferment les pays dans leurs difficultés (III).

I. Certaines formes d'endettement conduisent à des déséquilibres économiques dangereux...

A. L'endettement privé peut être déraisonnable.

1. L'endettement privé peut parfois accroître le risque de crise. Les entreprises peuvent être nombreuses à s'endetter pour financer des projets dont elles surestiment les rendements futurs, ce qui est un facteur de crise. L'endettement des ménages, destiné à pallier dans une économie les effets sur la demande finale d'une déformation du partage de la valeur ajoutée en faveur des profits des entreprises, contribue à ajouter un déséquilibre à un autre. L'endettement, alimentant le gonflement de bulles d'actifs financiers, immobiliers ou réels, ne débouche pas sur une création durable de richesse et peut entraîner une crise économique grave.

2. Les excès d'endettement des agents privés peuvent être la conséquence d'une euphorie des emprunteurs. Des périodes euphoriques suivent généralement l'apparition d'innovations prometteuses comme des technologies nouvelles (le chemin de fer dans les années 1840 en Grande-Bretagne ou les NTIC dans les années 1990 aux États-Unis). Les producteurs, attirés par les profits des pionniers, pensent avoir trouvé les voies d'un enrichissement rapide qui justifie le recours à des leviers d'endettement importants. La solidité financière des bilans se dégrade au cours de la phase d'expansion (Hyman Minsky, 1986). L'aveuglement concerne aussi les prêteurs, qui surestiment les profits futurs de leurs débiteurs et leur capacité à rembourser. Sur le moment, les agents sont toujours capables, expliquent Carmen Reinhart et Kenneth Rogoff (2010), de justifier par de bonnes raisons l'accroissement de l'endettement, persuadés que « *cette fois, c'est différent* ».

3. Le contexte macroéconomique et institutionnel peut favoriser les excès de l'endettement privé en facilitant l'accès au crédit. Une épargne abondante, comme au milieu du XIXe siècle en Grande-Bretagne, ou à une date plus récente au niveau mondial, en raison notamment du fort excédent d'épargne chinois, permet le maintien de taux d'intérêt à long terme faibles, donnant l'illusion du crédit facile. Le faible coût du crédit provient également des banques centrales lorsqu'elles maintiennent des taux directeurs inférieurs au taux de croissance nominal de l'économie, incitant les agents économiques à utiliser l'effet de levier à plein. De façon générale, le système bancaire, en distribuant des crédits, pousse à un allongement (qui peut être artificiel) des détours de production qui se termine périodiquement par des crises (Friedrich Hayek, 1931). Les innovations financières, comme la titrisation à la fin du XXe siècle, sont aussi des opportunités nouvelles d'accumuler des dettes et des créances et donc des risques nouveaux.

B. L'endettement public peut être insoutenable.

1. Certaines formes d'endettement public sont en principe à proscrire, même s'il peut aussi être utile. L'activité politique peut conduire les dirigeants en quête d'une popularité facile à promettre à la fois des impôts plus faibles et des dépenses publiques nouvelles et à reporter sur les contribuables des générations futures le poids de l'action publique du moment. L'emprunt peut dès lors servir à financer les dépenses de fonctionnement de l'État ou les transferts sociaux qu'il opère. L'effet stimulant de ces dépenses sur la croissance économique est assez limité sur le long terme, et les recettes fiscales futures permettront donc de moins en moins de faire face aux échéances de remboursement.

2. Dans certaines circonstances, une hausse de l'endettement public est mécaniquement insoutenable. Un déficit budgétaire est insoutenable lorsqu'il provoque un effet boule de neige qui conduit à une crise de dette souveraine. Une dynamique d'endettement devient insoutenable lorsque le taux d'endettement d'un pays (dette publique/PIB) augmente de plus en plus vite. Si le taux d'intérêt réel de la dette publique est supérieur au taux de croissance de l'économie, le pays doit disposer sur le moyen terme, en moyenne, d'un excédent budgétaire primaire (c'est-à-dire hors paiement des intérêts de la dette) annuel s'il veut stabiliser son taux d'endettement.

3. Un État peut être tenté par des manipulations monétaires afin de reporter sur sa population le poids de ses problèmes financiers. De l'Antiquité à l'époque moderne, les mutations monétaires réduisant la teneur en métal précieux des pièces de monnaies permettaient aux souverains de faire face à des dépenses excédant le montant des recettes fiscales. Avec la dématérialisation de la monnaie, une banque centrale sous tutelle publique peut être un moyen pour l'État d'obtenir des fonds de manière potentiellement illimitée. Mais une hausse trop rapide de la masse monétaire entraîne de l'inflation, ou un gonflement excessif des prix de certains actifs, voire sur la durée, une crise de confiance de la population dans l'instrument monétaire ayant cours légal.

C. L'endettement extérieur peut créer une dépendance dangereuse.

1. L'accès au marché mondial des capitaux peut créer une dangereuse illusion sur les facilités de l'endettement extérieur. La possibilité pour un pays d'accéder à des financements extérieurs est facilitée par les périodes de mondialisation lors desquelles le capital circule assez facilement sur la planète, comme à la fin des XIXe et XXe siècles. Sur la période récente, la création de bourses des valeurs dans les NPI a permis à l'épargne abondante de certains pays riches d'être placée avec des perspectives de rendements élevés. Toutefois, cette dépendance à l'égard des capitaux étrangers peut être porteuse de déséquilibres si ceux-ci sont rapatriés dans les pays d'origine, ce qui peut se produire assez brutalement (Paul Krugman, 1999).

2. L'endettement en devises est parfois une tentation risquée que l'adoption de taux de change fixes ne sécurise que de façon limitée. Cet endettement en devises est motivé par la volonté de rassurer les créanciers, qui se voient garantir un remboursement dans une devise de référence, et l'emprunteur peut vouloir profiter de taux d'intérêts plus bas sur les marchés en devises. En cas de dépréciation de la monnaie du pays de l'emprunteur, le poids de l'endettement peut augmenter de manière insoutenable. Afin d'éviter cela, les pays accumulant des dettes en devises préfèrent mettre en place des régimes de changes fixes avec les autres devises. Toutefois, un régime de change fixe doit être défendu, ce qui est d'autant plus difficile dans un contexte de liberté des mouvements de capitaux (Paul Krugman, 1999). En cas d'épuisement des réserves de change de la banque centrale, une dévaluation peut devenir inéluctable et engendrer une explosion du montant de la dette libellée en devises.

3. Certaines formes d'endettement extérieur sont insoutenables. Un pays qui connaît un déficit courant durable devient dépendant structurellement d'entrées de capitaux étrangers ($X - M = S - I$). Le déficit courant signifie que globalement la demande intérieure excède la production de richesses dans ce pays. Si un pays peut supporter plusieurs années un déficit courant, c'est parce que les opérateurs étrangers en capacité de financement ont confiance dans la capacité des agents économiques du pays à rembourser les prêts accordés, ou ont confiance dans la valeur des actifs qu'ils achètent au sein du pays en déficit courant. Cette situation est à terme intenable pour un pays. Plus le déséquilibre perdure et s'accentue, plus la correction risque de s'opérer par une crise.

II. … ce qui favorise l'apparition ou l'aggravation de certaines formes de crises économiques…

A. Des crises économiques déclenchées ou aggravées par les excès de l'endettement privé.

1. Les excès de l'endettement privé peuvent générer des crises bancaires qui accentuent en retour les difficultés économiques. Du XIXe siècle aux années 1930, les non-remboursements de prêts importants et les ruées bancaires des déposants emportent certaines banques (ex. : Union générale en France en 1882). Les crises bancaires conduisent à l'effondrement du crédit, comme en France en 1847 ou aux États-Unis au début des années 1930, bloquant le financement de l'économie. Dans les années 1920 ou depuis les années 1980, les banques ont émis et acheté beaucoup de titres monétaires et financiers, ce qui expose leurs bilans aux crises de confiance qui frappent parfois certains titres, ce qui peut paralyser le marché interbancaire. Le durcissement des conditions de crédit suit alors la hausse des difficultés de refinancement et accentue les difficultés économiques globales. L'éventuelle faillite de seulement quelques établissements bancaires peut déboucher rapidement sur une crise bancaire massive lorsque le risque de contrepartie, risque que fait courir la faillite d'un débiteur sur ses créanciers, est élevé.

2. En période de difficultés économiques, un excès d'endettement privé peut activer des mécanismes déflationnistes qui accentuent la crise. Face à un endettement devenu insoutenable, certains agents privés sont poussés à des cessions d'actifs qui accélèrent la baisse des cours. Celle-ci peut dès lors se prolonger au-delà du krach initial, entretenant la dégradation des bilans des agents privés, laquelle pousse à de nouvelles liquidations d'actifs. La déflation par la dette

(Irving Fisher, 1933), lorsque la baisse des prix accroît le poids réels des dettes aggravant la situation financière des agents, peut prolonger pendant plusieurs années le marasme économique. La crise japonaise des années 1990 en est une illustration récente.

3. Les excès de l'endettement privé peuvent se résoudre par une longue phase de désendettement qui engendre un climat récessif. Une dette trop importante des entreprises et des ménages est résorbée progressivement par une hausse de l'épargne, qui freine voire contracte pendant plusieurs années la demande intérieure. Les ménages restreignent leur consommation, les entreprises augmentent leur taux de marge et réduisent leur effort d'investissement. La croissance effective peut être durablement inférieure à la croissance potentielle. Cette situation a été celle du Japon à partir de 1998 et on la retrouve depuis 2009 en Espagne.

B. Des crises économiques consécutives à un endettement public interne excessif.

1. L'endettement public trop important peut conduire à une crise monétaire interne. En cas d'endettement excessif et bien qu'il n'y ait pas de défaut formel, le recours à l'inflation revient à rembourser les créanciers avec une monnaie dépréciée, étant donné que généralement la dette publique n'est pas indexée sur les prix. Dans une certaine mesure, c'est la solution adoptée par l'État en France entre 1716 et 1720 ou dans les années 1790 avec l'utilisation des assignats. Si tout accroissement de la dette publique n'est pas inflationniste, il l'est d'autant plus quand il intervient dans un contexte de baisse de la production domestique due à des difficultés de l'offre, comme cela a été le cas au milieu des années 2000 au Zimbabwe, dans les années 1790 en France ou plus récemment dans les années 1970.

2. Un excès d'endettement peut conduire à un défaut formel sur la dette publique intérieure. Un État peut user de son pouvoir pour imposer un défaut formel à ses créanciers intérieurs. Au moins 70 cas de défauts intérieurs formels depuis 1800 sont recensés. Par exemple, les États fédérés américains à plusieurs reprises au XIXe siècle (1842, 1873), la Grande-Bretagne (1822, 1888), la Grèce (1932), la Russie (1998). Ces défauts intérieurs coïncident parfois avec des défauts extérieurs (Argentine, décennies

1980 et 1990). En cas de fort endettement, le défaut sur la dette intérieure n'est pas un facteur plus important de crise pour un pays que celle qu'engendrerait la volonté d'un État d'honorer à tout prix ses engagements intérieurs à l'aide d'une forte hausse des impôts. En outre, lorsque le contexte politique et institutionnel ne permet pas d'accroître la pression fiscale, le défaut intérieur est une solution plus commode.

C. Des crises économiques favorisées par un endettement extérieur trop important.

1. Le défaut d'un État sur sa dette extérieure, libellée en monnaie nationale ou en devises, peut provoquer des crises politiques internationales. L'absence de droit international des créanciers empêche un règlement judiciaire du différend et la tentation du recours à la force est grande. Ainsi l'occupation militaire de la Ruhr par la France et la Belgique en 1923, l'occupation par la Grande-Bretagne d'Istanbul en 1876 ou de l'Égypte en 1882, l'occupation de Grenade par les États-Unis en 1915. Le défaut islandais de 2010 sur une partie des dettes extérieures du pays a conduit à des tensions diplomatiques avec la Grande-Bretagne et les Pays-Bas.

2. Pour éviter ces crises politiques internationales, des pays peuvent s'efforcer d'honorer leurs engagements extérieurs, ce qui peut engendrer une crise économique intérieure. Pour un État, vouloir réduire son endettement extérieur en dépit d'un déficit courant et dans un contexte de hausse des taux d'intérêt implique une contraction de la demande intérieure qui engendre une récession plus ou moins longue. Qui plus est, l'ajustement ne réussit pas toujours et le défaut est alors inévitable. Le pays endetté peut faire lui-même le choix d'honorer à tout prix sa dette extérieure, comme la Roumanie dans les années 1980. Le remboursement peut aussi être imposé par les créanciers étrangers, même si ceux-ci concèdent des allègements de la dette, comme dans beaucoup de pays en développement au début des années 1980, ou en Grèce, au Portugal et en Irlande depuis 2009.

3. La dépendance aux capitaux étrangers peut provoquer une crise de change et conduire à une crise économique intérieure. La crise mexicaine de 1994 est la conséquence d'une perte de valeur du peso vis-à-vis du dollar suite à des sorties de capitaux du pays. La capacité de l'État mexicain à rembourser ses dettes en dollars est mise en cause et la hausse des taux pour tenter de faire revenir les capitaux diffuse la crise à l'économie du pays. La crise thaïlandaise de 1997 est causée par le brusque départ des capitaux étrangers qui conduit à un effondrement de la valeur externe de la monnaie nationale, met en faillite des débiteurs en dollars et déstabilise l'économie du pays.

III. ... même si des mesures sont parfois prises pour prévenir ou limiter les effets négatifs des excès passés.

A. Les voies et moyens pour tenter de réduire le risque de crises liées à l'endettement privé.

1. Les banques centrales doivent parfois être des prêteurs en dernier ressort pour les opérateurs financiers, mais ce rôle entraîne un aléa moral. Pour qu'une crise de liquidité ne débouche pas sur une crise systémique, les banques centrales ont appris à jouer leur rôle de prêteur en dernier ressort ou de facilitateur de solutions de reprise impliquant des opérateurs privés (ex. : la Baring en 1890 ou LTCM en 1998). Mais cela entraîne un aléa moral poussant les opérateurs financiers à des prises de risques excessifs. En outre, les opérateurs représentant un très fort risque de contrepartie peuvent compter sur une action automatique de la banque centrale en leur faveur en cas de besoin (syndrome du *too big to fail*). Il peut donc être utile de limiter la taille des opérateurs financiers ou de faire en sorte qu'une crise affectant les marchés financiers concerne des opérateurs autres que ceux qui financent l'économie réelle (spécialisation bancaire à l'image du Glass-Steagall Act de 1933).

2. Les banques centrales doivent trouver comment agir pour prévenir la formation de bulles d'actifs sans stopper l'économie réelle. Les prix des actifs immobiliers ou financiers ne sont pas forcément corrélés avec les prix des biens et services dans une économie (ex. : années 1920 et 2000 aux États-Unis). Comme l'essor du crédit peut favoriser des bulles d'actifs et donc des krachs affectant l'économie dans son ensemble, les banques centrales peuvent tenir compte des prix des actifs dans la conduite de leur politique monétaire. Mais un instrument unique (les taux directeurs) pour la poursuite d'objectifs différents (régulation de l'activité et des marchés d'actifs) est un problème. Les banques centrales peuvent dès lors individualiser le refinancement bancaire en fonction de la contribution de chaque banque au financement de bulles d'actifs ou utiliser un autre instrument que les taux directeurs, comme les réserves obligatoires, pour freiner la formation de bulles d'actifs.

3. Les mesures de régulation du secteur bancaire et financier sont susceptibles de réduire les risques de crises graves, mais se heurtent aux stratégies d'évitement des opérateurs financiers. Les travaux du Comité de Bâle sur le contrôle bancaire(depuis 1988) ont établi des normes prudentielles pour renforcer les fonds propres des banques. Mais des stratégies de contournement de ces règles se sont développées (pratique du hors-bilan en particulier) et ont nécessité un renforcement des normes (Bâle II, puis Bâle III en 2010). Les ratios de solvabilité et de liquidité des banques sont accrus. Ces normes internationales nécessitent néanmoins pour être appliquées l'action des régulateurs nationaux et se heurtent à l'existence de places *offshore* hors de contrôle par lesquelles transite une part significative des transactions financières.

B. Les méthodes pour rendre l'endettement public soutenable et gérer les crises des dettes souveraines.

1. Les mécanismes internationaux pour atténuer les effets des crises de dettes souveraines. Pour éviter le défaut manifeste d'un État, des procédures internationales correspondant implicitement à un défaut – rééchelonnement des paiements, moratoires, réduction d'intérêts, décotes – ont été développées, en particulier lorsque la crise de l'endettement public est aussi une crise extérieure. Le FMI, créé en 1944, accorde des prêts et pousse à des renégociations avec les créanciers. Il peut aider un État à faire face à une crise de liquidités ou, sur le long terme, à améliorer sa solvabilité. Des cadres institutionnels de renégociation des dettes ont été créés (Club de Paris ou Club de Londres). Créanciers et débiteurs peuvent ainsi partager de façon négociée le poids d'un endettement devenu insupportable. L'Union européenne a aussi été le cadre de la négociation d'un défaut partiel de la Grèce en 2011.

2. Les règles d'or de gestion budgétaire peuvent freiner l'excès d'endettement, mais elles relèvent aussi de considérations politiques. Des règles juridiques d'équilibrage budgétaire ont été adoptées dans certains pays pour le budget de l'État et d'autres administrations publiques (Allemagne, 1949; Royaume-Uni, 1997, etc.). Certaines de ces règles visent à stabiliser l'endettement ou le taux d'endettement public en deçà d'une certaine limite (règle britannique), d'autres visent à réduire ce taux d'endettement (règle allemande). Comme il n'existe pas d'éléments objectifs déterminant un taux d'endettement à ne pas dépasser pour éviter une crise et que les crises de dettes souveraines ne sont pas fonction que des niveaux des taux d'endettement public, il est difficile pour la science économique d'énoncer une règle d'or budgétaire générale à respecter. Outre que l'adoption d'une règle ne garantit pas son application, sa trop grande rigidité peut brider la liberté d'action des pouvoirs publics face à une situation inédite.

3. Le rôle nécessaire des banques centrales pour éviter les crises de liquidités des agents publics. Une banque centrale peut légitimement jouer son rôle de prêteur en dernier ressort auprès des emprunteurs publics, à condition, tout comme pour les emprunteurs privés, que des mesures existent pour réduire l'aléa moral corrélatif (incitation à une mauvaise gestion des budgets publics). Si le recours à la création monétaire par les banques centrales ne saurait aider en soi un pays à sortir d'une crise de solvabilité, les banques centrales peuvent accompagner les processus de relance ou de consolidation budgétaire des États. Une politique de relance est justifiée pour faire face à un choc de demande négatif et, si un État ne peut dans ce contexte se financer auprès de créanciers privés, il est pertinent que la banque centrale l'y aide. Le risque d'inflation se réduit en effet fortement dans une telle conjoncture.

L'endettement est la conséquence d'un accord passé entre un créancier et un débiteur ; c'est un contrat qui les lie à travers le temps. L'octroi d'un prêt ou la volonté d'emprunt sont ainsi deux actions guidées par les représentations des agents économiques sur leur situation future, donc par un rapport à l'avenir forcément marqué du sceau de l'incertitude. Puisque les agents se trompent, parfois lourdement, sur leur situation future, l'endettement peut être un facteur de difficultés, parfois graves, pour les agents économiques. Si la dette est un outil pour façonner la croissance de demain, la prospérité future n'est jamais certaine alors que la dette reste inscrite dans le contrat de départ. Le « défaut » est de ce fait un phénomène normal au sens statistique, mais il peut prendre des proportions pathologiques susceptibles d'engendrer des crises financières, voire des crises économiques générales.

Si tout risque lié à l'endettement ne peut être supprimé, il est sûr que certains comportements aggravent les probabilités de problèmes. Il est dès lors possible de prévenir les crises de la dette, tout en restant lucide sur le fait que les mesures prises ne permettront jamais une prévention absolument efficace.

Références bibliographiques

- Patrick Artus, « Quand l'endettement améliore-t-il le bien ? », *Flash Économie,* n° 136, 18 février 2011.
- Patrick Artus, « Quelle est la bonne règle d'or budgétaire ? », *Flash Économie,* n° 608, 18 août 2011.
- Irving Fisher, « The debt-deflation theory of great depressions », *Econometrica*, 1933.
- Friedrich Hayek, *Prix et production*, 1931.
- Paul Krugman, « A Model of Balance-of-Payments Crises », *Journal of Money, Credit and Banking* 11, août 1979.
- Paul Krugman, *Pourquoi les crises reviennent toujours*, Seuil, août 2009.
- Frédéric Lordon, *Jusqu'à quand ? Pour en finir avec les crises financières*, Raisons d'agir, 2008.
- Hyman Minsky, *Stabilizing an Unstable Economy*, Yale University Press, 1986.
- Carmen Reinhart, Kenneth Rogoff, *Cette fois, c'est différent, huit siècles de folie financière*, Pearson, 2010.

PARTIE 3
Mondialisation de l'économie

Sujet 8 : L'intégration monétaire européenne : bilan et enjeux. (Pierre-André Corpron)

Sujet 9 : La mondialisation transforme-t-elle les stratégies des entreprises ? (Pierre-Olivier Perl)

Sujet 10 : La place du dollar dans le système monétaire international depuis 1945. (Pierre-André Corpron)

Sujet 11 : Le commerce international est-il dû à des différences économiques entre les pays ? (Stéphane Moussiegt)

Sujet 12 : La régionalisation économique du monde va-t-elle dans le sens du libre-échange ou du protectionnisme ? (Pierre-André Corpron)

Sujet 8

L'intégration monétaire européenne: bilans et enjeux.

Analyse du sujet

L'intégration monétaire européenne est un processus démarré avant même la construction de la CEE (l'Union européenne des paiements date de 1950, avant même la CECA). Elle est considérée comme une base essentielle de la construction européenne et la réalisation de la monnaie unique est le résultat d'un long cheminement. Dès les années 1950 la question monétaire se pose. Il est difficile de construire un espace intégré, reposant sur la concurrence et la complémentarité entre les différents pays, alors que les fluctuations des monnaies peuvent introduire des distorsions importantes. Dans un système de changes flottants, comme on le connaît à partir des années 1970, ces difficultés sont encore accrues. C'est pour cela que la question monétaire est centrale dans la construction européenne et que de grandes avancées dans l'intégration économique ont été réalisées par la monnaie (Serpent monétaire européen, puis Système monétaire européen, monnaie unique). Avec la création de l'euro, l'intégration monétaire atteint l'étape ultime et les premières années de l'Union monétaire ont laissé penser que la convergence réelle était largement établie, grâce à la convergence monétaire.

Pourtant, les difficultés sont visibles depuis quelques années et le fonctionnement de l'Europe monétaire révèle des faiblesses qui laissent aujourd'hui le choix entre l'éclatement de l'euro ou un approfondissement de l'union avec davantage de fédéralisme, consenti ou subi.

Le thème proposé par ce sujet est largement présent dans les programmes, même s'il ne fait pas l'objet d'un point particulier. Les questions monétaires sont traitées en première année dans le point intitulé « monnaie et financement de l'économie », mais se retrouvent en deuxième année dans la partie consacrée aux « paiements internationaux ». L'intégration économique est abordée en deuxième année, dans la partie « internationalisation des économies », tandis que le « rôle de l'État » est traité en première année.

Proposition de corrigé

« L'Europe se fera par la monnaie ou ne se fera pas », affirmait Jacques Rueff en 1949. À cette époque, la construction monétaire européenne n'est encore qu'une idée dans la tête de quelques Européens convaincus. Pourtant, les premières avancées dans la construction européenne sont effectivement venues de la monnaie. Dès 1950, l'Union européenne des paiements renforce la coopération monétaire. À la fin des années 1960, sous l'impulsion de Raymond Barre, l'Europe envisage de se doter d'une monnaie unique. Trente ans plus tard, la création de l'Union monétaire consacre ces avancées. L'intégration monétaire européenne est alors le point d'orgue de la construction européenne et la zone euro semble appelée à se développer par l'entrée de nouveaux membres issus de l'élargissement de l'Union. L'euro paraît même promis à devenir une monnaie mondiale alternative au dollar.

Pourtant, alors que l'Europe célèbre dix ans de monnaie unique, les premiers signes de tensions apparaissent. La crise financière partie des États-Unis s'est propagée à l'économie mondiale. Les États sont intervenus massivement pour soutenir leurs systèmes bancaires, pour éviter l'approfondissement de la crise, au prix de déficits budgétaires massifs et d'une forte croissance de l'endettement. Si ce phénomène se retrouve aussi bien aux États-Unis qu'en Europe, c'est cette dernière qui est particulièrement touchée. La transformation de la crise bancaire en une crise des dettes souveraines souligne les difficultés de certains pays de l'Union. Les asymétries structurelles éclatent au grand jour et la sortie de la zone euro est envisagée pour certains pays (Grèce, Espagne…). Un éclatement complet de la zone devient même une possibilité.

Le bilan de l'intégration monétaire européenne est ainsi passé en quelques années du vert au rouge. La réussite technique incontestable du passage à la monnaie unique, l'élargissement réussi à de nouvelles monnaies, a laissé la place à des interrogations sur la pérennité de la zone. Des difficultés, envisagées dès l'origine et largement sous-estimées, ont contribué à fragiliser la zone. Les asymétries en termes d'inflation, de croissance, les déficits de la balance des paiements de certains et les excédents d'autres pays, les déséquilibres des finances publiques… conduisent aujourd'hui à jeter un regard nettement plus contrasté sur l'intégration monétaire.

L'intégration monétaire est le résultat d'un processus de convergence nominale et réelle qui a longtemps masqué les difficultés de la gouvernance européenne (I). La crise économique mondiale, déclenchée depuis 2008, a révélé les défauts d'une construction monétaire fragile (II). La résolution de cette crise conduira soit à un renforcement de l'intégration, en particulier dans le domaine budgétaire, soit à l'éclatement de la zone (III).

I. L'intégration monétaire européenne est le résultat d'un processus de convergence nominale et réelle.

A. Une convergence monétaire commencée dans les années 1950.

1. De l'Union européenne des paiements à l'Europe dans Bretton Woods. La reconstruction de l'Europe rend nécessaire la coopération monétaire entre les pays, dans un contexte où le dollar n'est pas assez abondant. En 1950, avant même la construction de la Communauté européenne du charbon et de l'acier, les pays européens s'entendent pour mettre en place l'Union européenne des paiements. Véritable système de compensation, imposant aux pays de réduire leurs déficits comme leurs excédents, ce système disparaît avec le retour à la convertibilité des devises dès 1958. L'Union européenne s'accommode ensuite du système de changes fixes de Bretton Woods, tout en réduisant les marges de fluctuation autorisées entre les monnaies. Mais les projets de monnaie unique apparaissent à la fin des années 1960, et le rapport Werner (1970) détaille les étapes du passage à une monnaie unique au cours des années 1970. L'effondrement du système de Bretton Woods et le flottement généralisé des monnaies mettent fin à ce projet, mais obligent l'Europe à trouver des moyens d'empêcher les monnaies de fluctuer trop largement. En effet, dans un espace où les produits circulent de plus en plus facilement, où certains prix sont fixés au niveau communautaire (prix agricoles par exemple), il est nécessaire de réduire les fluctuations des changes pour établir les conditions de la concurrence. Le Serpent monétaire européen (1972) est une tentative pour obliger toutes les monnaies européennes à fluctuer de conserve autour du dollar, mais il ne fonctionne pas correctement et se transforme rapidement en une « zone mark ».

2. Du Système monétaire européen à la monnaie unique. Après l'expérience décevante du Serpent, qui ne permet pas de stabiliser les changes, la CEE met en place, en 1979, le Système monétaire européen (SME). Il s'agit d'un système centré sur une unité de compte européenne, l'ECU, et liant les monnaies deux à deux *via* des marges de fluctuation autour de cours pivots bilatéraux. Ce système connaît une grande instabilité entre 1979 et 1986, avec 11 réalignements monétaires. Les politiques économiques divergentes conduisent certaines monnaies à s'apprécier (DM), tandis que d'autres se déprécient (FF, lire). La convergence des politiques économiques, la recherche d'une désinflation compétitive en France, permettent cependant une plus grande stabilité du SME à partir du milieu des années 1980. Cela permet alors d'envisager la construction d'une monnaie unique et le rapport Delors (1989) remet en avant les mécanismes envisagés vingt ans plus tôt par le rapport Werner. Dans un contexte de transformations politiques de l'Europe, la décision est prise de construire une monnaie unique (Maastricht, 1992) avant 1999. Le respect des critères de convergence par 11 pays conduit à mettre en place la monnaie unique, l'euro, au 1er janvier 1999.

B. Un processus de convergence réelle qui s'appuie sur des mécanismes institutionnels.

1. L'ouverture des marchés. La construction monétaire n'est qu'un des volets de l'intégration économique européenne et l'ouverture des marchés a permis de construire progressivement un espace économique de plus en plus intégré. La suppression des barrières douanières entre les États fondateurs a été réalisée en dix ans, augmentant la concurrence et favorisant la convergence entre ces économies. Pendant presque vingt ans, l'ouverture ne s'est poursuivie que par l'accueil de nouveaux pays dans la CEE. À partir de 1986, avec l'Acte unique européen, un second souffle est donné. Un marché unique, des biens et services, mais également des capitaux et de travailleurs, se met progressivement en place, dont la suppression des postes frontières (1993) est le symbole. La libre circulation des capitaux, dans le cadre du SME, rend impossible l'autonomie de la politique monétaire : c'est le triangle d'incompatibilité de Robert Mundell (1961). Les pays sont amenés à aligner leurs politiques monétaires, avec une forte montée des taux d'intérêt, ce qui à long terme s'est révélé intenable pour la croissance économique, comme l'a montré la grave crise de change de 1992. Tout ceci justifie finalement le passage à une monnaie unique qui permet de sortir de la logique du triangle, puisqu'il n'y a plus de taux de change.

2. Des politiques structurelles communes. Mais l'Europe s'est également construite à l'aide de politiques structurelles, considérant que le marché n'est pas le moyen unique de favoriser l'intégration. La politique agricole commune en est certainement le meilleur exemple. Loin de compter sur des mécanismes de marché pour obtenir l'indépendance agricole et favoriser les mutations nécessaires de l'agriculture, la CEE a ainsi mis en place, dès 1962, une politique fondée sur une maîtrise des prix, leur déconnexion par rapport aux prix mondiaux. Les interventions structurelles du FEOGA ont également permis de transformer les structures agricoles. La politique régionale, *via* le FEDER, est une politique structurelle qui vise à réduire les déséquilibres géographiques en Europe. Elle a particulièrement mis l'accent sur les zones en retard de développement (Irlande, Grèce, Portugal, pays de l'Est dès leur intégration à l'Union) et sur la construction d'infrastructures favorisant les échanges.

II. Le fonctionnement de l'union monétaire a révélé progressivement les défauts de la monnaie unique.

A. Le succès de la convergence nominale…

1. La réussite technique de la construction monétaire. La réalisation de l'Union monétaire s'est faite dans les délais prévus et sans problème particulier. La Banque centrale européenne a vu le jour en 1998 et au 1er janvier 1999 l'euro s'est substitué à 11 monnaies. La Grèce a rapidement rejoint la zone euro (2001), bientôt suivie par de nouveaux pays issus de l'élargissement de 2004 : Slovénie (2007), Chypre et Malte (2008), Slovaquie (2009) et Estonie (2011). La Banque centrale européenne a techniquement géré la politique monétaire de la zone euro, en suivant les objectifs assignés par les traités. Elle a construit sa crédibilité en menant une politique très stricte de lutte contre l'inflation. L'utilisation d'une monnaie commune a favorisé le développement des échanges, supprimant les coûts de conversion des monnaies et réduisant l'incertitude sur les taux de change. Certes, quelques pays ne sont pas entrés dans la zone. La Grande-Bretagne en particulier a conservé sa monnaie. Ce n'était pas une surprise puisque l'attitude des Britanniques face à l'intégration monétaire est marquée par un grand scepticisme. Il leur avait fallu plus de dix ans pour entrer dans le SME. Quant aux nouveaux États membres, leur volonté manifeste est d'intégrer rapidement la zone euro lorsqu'ils en seront économiquement capables. Les accords d'adhésion prévoient d'ailleurs que les pays s'engagent à entrer, quand ils le pourront, dans la zone euro.

2. La convergence des taux d'intérêt et des niveaux de prix. Le bilan de cette politique monétaire commune est une très nette convergence des taux d'intérêt au sein de la zone. Les écarts de taux d'intérêt entre les pays, qui tiennent compte à la fois les différentiels d'inflation et de primes de risques, atteignaient plusieurs points au début des années 2000. Ils se sont considérablement réduits au cours de la décennie, la Grèce ou l'Espagne bénéficiant alors de taux presque aussi faibles que l'Allemagne. Les créanciers ont fait comme s'il existait une solidarité financière entre les États, abaissant ainsi les primes de risques sur des États pourtant moins solides. Cette croyance a eu pour conséquence un relâchement de la discipline budgétaire, non sanctionné par les créanciers. C'est le cas de la Grèce à partir de 2003. Les niveaux de prix ont également convergé, l'inflation a été plus forte dans les pays où les prix étaient les plus bas (Europe du Sud) et moins forte dans les pays du Nord de l'Europe. Mais ces différences dans les niveaux d'inflation observés posent problème lorsque la politique monétaire fait de l'inflation un critère des interventions de la Banque centrale (*cf. infra*).

B. … et les insuffisances de la convergence réelle…

1. Des différences de performance économique et leurs conséquences. Au cours de la décennie 2000, les pays membres de la zone euro ont réalisé des performances économiques très différentes. Au début de la période, la Grèce, l'Espagne ou l'Irlande réalisent plus de 2,5 % de croissance, tandis que l'Allemagne et dans une moindre mesure la France ou l'Italie connaissent un net ralentissement. La situation s'inverse dans la seconde moitié de la décennie, avec une crise qui touche particulièrement le Sud de la zone euro et l'Irlande. L'Allemagne, quant à elle, après une forte récession en 2009, retrouve la croissance. Les déséquilibres extérieurs s'exacerbent avec une Europe du Nord qui dégage des excédents et une Europe du Sud qui accumule les déficits. La zone euro étant globalement à l'équilibre en moyenne, s'opère un transfert d'épargne des pays du Nord vers les pays du Sud, ce qui finance la croissance déséquilibrée du Sud. Le déséquilibre se renforce de lui-même tant que les créanciers du Nord continuent de prêter.

2. Des asymétries structurelles qui reposent la question des zones monétaires optimales. La théorie des zones monétaires optimales a été développée par Robert Mundell (1961) et prolongée par Ronald McKinnon (1963) et Peter Kenen (1969). Elle présente les critères de stabilité d'une zone monétaire face à un choc asymétrique et détermine à quelles conditions une zone peut avoir avantage à se doter d'une monnaie commune, renonçant à utiliser le taux de change comme élément stabilisateur. Si les facteurs de productions circulent librement, si les mécanismes de fixation des prix permettent de réagir aux chocs, si le tissu productif est largement diversifié, une zone avec une monnaie unique est considérée comme optimale. À l'évidence, la zone euro n'est pas une ZMO. Les marchés du travail fonctionnent de manière différente, avec une sensibilité à la conjoncture du coût du travail très différente. Les mouvements de main-d'œuvre sont peu importants. Les structures productives sont également diverses : alors que l'Allemagne dispose d'une base industrielle très solide, lui permettant d'exporter, d'autres pays sont « spécialisés » dans des activités de service qui ne leur permettent pas de dégager des excédents courants. Le recours au crédit se fait de manière différente selon les pays. L'utilisation de taux fixes, donc peu sensibles aux évolutions de court terme, domine par exemple en France ou en Allemagne, alors qu'en Espagne ou en Italie les agents empruntent à taux variables.

C. … aboutissent à une crise de fonctionnement.

1. Les problèmes de la politique monétaire unique lorsque les conjonctures divergent. La conduite d'une politique monétaire unique, dans une zone peu homogène, pose un véritable problème. L'objectif d'inflation que se fixe la Banque centrale européenne peut s'avérer trop important pour une zone et trop faible pour une autre. La même politique peut ainsi se révéler trop expansionniste dans un pays et trop restrictive dans un autre. Cela aggrave les inégalités de croissance, renforçant les déséquilibres, et peut également conduire à créer des bulles financières ou immobilières. C'est ainsi que la réduction des écarts de taux d'intérêt dans l'Union a conduit à un gonflement de l'endettement, public mais également privé, dans des pays qui n'auraient pas pu emprunter autant sans la monnaie unique. L'Espagne a connu par exemple une bulle immobilière liée à ces taux d'intérêt faibles.

2. La crise des dettes souveraines et le problème d'une monnaie sans État. Pour compenser les asymétries décrites plus haut, il faudrait pouvoir utiliser l'instrument budgétaire. Or, la construction monétaire européenne s'est faite en laissant le pouvoir budgétaire à chacun des États. Le budget de l'Union européenne représente 147 milliards d'euros en 2012, soit 1,12 % du PIB des 27 États membres. Il n'est pas assez important pour que l'UE intervienne par ce biais dans les régions en difficulté. Elle se contente de mener des politiques structurelles, *via* la politique agricole commune ou la politique régionale. Pour obliger les États membres à une certaine rigueur, la politique budgétaire a été sévèrement encadrée : critères de convergence du traité de Maastricht (1992) conditionnant l'intégration à la zone, Pacte de stabilité et de croissance (1997) pour garantir que les États respectent une discipline commune, volonté d'inscrire une « règle d'or » budgétaire limitant constitutionnellement les déficits en 2012. Pourtant, même les grands pays européens ont dérogé à la règle certaines années (France, mais également Allemagne), ce qui a limité la crédibilité de cette coordination budgétaire minimale. La crise des dettes souveraines, débutée en 2009 avec les difficultés de la Grèce, a rapidement souligné les limites d'une monnaie sans État. Cette crise montre bien que, face à un choc qui ne touche pas toute la zone avec la même ampleur, la politique monétaire s'avère inefficace. L'injection massive de liquidités par la Banque centrale, la mise en place de politiques non conventionnelles… n'ont pas permis de résoudre la crise. L'absence d'une politique budgétaire commune, permettant des transferts vers les pays en difficulté, exacerbe les tensions entre les États membres et fait craindre la possibilité d'un éclatement de la zone. Par ses statuts, la BCE n'est pas prêteuse en dernier ressort des États. Face à la crise bancaire de 2008, elle a joué ce rôle pour les banques, mais elle a longuement hésité face aux dettes souveraines. Même si elle a fini par acquérir des obligations d'État grecques, puis espagnoles et italiennes, les discussions sur son intervention rendent les marchés plus incertains.

III. Quelles évolutions possibles ?

A. Éclatement...

1. Le scénario de l'éclatement. Face à une aggravation de la crise financière, certains pays peuvent être tentés de sortir de l'Union monétaire. Il s'agirait de retrouver une politique monétaire autonome afin de dévaluer la monnaie et d'obtenir ainsi des marges de compétitivité. Cette sortie de l'euro pourrait être le résultat d'une décision politique (élections amenant au pouvoir un gouvernement décidé à sortir) ou d'une conjoncture économique très défavorable (impossibilité de se refinancer, perte de confiance des marchés, amenant au défaut de paiement), ou encore d'un refus des organismes internationaux qui se sont substitués aux créanciers privés de continuer à prêter (FESF-MES, FMI, BCE). Ce scénario de sortie peut être envisagé à plusieurs échelles : sortie d'un seul pays, la Grèce par exemple, sans contagion vers d'autres États membres ; propagation des défauts de paiement vers d'autres pays et sortie de plusieurs pays, Grèce, Espagne, Portugal ; contagion plus importante encore qui conduirait la France à quitter la zone ; le mécanisme de la contagion étant simplement une augmentation des primes de risques, et donc des taux d'intérêt imposés aux États jugés fragiles, lors de leurs émissions de titres... voire un refus de prêter de la part des créanciers. On assisterait alors soit à l'éclatement complet de la zone euro, tous les pays reprenant leur autonomie monétaire, soit à la constitution d'une zone euro réduite, qui ne serait pas sans rappeler une zone mark telle qu'elle prévalait à la fin des années 1970.

2. Quelle probabilité ? Pour évaluer la probabilité de ces scénarios, il faut tenir compte des conséquences pour les uns et pour les autres de l'éclatement de l'UE. Les différentes possibilités de sortie de la zone ne sont pas sans conséquences pour les États membres. Même l'hypothèse minimale d'une sortie de la Grèce ne serait pas sans effets sur l'Allemagne ou sur la France. Son défaut de paiement provoquerait des pertes pour les banques, mais également pour les pays qui se sont portés garants de ses emprunts dans le cadre du Mécanisme européen de stabilité financière. Un éclatement plus important de la zone viendrait bouleverser les équilibres. Si certains y voient la possibilité de retrouver l'autonomie monétaire et de restaurer leur compétitivité par la dévaluation, d'autres peuvent craindre ce scénario. C'est le cas de l'Allemagne, qui dispose aujourd'hui d'excédents commerciaux importants qui pourraient disparaître si sa monnaie s'appréciait brutalement. Même pour les pays qui sortiraient de l'euro, le gain n'est pas assuré. La dévaluation de la monnaie n'a d'effet positif sur le solde extérieur que si les exportations et les importations sont sensibles aux variations de prix, ce qui n'est pas assuré, notamment en raison du degré élevé de désindustrialisation de certains pays, comme la Grèce. Les dettes libellées en euros verraient leur valeur augmenter dans une monnaie nationale dévaluée. Il faudrait alors supposer que le scénario de sortie s'accompagne d'une répudiation de la dette, ce qui paraît peu probable.

B. … ou Union monétaire et budgétaire ?

1. Les contraintes du « chacun pour soi ». Si la zone euro n'éclate pas, la crise des dettes souveraines conduira à plus de fédéralisme. Les défauts structurels de l'Union européenne ont été largement mis à jour dans la dernière décennie. La monnaie unique sans politique budgétaire commune a conduit à une impasse. La zone euro n'est pas une zone monétaire optimale et ne le sera pas. Les différences linguistiques, les traditions, font que la mobilité de la main-d'œuvre y est beaucoup plus faible qu'aux États-Unis. Ces derniers fournissent par ailleurs des éléments de comparaison intéressants. La politique monétaire est unique, mais le budget fédéral permet de lutter contre les chocs asymétriques. La coordination des politiques budgétaires n'est pas suffisante pour jouer ce rôle en Europe. Les contraintes qui pèsent sur les États se sont avérées trop strictes dans les périodes de récession. Aucun État n'a réussi à respecter ses engagements et chacun a dû chercher en lui-même les moyens de lutter contre des déséquilibres. Or, les déficits budgétaires ont aggravé les niveaux de dettes publiques, conduisant à accroître le service de la dette dans un contexte de remontée des taux d'intérêt. Ceci renforce encore les déficits budgétaires, posant rapidement la question de la soutenabilité à moyen terme.

2. Un renforcement du fédéralisme. Dans ce contexte, la question n'est plus de savoir s'il faut davantage de coordination budgétaire, elle tient plutôt du niveau d'intégration souhaité. Si la politique monétaire et la politique de change sont incapables de réduire les écarts de conjoncture entre pays de la zone euro, il faudrait que ce soit le rôle de la politique budgétaire, quitte à imposer à un État à la croissance trop rapide des excédents budgétaires marqués, ou à imposer à un État en excédent budgétaire un soutien à sa demande intérieure si sa croissance est trop faible. L'existence de déficits permanents, la montée de la dette publique, posent un problème de soutenabilité dans un contexte de ralentissement de la croissance. Plusieurs options sont ici envisageables : la montée en puissance du budget communautaire, par transfert de compétences au niveau européen ; un renforcement de la coordination budgétaire par une coopération accrue entre les instances nationales et européennes dans la construction des budgets ; l'établissement de règles strictes dans la gestion des budgets. C'est cette troisième voie, minimaliste, qui semble aujourd'hui privilégiée. L'adoption du principe d'une « règle d'or » en 2012 va dans ce sens, même si de simples règles budgétaires communes ne font pas une politique coordonnée. Il s'agit de limiter le déficit structurel à 0,5 % du PIB, tout en permettant aux États d'accroître leur déficit en cas de circonstances exceptionnelles. L'application de cette règle pose des problèmes techniques dans la détermination du déficit structurel, lié à une croissance potentielle difficile à estimer. Elle pose également problème au sens où elle réduit les possibilités d'intervention structurelles des États, et risque d'entrer en contradiction avec les règles prudentielles édictées dans le cadre de Bâle III. Les banques sont tenues de détenir des créances peu risquées, or l'application de la règle d'or, conduisant à une diminution des émissions de titres publics, pourrait empêcher les banques de réaliser les ratios prudentiels obligatoires...

3. Vers une Union monétaire et budgétaire. La crise que connaît la zone euro depuis 2009 pourrait marquer un tournant dans la construction européenne. Si l'Union monétaire n'éclate pas, elle évoluera nécessairement vers une intégration plus grande. Les difficultés mises en évidence depuis 2009 plaident pour un rôle accru de la BCE, chargée également de la stabilité financière. La question du financement direct des États par la BCE est également posée. L'intégration budgétaire pourrait se faire par la création de titres de dette publique européenne (des eurobonds) garantis collectivement par l'ensemble des États européens. La montée en puissance de politiques publiques européennes destinées à favoriser la croissance, par des investissements dans la recherche et le développement, dans la création d'infrastructures, pourrait servir de support au développement de ces eurobonds. La question des asymétries structurelles doit également être réglée. Le fonctionnement d'une union monétaire n'est pas compatible avec des déséquilibres persistants de balance des paiements. Ceux-ci sont le résultat de déséquilibres de demande, de problèmes de compétitivité, et également de la spécialisation productive des États. Ceux qui produisent des biens échangeables sont avantagés par rapport à ceux qui sont spécialisés dans les productions de services par exemple. Les transferts budgétaires sont alors nécessaires pour régler ces déséquilibres.

La signature du traité de Maastricht, en 1992, a marqué un tournant dans la construction européenne en faisant de l'intégration monétaire le levier principal de la convergence entre les États membres. Comme le pensait Jacques Rueff, l'Europe s'est faite en grande partie par la monnaie. Si l'Europe a effectivement réussi à mettre en place sa monnaie unique, pour certains pays du moins, le bilan qui peut être fait vingt ans après Maastricht est nécessairement mitigé. L'apparition d'une crise des dettes souveraines, circonscrite d'abord à des petits pays, a mis en lumière l'existence d'asymétries au sein de la zone. Dix ans de monnaie unique ont rendu visibles des problèmes latents. L'impossibilité de corriger par la modification des taux de change les divergences structurelles a renforcé les tensions.

L'Europe est confrontée, au début de la décennie 2010, à un choix crucial. La résolution des déséquilibres internes à la zone, en particulier des excédents et déficits des paiements entre les États membres, ne pourra pas se faire en faisant supporter l'ajustement aux seuls pays du Sud. Soit elle renforce la coopération institutionnelle, en poussant les feux de l'intégration budgétaire, soit l'Union monétaire est amenée à éclater.

Références bibliographiques

- Michel Aglietta, *Zone euro, Éclatement ou fédération*, Michalon, 2012.
- Patrick Artus, « Les erreurs conceptuelles qui sont derrière les institutions de la zone euro », *Flash Eco*, 18 janvier 2011.
- Patrick Artus, « Rencontre du troisième type : l'Union monétaire européenne », *Flash Eco*, 23 septembre 2011.
- Jean-Paul Betbèze, Christian Bordes, Jézabel Couppey-Soubeyran, *Banques centrales et stabilité financière*, Rapport du Conseil d'analyse économique, n° 96, avril 2011.
- Agnès Benassy-Quéré, Benoît Cœuré, *Économie de l'euro*, La Découverte, coll. Repères, 2010.
- Anton Brender, Florence Pisani, Émile Gagna, *La Crise des dettes souveraines*, La Découverte, coll. Repères, 2012.
- Étienne Favarque, *La Banque centrale européenne*, La Découverte, coll. Repères, 2010.
- Jacques Le Cacheux, Éloi Laurent, « Zone euro : no future », *Lettre de l'OFCE* n° 320, 14 juin 2010.
- Jean-Pierre Patat, *Histoire de l'Europe monétaire*, La Découverte, coll. Repères, 4e éd., 2005.

Sujet 9

La mondialisation transforme-t-elle les stratégies des entreprises ?

Analyse du sujet

Sous des apparences relativement simples et sous un vocabulaire qui est communément compréhensible, le sujet pose un certain nombre de difficultés dans la mesure où il mobilise des connaissances transversales aux deux années. En effet, les stratégies d'entreprises sont d'abord étudiées dans le second thème de première année à travers la naissance de l'entreprise capitaliste et les phénomènes de concentration, puis dans le troisième thème lorsqu'il est question de l'entreprise et du développement économique. Enfin, il est aussi possible d'aborder le rôle spécifique des grandes entreprises nationales dans le thème consacré au rôle de l'État dans la vie économique. En seconde année, l'entreprise est directement présente dans la sous-partie consacrée aux firmes multinationales et à leur rôle dans l'économie mondiale. Quant à la mondialisation, elle se décline en analyse de la première mondialisation lors du XIXe siècle en première année et surtout en seconde année à travers l'internationalisation des économies. Le sujet de cette dissertation nécessite donc de parfaitement connaître des pans importants du programme des deux années, tant dans ses dimensions historiques que théoriques et factuelles.

Ce sujet est aussi lié à l'actualité. La campagne présidentielle de 2012 a largement mis au jour des oppositions entre partisans de la mondialisation, régulée plus ou moins, et ceux qui défendent la démondialisation. La toile de fond de ce débat concerne le maintien ou non d'emplois industriels en France et en Europe face à la montée en puissance du commerce international (exportations comme importations), de la concurrence des pays nouvellement industrialisés et de la localisation des activités des entreprises en fonction des avantages qu'elles en retirent. Ces flux commerciaux internationaux et/ou intrafirmes sont d'autant plus aisés à réaliser que les moyens de transport facilitent le transfert des marchandises (ferroutage, oléoducs, conteneurisation...) et des services (Internet).

Ainsi, ce sujet met en relation deux séries de problèmes qui trouvent une résolution dans des champs différents. La stratégie de firmes met en jeu la volonté des firmes transnationales (FTN) de réaliser des profits maximum en utilisant une localisation particulière pour la fabrication de l'ensemble ou seulement des parties des biens et services produits afin de limiter les coûts de production ou de se positionner sur des marchés importants. Mais ce faisant, les firmes peuvent réaliser des investissements directs à l'étranger (IDE) qui conduisent à des transferts d'unités de production d'un pays vers un autre. Dès lors, les effets macroéconomiques des décisions stratégiques des FTN ont des conséquences sur l'industrialisation des nations. Or, celles-ci considèrent souvent le monde comme un univers de jeu à somme nulle. Cette conception mercantiliste les incite à prendre des mesures pour maintenir ou accroître les emplois au niveau local : derrière la stratégie des FTN dans la mondialisation se profilent donc tous les enjeux de politique industrielle des États-nations. Ceci n'est pas nouveau et la révolution industrielle, dès le XIXe siècle, a mis au centre des préoccupations nationales la production locale (voir par exemple l'interdiction faite à l'Inde de fabriquer les cotonnades) et la volonté de réaliser des économies d'échelle. Dans ce contexte, la nécessité des innovations s'est aussi fait ressentir très tôt et une division du travail a pu s'instaurer : aux pays développés les recherches et la fabrication des biens à forte technologie, au pays dominés les matières premières et extractives.

Mais au fil des siècles, la part de l'industrie a très sensiblement diminué, y compris dans les pays industriels. En France, par exemple, les emplois dans l'industrie manufacturière se sont accrus jusqu'aux années 1970 avant de décroître fortement par la suite. L'industrie ne représente alors plus que 16 % du PIB. *La France sans ses usines* (Patrick Artus et Marie-Paule Virard, Fayard, 2011) peut-elle être attractive pour les firmes transnationales ? Mais les États peuvent-ils se développer avec un secteur secondaire atrophié?

Avec un tel sujet, les analyses économiques et historiques mobilisables sont donc nombreuses. Mais le danger est aussi de prendre parti dans les polémiques contemporaines. Il est bien évidemment vain de penser de manière totalement objective. Et les correcteurs préfèrent des dissertations qui défendent un point de vue. Cependant, cette défense doit être organisée autour des faits clairement identifiés et elle se doit de mobiliser des théories parfaitement intégrées et assimilées par le candidat, au risque, si tel n'est pas le cas, de sombrer dans les jugements de valeur.

Proposition de corrigé

Alors que Laurent Wauquiez plaidait, le 7 décembre 2011, pour un protectionnisme moderne, Jean-François Copé, membre du même parti politique, lui répondait le 29 décembre que «*personne ne peut penser raisonnablement que le mot de protectionnisme est un mot moderne*». Jusqu'il y a peu, ce type de débat n'avait pas cours. Tous pensaient que le libre-échange et la liberté d'investissement des entreprises étaient les meilleurs moyens de stabiliser l'économie mondiale.

Aujourd'hui, les firmes multinationales – ou transnationales, comme les appelle plus justement la Conférence des Nations unies sur le commerce et le développement (Cnuced) – n'ont jamais été aussi à l'aise dans une économie mondialisée. Celle-ci, que les Anglo-Saxons nomment «*globalization*», et les Français «mondialisation», est le processus d'ouverture de toutes les économies nationales sur un marché planétaire. Elle est favorisée par l'interdépendance entre les hommes, la déréglementation, la libéralisation des échanges, la délocalisation de l'activité, les mouvements financiers, les moyens de transport, de télécommunication… Elle permet donc aux FTN de se déployer et de se redéployer au gré des avantages qu'elles trouvent sur des espaces nationaux. Si l'ouverture au commerce est pour les États synonyme d'interdépendance, elle est, pour les entreprises, synonyme d'intégration des activités et des marchés. Les entreprises transnationales déterminent leurs choix stratégiques (localisation, approvisionnements, financement, circuits de commercialisation, recrutements, débouchés, investissements…) à l'échelle mondiale, en comparant les avantages et inconvénients que leur procurent les différentes solutions nationales.

Cependant, toutes les parties du monde ne participent pas à cet échange. Plus de 103 000 FTN sont principalement implantées dans les pays développés où se localisent essentiellement les IDE, c'est-à-dire les investissements d'une entreprise qui prend le contrôle de plus de 10 % du capital d'une filiale hors de son pays d'origine. Certes, les implantations sont de plus en plus fréquentes dans les pays en développement, mais la localisation des IDE remet en cause l'idée d'une présence mondiale des FTN en même temps qu'elle pose la question de l'attractivité des territoires.

Dès lors, peut-on se contenter d'affirmer que les stratégies des FTN consistent exclusivement à délocaliser leur production pour

bénéficier de bas coûts de production ? N'existe-t-il pas de stratégies alternatives ?
Nous verrons donc que si l'histoire et les théories traditionnelles peuvent expliquer une partie de la stratégie des FTN dans un cadre mondialisé (I), de nouvelles formes stratégiques voient le jour, plus difficile à définir, mais qui sont mieux adaptées au monde contemporain (II).

I. Les explications traditionnelles des effets de la mondialisation sur les stratégies de firmes…

A. Les stratégies d'internationalisation au XIXe siècle.

1. La mondialisation au XIXe siècle. La première mondialisation (Suzanne Berger, *Notre première mondialisation*, 2003) se situe sur la période 1860-1914. Elle est permise au départ par l'abaissement des tarifs douaniers (accords bilatéraux comme celui de la Grande-Bretagne et de la France en 1860) et des coûts de transports (utilisation des chemins de fer ou des steamers) et elle est caractérisée par le développement de flux commerciaux très importants. Les divers travaux de Paul Bairoch montrent que les pays européens enregistrent une croissance annuelle de 2 % pour leur production agricole, de 3 % pour leur production industrielle et de 4 % pour leurs exportations. La part de la production européenne qui fait l'objet d'une exportation est inférieure à 2 % en 1815, mais atteint 14 % en 1913. Pour l'ensemble du monde, le volume du commerce est multiplié par 25 et la valeur des échanges internationaux, estimée à 2 milliards de dollars vers 1830, atteint 40 milliards en 1913.

2. Une explication traditionnelle des flux d'échanges. La croissance des flux commerciaux s'accompagne du développement d'une division internationale du travail. En fonction de la théorie ricardienne des avantages comparatifs, les pays européens produisent et exportent des produits manufacturés alors que le reste du monde fournit à l'Europe des matières premières, des produits agricoles, des minerais, etc. Grâce aux innovations technologiques, les temps de transport diminuent et les tonnages s'accroissent : le marché devient mondial et les entreprises occidentales implantent des filiales destinées à leur fournir des matières premières dans les pays en développement de l'époque.

3. Une logique réellement financière. Mais, comme l'indique Suzanne Berger, les stratégies menées alors sont plus souvent spéculatives que productives. La valeur du stock de capitaux placés à l'étranger passe de 1 milliard de dollars vers 1820 à 48 milliards en 1913, l'essentiel des transferts étant réalisé à partir de 1880. Les capitaux européens sont dominants (90 % des capitaux exportés début XXe siècle). Plus des trois quarts de ces capitaux sont des investissements de portefeuille. Les entreprises (les banques notamment) cherchent à prêter aux États où les capitaux sont utilisés dans le développement des réseaux de transport qui doivent faciliter l'exploitation des terres nouvelles. Après avoir développé les échanges de marchandises, le capitalisme selon Lénine exporte des capitaux et devient impérialiste, «*stade suprême du capitalisme*».

B. La recherche de bas coût.

1. Le développement des IDE. Alors que la théorie ricardienne de l'échange international est fondée sur l'immobilité des facteurs de production (et notamment du capital, car David Ricardo fait confiance aux entrepreneurs anglais afin qu'ils n'aillent pas produire au Portugal), les entreprises occidentales investissent de plus en plus à l'étranger. Certaines FTN délocalisent une partie de leur production en raison de la concurrence, qui les oblige à rompre avec leurs stratégies traditionnelles d'approvisionnement (FTN primaires) ou de développement commercial (pénétrer les nouveaux marchés), pour s'orienter vers des stratégies de réduction des coûts afin d'augmenter leur compétitivité prix.

2. Un choix motivé par des bas coûts salariaux. Les FTN choisissent aussi de s'implanter à l'étranger pour se libérer de contraintes économiques ou sociales. Elles se tournent vers des pays où les salaires sont faibles, la réglementation peu contraignante et la protection sociale le plus souvent inexistante. Mais il ne suffit pas de comparer le coût salarial. Il est préférable d'utiliser le concept de coût salarial unitaire (CSU), rapport du coût du travail à la productivité du travailleur, pour mesurer la compétitivité. Exprimés en dollars pour l'ensemble des pays, les CSU permettent de comparer entre différents pays dans une même monnaie le coût en main-d'œuvre de la production d'une unité de bien. Par rapport à la France, le CSU (2006) est identique en Allemagne et en Angleterre, inférieur de 35 % aux États-Unis. Il est trois fois plus faible en Chine et six fois plus faible en Inde. Mais les CSU chinois sont probablement beaucoup plus faibles qu'en France dans les secteurs intensifs en main-d'œuvre peu qualifiée, et relativement plus élevés dans les secteurs intensifs en main-d'œuvre qualifiée.

3. La DIPP développe le commerce intrafirme. La recherche de compétitivité par les FTN se traduit par la création de filiales ateliers et la mise en œuvre d'une décomposition internationale de du processus productif (DIPP). Ceci donne lieu à un commerce intrafirme, véritable commerce captif entre filiales. Ce commerce représente plus de la moitié des échanges entre les pays de l'OCDE et un tiers du commerce mondial. Les ventes de marchandises par les filiales des FTN sont devenues plus dynamiques que le commerce international classique. Une grande partie du commerce mondial est alors organisé hors marché, au sein des FTN qui se structurent en réseaux mondiaux pour obtenir une plus grande flexibilité de leurs opérations mondiales. Pour autant, les FTN ne sont pas indépendantes de leurs bases nationales car une partie importante du commerce intrafirme consiste à rapatrier des produits vers les filiales de distribution nationales. Ce serait le cas de deux tiers des importations et de près d'un tiers des exportations intrafirmes américaines à la fin des années 1990.

II. … peuvent être complétées par de nouvelles analyses qui sont plus adaptées au monde contemporain.

A. Des analyses intègrent les spécificités des firmes et de leur marché initial…

1. Une internationalisation fondée sur un ancrage local. La condition essentielle qui permet à une entreprise de s'internationaliser est son ancrage local. En effet, il faut posséder une base nationale suffisante pour partir conquérir des nouveaux marchés. Grâce à cette base, l'entreprise possède un savoir-faire et commence à réaliser des économies d'échelle qui la rendent concurrentielle à l'étranger. L'internationalisation est alors conçue comme une extension du marché d'origine. Elle est facilitée par l'existence d'accords internationaux qui limitent les droits de douane (OMC, ACR) ou par les aides que certains États peuvent accorder à leurs entreprises exportatrices. Mais l'internationalisation est aussi une stratégie nécessaire face à l'évolution du cycle de vie des produits. Selon Raymond Vernon (*The Product Life Cycle*, 1966), les entreprises commencent par exploiter un avantage spécifique sur leur territoire initial, puis l'entreprise exporte pour utiliser son avantage sur un marché étranger. Elle peut alors être concurrencée par des firmes étrangères, ce qui nécessite de faire baisser les coûts en produisant sur des territoires étrangers où les coûts salariaux sont faibles. L'implantation à l'étranger se substitue alors aux exportations.

2. Un avantage spécifique indispensable. La condition *sine qua non* de l'internationalisation est donc l'existence d'un avantage spécifique supérieur aux coûts de l'internationalisation. En effet, toute firme qui s'implante à l'étranger subit un désavantage (en termes d'image, de connaissance des habitudes locales, de coûts d'implantation, etc.) qui doit être compensé par un avantage spécifique. Cette compensation a été théorisée par Oliver Williamson à travers la théorie des coûts de transaction : une firme qui doit se fournir en matières premières ou en produits intermédiaires a intérêt à se détourner des marchés et à internaliser ses productions si les coûts de transaction sont trop importants et si les coûts de contrôle sont faibles.

L'augmentation des coûts de transaction conduit donc à des modes d'internationalisation de plus en plus forts : les exportations, puis les modes de production internationaux sans participation au capital comme les licences, les franchises, et en dernier les IDE, qui aboutissent à l'internationalisation de la production ou des ventes.

3. Une analyse synthétique. La théorie éclectique ou paradigme « OLI » de John H. Dunning (*Explaining International Production*, 1981) synthétise les explications justifiant l'internationalisation des firmes. Selon lui, l'internationalisation des firmes s'explique par trois avantages : l'avantage spécifique de la firme (*ownership specific advantage*), l'avantage à la localisation (*locational advantage*), qui explique le choix d'une localisation sur le marché international pour la réalisation d'activités spécifiques de la FMN, et l'avantage à l'internationalisation (*internalisation advantage*), qui est lié à l'organisation des activités de la FTN à une échelle internationale à l'intérieur d'une structure multinationale. Dans ce cadre théorique, une firme qui possède un avantage productif spécifique et un avantage à l'internalisation s'implantera sous forme d'IDE si elle perçoit dans un pays un avantage à la localisation. S'il n'y a pas d'avantage à la localisation, la firme gardera la maîtrise de la pénétration du marché étranger en y exportant. Si l'entreprise ne possède qu'un avantage spécifique, elle effectuera alors une vente de licence auprès d'une entreprise locale.

B. … tandis que d'autres mettent l'accent sur les innovations et les effets de la crise contemporaine.

1. La recherche et développement est au cœur de l'internationalisation contemporaine. En effet, la part des filiales étrangères dans les dépenses de R&D aux États-Unis, inférieure à 10 % en 1985, atteignait 14 % en 1990 et 16 % en 2007. En France, cette proportion a augmenté de plus de 60 % entre 1986 (11 %) et 1996 (18 %), puis plus modérément pour atteindre 21 % en 2007. Si cette tendance existe dans la plupart des pays de l'OCDE, les pays ne sont pas touchés de la même manière : la part des filiales étrangères dans la R&D représente seulement 5 % au Japon et 40 % au Royaume-Uni. L'origine d'une telle différence tient au fait que les activités de R&D des FTN étrangères sont liées à leurs activités de production dans les pays d'accueil. Or, peu d'entreprises produisent au Japon. Selon Frédérique Sachwald (« Les facteurs de localisation des centres de R&D à l'étranger : le cas de l'Europe », *Économies et sociétés,* n° 41, 2007), les années 2000 sont marquées par la transformation de la localisation des activités de R&D. Alors que les FTN positionnaient essentiellement leur activité de recherche dans les pays à hauts revenus, de nombreuses firmes européennes s'implantent dorénavant en dehors de l'UE sous l'effet d'une double dynamique : la forte croissance des marchés et les investissements réalisés dans la formation et la recherche dans les pays émergents. Le cas de la Chine est emblématique de cette situation. Jusqu'en 2000, les centres de recherche implantés en Chine ont permis de mieux connaître les consommateurs chinois et l'environnement culturel et scientifique du pays. Cela a permis aux FTN implantées de mettre au point des produits adaptés au marché chinois (peu coûteux et résistant à certains climats). Puis, depuis les années 2000, cette capacité d'innovation s'est révélée bénéfique à l'échelle mondiale et le nombre de brevets déposé par les filiales des FTN s'est accru depuis le territoire chinois, marquant le début de l'implantation de filiales de R&D

inventives. Ces filiales s'intégrent alors dans un réseau global d'innovation mis en place par les FTN à l'échelle mondiale.

2. Les effets de la crise actuelle. La crise récente a marqué une pause, plus qu'une rupture, dans la stratégie d'internationalisation des firmes, à la suite de la chute historique du commerce mondial (12,2 % en volume et 22,6 % en valeur). Les flux d'IDE ont quant à eux diminué de 32 % (Cnuced, 2010) pour reprendre légèrement en 2011 (Cnuced, 2011). Ce recul des échanges s'explique par le fait qu'ils dépendent essentiellement du rythme de l'activité et des financements disponibles. Quand les deux s'effondrent, le commerce et les IDE suivent le même mouvement. Comme l'indique Agnès Benassy-Quéré dans *La Lettre du CEPII* n° 291 (2009), la sur-réaction du commerce international par rapport au PIB pendant la crise s'explique en partie par la fragmentation internationale liée à la DIPP, qui conduit mécaniquement à des variations des flux commerciaux plus amples que celles de la production. Si le commerce mondial s'effondre, les échanges intrafirmes chutent considérablement. Mais ce n'est pas la seule explication possible. Pour Lionel Fontagné (*Working Paper Series,* n° 1245, Banque centrale européenne, 2010), les FTN se sont repliées sur leur cœur de métier, ce qui les a conduites à diminuer le nombre de biens produits et les flux commerciaux.

Dans ce contexte international morose, les pays émergents semblent une oasis de croissance et drainent alors les IDE des FTN. La Chine, en particulier, a largement contribué à la reprise du commerce mondial en 2010, ses exportations ayant augmenté de 28 % en volume et ses importations de plus de 22 % (Cnuced, 2010), mais le Brésil et l'Inde sont aussi les nouveaux moteurs de la croissance mondiale et donc des IDE. Comme ces pays sont devenus les ateliers du monde, les FTN implantées localement, mais menant une stratégie de décomposition du processus productif, ont un rôle majeur dans les importations de ces pays, puis dans les exportations. Ainsi, les entreprises étrangères en Chine sont responsables de près de la moitié des importations chinoises en 2007, deux fois plus que dix ans auparavant.

Les stratégies des FTN ont évolué au fil du temps et des évolutions économiques. Au départ, les firmes multinationales étaient primaires et obéissaient à des impératifs d'approvisionnement des usines localisés dans les pays d'origine. Puis elles se sont implantées dans d'autres pays pour bénéficier d'une meilleure compétitivité. Mais cet impératif ne suffit plus à expliquer les échanges et les localisations des FTN. Actuellement, elles se sont constituées en réseaux pour profiter au mieux d'une décomposition des processus productifs qui leur permet de limiter les coûts aux différentes étapes de leur production. En même temps, elles s'implantent de plus en plus dans les pays dans lesquels la croissance est la plus forte afin de bénéficier d'un marché porteur.

Progressivement, les firmes deviennent globales et délocalisent leur production comme leur R&D. Cette situation est inquiétante pour les pays dont les taux de croissance sont faibles, comme les pays européens, et pose la question de l'attractivité des territoires et des politiques menées pour attirer les IDE porteurs de croissance et d'emplois nationaux.

Références bibliographiques

- Patrick Artus et Marie-Paule Virard, *La France sans ses usines*, Fayard, 2011.
- Michel Battiau, *L'Enjeu industriel dans le monde*, Ellipses, 2011.
- Daniel Cohen, *La Mondialisation et ses ennemis*, Hachette littérature, coll. Pluriel, 2004.
- Conférence des Nations unies sur le commerce et le développement (Cnuced), *Rapport 2010*, Nations unies, http://www.unctad.org/fr/docs/dom2011d1_fr.pdf
- Cnuced, *Trade and Development Report*, 2011
- Pierre-Noël Giraud, *La Mondialisation : émergences et fragmentations*, Éditions Sciences humaines, 2008.
- Jean-Marc Huart, *Stratégies des entreprises et efficacité économique*, Bréal, 2002.
- Paul Krugman, *La mondialisation n'est pas coupable. Vertus et limites du libre-échange*, La Découverte, 2000.
- Frédéric Leroy, *Les Stratégies de l'entreprise*, Dunod, coll. Topos, 2008.
- Olivia Montel-Dumont, « Les entreprises dans la mondialisation », *Les Cahiers français*, n° 365, novembre-décembre 2011.

Sujet 10

La place du dollar dans le système monétaire international depuis 1945.

Analyse du sujet

La difficulté du sujet réside dans l'absence de problématique imposée. S'il est évident que le dollar occupe une place centrale dans le SMI depuis 1945, on ne peut pas se contenter d'énoncer une telle évidence. Il faut s'interroger sur les raisons de la place du dollar et sur les évolutions. Le dollar de 1945 est la monnaie d'une puissance mondiale difficilement contestée. Les États-Unis détiennent l'essentiel du stock d'or mondial, ils sont la première puissance financière, commerciale, militaire du monde occidental. Leur situation est très différente quelques décennies plus tard, et pourtant le dollar continue à être au centre du système monétaire et financier international. L'Europe, qui est une puissance économique équivalente aux États-Unis, a construit une monnaie unique. Pourtant l'euro ne représente qu'à peine un quart des réserves mondiales de change, alors que le dollar en constitue encore plus de 60 %. La montée en puissance de la Chine peut laisser penser à une évolution vers un SMI multipolaire, mais on en est encore loin.

Le thème de ce sujet s'inscrit très clairement dans le programme de la seconde année, dans la partie IX consacrée aux « paiements internationaux ». Certains éléments relèvent aussi des points VIII, « l'internationalisation des économies », et X « déséquilibres et politiques économiques et sociales en économie ouverte ».

Il ne s'agit pas seulement de faire une histoire du SMI, mais de réfléchir aux raisons qui font encore du dollar une monnaie incontournable. On peut également s'interroger sur la place des autres monnaies et sur les raisons qui expliquent qu'elles ne parviennent pas à détrôner le dollar.

Plusieurs types de plan sont envisageables selon l'angle choisi pour problématiser le sujet. Nous choisirons ici de centrer le sujet autour d'un paradoxe. Si le dollar est la monnaie d'une puissance incontestée en 1945, le déclin des États-Unis, la montée en puissance de leurs rivaux, n'ont pas réduit nettement la place du dollar dans le fonctionnement du SMI. On cherchera donc les raisons de ce «*privilège exorbitant*» de la monnaie américaine selon une expression de Valéry Giscard d'Estaing en 1964.

Le plan proposé choisit délibérément de consacrer une première partie à des aspects généraux et théoriques concernant le fonctionnement du SMI. Cela s'explique par le fait que la plupart des points qui y sont développés permettent d'expliquer la place du dollar depuis 1945 comme l'incapacité de monnaies rivales à émerger. Ils servent donc de fil conducteur à l'ensemble de la réflexion.

Proposition de corrigé

«*Le dollar est notre monnaie et votre problème*». Cette phrase attribuée à John Connally, secrétaire au Trésor des États-Unis lors de la présidence de Richard Nixon, souligne bien la place occupée alors par le dollar dans le système monétaire international. 40 ans plus tard, le dollar n'est plus la référence officielle du SMI et pourtant son rôle est toujours aussi important. 60 % des réserves de change sont détenues en dollars, des pays importants comme la Chine s'efforcent de maintenir une parité fixe de leur monnaie par rapport au dollar, les cours de la plupart des matières premières sont fixés en dollars… Les fluctuations de la devise américaine au cours des dernières décennies ont été à l'origine de difficultés pour nombre d'autres pays et la politique monétaire des États-Unis pèse de ce fait sur l'économie mondiale.

Il est donc incontestable que le dollar occupe une place centrale dans le SMI depuis la Seconde Guerre mondiale. Mais il ne suffit pas de constater cet état de fait pour comprendre les raisons d'une telle domination alors que la puissance américaine est contestée, que les déficits extérieurs et budgétaires pourraient inciter les détenteurs de dollars à se porter sur une autre devise. L'Europe pèse plus dans les échanges mondiaux que les États-Unis, le poids de la Chine augmente alors que sa monnaie n'est toujours pas librement convertible, l'Allemagne ou le Japon ont été les premiers exportateurs mondiaux sans que leur devise dépasse le rôle de monnaie régionale. La question posée consiste donc à se demander pour quelles raisons la devise américaine reste au cœur du SMI alors que la puissance économique des États-Unis a décliné au cours des dernières décennies.

Nous montrerons que le statut de monnaie internationale dépend d'un ensemble de facteurs qui reflètent la puissance d'une économie, mais lui donnent également un «*privilège exorbitant*» qui renforce sa domination (I). Nous verrons ensuite que la place centrale du dollar depuis 1945 tient autant à la puissance de l'économie américaine qu'à l'incapacité de monnaies rivales à émerger et que la forme du régime de change ne modifie pas fondamentalement les données du problème (II). Alors que le réveil économique de la Chine conduit à une redistribution des rôles, verra-t-on émerger un SMI multipolaire ou au contraire le dollar restera-t-il au centre du système monétaire et financier international (III) ?

I. L'émergence d'une monnaie mondiale est le produit d'une conjonction de facteurs.

A. La monnaie mondiale reflète d'abord la puissance du pays dominant.

1. La suprématie dans les échanges commerciaux et l'importance du stock d'or. La première utilisation d'une monnaie internationale est le règlement des échanges internationaux de biens et services. Si un pays domine les échanges internationaux, il est logique que sa monnaie soit utilisée pour la fixation des prix des produits et qu'elle serve comme unité de règlement. Il est alors fréquent qu'elle serve également pour payer les échanges, y compris ceux qui ne concernent pas directement son pays d'origine.

Dans le système monétaire de l'étalon-or, la quantité d'or détenue par un pays, qui représente une garantie de la valeur de la monnaie, est également un élément clé de la domination d'une monnaie. À ce titre, les États-Unis de 1945, qui détiennent les deux tiers du stock d'or mondial, réunissent les conditions pour que le dollar soit la monnaie internationale de référence.

2. L'enseignement de l'histoire. Au cours de la seconde moitié du XIXe siècle, la Grande-Bretagne a dominé les échanges internationaux. Elle est l'atelier du monde et œuvre pour le développement du libre-échange. Dans le dernier tiers du XIXe siècle, la plupart des grands pays se convertissent à l'étalon-or et la livre sterling devient la monnaie des échanges internationaux et également la monnaie de réserve de nombreux pays. Si les États-Unis sont devenus la première puissance économique mondiale dès le début du XXe siècle, ils ne pèsent pas encore suffisamment sur les échanges internationaux pour que leur monnaie s'impose. Même si leur stock d'or s'est considérablement accru avec la Première Guerre mondiale, toute la période de l'entre-deux-guerres est marquée par l'incapacité des États-Unis à faire du dollar la monnaie de référence et par la volonté de l'Angleterre de maintenir le rôle central de la livre.

La situation est très différente après 1945 : les États-Unis jouent un rôle important dans les échanges en raison des difficultés des pays européens et des besoins de la reconstruction. Ils détiennent également les deux tiers du stock d'or mondial, ce qui fait du dollar une monnaie *« as good as gold »*.

B. Mais il y a des conditions supplémentaires… qui attribuent un privilège exorbitant au pays émetteur et renforcent sa domination.

1. Le dilemme de Triffin et le besoin de liquidité mondiale : la nécessité d'un déficit des paiements. En 1960, dans *L'Or et la crise du dollar*, Robert Triffin montre que le double statut de monnaie nationale et internationale conduit à un dilemme. Si le pays émetteur de la monnaie mondiale connaît un excédent de ses paiements, sa monnaie est très demandée, solide, mais le monde souffre d'une pénurie de liquidités. Si le pays émetteur est en situation de déficit extérieur, sa monnaie tend alors à se déprécier, mais le SMI dispose de liquidités abondantes.

2. L'existence d'un marché financier liquide et profond… pour placer les excédents. La situation de déficit extérieur chronique du pays émetteur de la monnaie mondiale se traduit par la constitution d'excédents pour d'autres pays. Ils peuvent alors détenir des réserves libellées dans cette devise et se portent acquéreurs de titres (obligataires souvent). Pour cela il est nécessaire que le pays émetteur de la « monnaie mondiale » dispose d'un marché financier profond et liquide. Un marché est profond si on peut y acheter ou vendre de grandes quantités sans effet majeur sur les prix ; un marché est liquide si on peut y acheter et vendre rapidement sans effet majeur sur les prix. Cette contrainte limite évidemment la possibilité pour des pays de contester le statut de monnaie internationale.

3. Le privilège exorbitant. Le statut de monnaie internationale confère un privilège particulier au pays émetteur. Il peut régler ses dettes extérieures, financer ses déficits, en créant sa propre monnaie. C'est une situation qu'aucun autre pays ne peut obtenir. Valéry Giscard d'Estaing parle en 1964 de «*privilège exorbitant*» pour qualifier cet avantage conféré à une monnaie et qui renforce le pouvoir du pays qui domine le SMI. On retrouve la même idée lorsque Jacques Rueff écrit: «*C'est ainsi que l'étalon de change-or a accompli cette immense révolution de livrer aux pays pourvus d'une monnaie bénéficiant d'un prestige international le merveilleux secret du déficit sans pleurs, qui permet de donner sans prendre, de prêter sans emprunter et d'acquérir sans payer*» (*Le Péché monétaire de l'occident*, 1971).

II. Le dollar au cœur du SMI : de la domination par absence de rivaux… à la domination par l'incapacité des rivaux à s'imposer.

A. «*Le dollar de 1944 est le soleil autour duquel s'organisent les autres monnaies satellites*» (Henri Bourguinat).

1. Le SMI de Bretton Woods consacre la suprématie du dollar. La conférence de Bretton Woods (juillet 1944) place le dollar au cœur du système monétaire international. La puissance du dollar, considéré comme «*as good as gold*», traduit le poids de l'économie américaine dans le monde et le fait que les États-Unis détiennent les deux tiers du stock d'or mondial. Le dollar est convertible en or, sur la base de 35 dollars l'once. Si la possibilité d'un système bicéphale, avec la livre sterling comme autre pilier, est envisagée, l'impossibilité du retour de la livre à la convertibilité or, en juillet-août 1947, renforce le rôle central du dollar. La même année, le secrétaire au Trésor, John Snyder, annonce que les États-Unis échangeront des dollars contre de l'or, à la parité officielle, à toute banque centrale qui le demandera. Selon Jean Denizet, cette décision, prévue par les accords de Bretton Woods, transforme de fait le système en un étalon-dollar. Les États-Unis ne sont plus tenus de maintenir la parité de leur devise et les banques centrales des autres pays s'efforcent simplement de maintenir leur taux de change par rapport au dollar.

2. La montée des déséquilibres ne met pas fin à la suprématie du dollar. Le SMI de Bretton Woods ne fonctionne correctement que pendant une courte période et le dilemme de Triffin est rapidement visible. La fin des années 1940 est marquée par une pénurie de dollars : le « *dollar gap* ». Les excédents extérieurs américains renforcent la confiance dans le dollar, monnaie des échanges et des réserves… mais conduisent à une pénurie. L'aide Marshall et les investissements des FMN américaines alimentent ensuite les marchés mondiaux en dollars pendant les années 1950, permettant au système de fonctionner. Au cours des années 1960, la situation se transforme et l'autre face du dilemme apparaît. L'émission très importante de dollars permet aux États-Unis de financer le déficit du budget, les investissements des multinationales, les dépenses militaires et spatiales… mais provoquent une perte de confiance dans la monnaie américaine. Si les États-Unis arrivent à empêcher la conversion des dollars en or, c'est souvent grâce à leur puissance diplomatique ou militaire dans le contexte de la guerre froide. À ce titre, les « bricolages » permettant d'assurer la convertibilité du dollar en or (Pool de l'or en 1961, double marché de l'or en 1968) ne font que repousser le problème et s'expliquent par la pression des États-Unis sur leurs alliés.

3. L'absence de rivaux. La suprématie du dollar s'explique également par l'absence de rivaux ou par le refus de certains de jouer ce rôle. Les monnaies traditionnellement rivales du dollar ne sont pas en mesure de lui contester sa primauté. La livre sterling a tenté de revenir à la convertibilité-or en juillet 1947, grâce à un prêt consenti par les États-Unis. Mais les pays qui détenaient des livres ont immédiatement demandé leur conversion en or ou en dollars et cette expérience symbolise la fin du rôle international de la livre. Le franc français n'est pas convertible avant 1958 et les demandes réitérées de conversion des dollars en or sont surtout des effets de manche et n'ont pas de conséquences majeures sur les finances internationales. Les pays qui montent en puissance, Japon ou Allemagne fédérale, ne sont pas prêts à voir leur monnaie assumer un rôle international. Cela supposerait une réévaluation de leur devise, qui pénaliserait leurs exportations et pèserait sur leur croissance. Ils préfèrent accumuler des excédents commerciaux… et des réserves en dollar. Ceci explique largement que le système de Bretton Woods ait pu perdurer jusqu'en 1971. De même, à la suite du coup de force américain que représente la déclaration d'inconvertibilité du dollar en or, le 15 août 1971, les tentatives pour reconstruire des changes fixes laissent la part belle au dollar. Les accords de Washington de décembre 1971 organisent le SMI autour du dollar. Les Européens tentent bien de mettre en place le Serpent monétaire en 1972, mais il ne fonctionne pas correctement et se transforme progressivement en zone mark.

B. La généralisation des changes flottants n'a pas réduit le rôle du dollar.

1. Les effets attendus des changes flottants : trouver la vraie valeur des monnaies. L'adoption des changes flottants, au cours des années 1970, est à la fois le symbole de l'échec du SMI antérieur et le moyen de construire un SMI dans lequel le dollar joue un rôle moins important. On attend des changes flottants qu'ils permettent de trouver la « vraie » valeur des monnaies, celle qui permet de résorber les déficits et les excédents courants. Leur disparition permettrait de réduire les réserves liées à l'accumulation d'excédents, tandis que le fait que les banques centrales n'aient plus à défendre les taux de change limiterait les réserves nécessaires.

2. Mais le dollar reste au cœur du système. L'adoption des changes flottants n'a en rien réduit le poids du dollar dans le SMI. Il représente encore plus de 60 % des réserves des banques centrales et il reste la monnaie de facturation des échanges commerciaux internationaux. Quant aux déséquilibres des paiements, ils n'ont pas disparu. Dès les années 1970, le rôle du dollar dans un SMI en flottement s'affirme comme essentiel. Alors que le dollar est au plus bas au début de 1973, le choc pétrolier conduit à une demande forte en dollars, les pays de l'OPEP facturant leur pétrole dans cette devise. Puis les fluctuations de la politique monétaire américaine provoquent des variations dans le taux de change du dollar, mais ne remettent pas en cause son poids dans les réserves. À une politique de dollar faible succède, dès 1979, une politique de dollar fort, s'appuyant sur des taux d'intérêt élevés et provoquant une flambée de la devise par rapport à toutes les autres monnaies. Les conséquences ont été très importantes pour de nombreux pays et ont en particulier participé au développement de la crise de la dette en Amérique latine. Lorsque le dollar fort commence à peser trop lourdement sur l'économie américaine, les États-Unis acceptent de le faire baisser. Ce sont les accords du Plaza (septembre 1985), suivis quelques mois plus tard des accords du Louvre (février 1987) destinés cette fois à le stabiliser.

3. Un poids accentué par la montée des déséquilibres. L'émergence de nouveaux pays industriels, visible particulièrement avec le décollage chinois, a renforcé les déséquilibres des paiements. Les énormes déficits américains sont compensés par des excédents et l'accumulation de réserves dans d'autres pays. Après le Japon et l'Allemagne dans les années 1970 et 1980, ce sont les pays pétroliers et la Chine qui ont pris le relais. On retrouve ici le privilège exorbitant dénoncé dans les années 1960. Grâce à leur monnaie, les États-Unis ont les moyens de faire financer leurs déficits. Ces réserves colossales existent pour des raisons différentes. Pour les pays pétroliers, elles correspondent à la captation d'une rente, dans un contexte de hausse des prix des matières premières. S'ils ne convertissent pas ces dollars, en euros par exemple, c'est également pour ne pas froisser leur allié militaire américain qui assure en partie leur sécurité (Arabie saoudite, Koweït, EAU...). Pour la Chine, c'est le résultat d'une sous-évaluation du renminbi, favorisant les excédents commerciaux, et c'est également la condition nécessaire pour pouvoir faire face à leurs achats de biens et services. L'absence de convertibilité de leur monnaie rend nécessaire la détention de réserves. Pour se procurer des biens et services à l'étranger, il faut avoir de quoi les payer. La conséquence de tous ces phénomènes est que le dollar reste la monnaie centrale du SMI, alors même que le poids économique américain décline dans l'économie mondiale. La montée en puissance des pays émergents renforce paradoxalement les besoins en dollars.

III. Vers un déclin du dollar et un monde multipolaire ?

A. Les rivaux potentiels.

1. L'euro : une monnaie sans État. La construction de la monnaie unique européenne a pu laisser penser que l'euro pourrait devenir une alternative au dollar. De fait, la zone euro exporte plus que les États-Unis et l'euro représente plus du quart des réserves de changes mondiales (du moins celles dont la composition est connue puisque de nombreux États ne les déclarent pas), contre à peine 15 % en 2000. Les réserves en euros ont toujours été plus importantes que la somme cumulée des devises ayant donné naissance à l'euro. Le franc ne représentait qu'1 % des réserves et le mark 11 % en 1998. La zone euro est apparue comme une zone de stabilité monétaire dans les années 2000, alors que de nombreux pays commercent avec elles et ont donc avantage à libeller leurs échanges dans sa devise. L'appréciation importante de l'euro face au dollar a également incité certains pays, en particulier parmi les pays émergents et les exportateurs de pétrole, à l'intégrer davantage dans leurs réserves de change. Mais la crise financière a mis en évidence les difficultés de la zone euro et les problèmes rencontrés par une « monnaie sans État ». Cela pose une question fondamentale concernant la monnaie mondiale. Elle traduit la puissance économique, financière et politique d'un État. Or, si la zone euro remplit les deux premières conditions, la troisième n'est pas réalisée. De plus, pour qu'une monnaie devienne monnaie de réserve, il est nécessaire que le pays émetteur dégage des déficits de paiement, soit par ses échanges, soit parce qu'il investit ou prête largement à l'extérieur. Or, la zone euro n'est pas les États-Unis. Elle est globalement à l'équilibre pour ses échanges extérieurs, et le reste du monde ne paraît pas prêt à financer d'éventuels déficits publics ou privés.

2. Le renminbi : une monnaie avec trop d'État. Pour le renminbi, la situation est très différente de l'euro. Les conditions économiques et financières de l'internationalisation ne sont pas encore réalisées. L'accès aux marchés financiers, la constitution de marchés des capitaux profonds et liquides, la liberté de conversion de la devise… sont des conditions nécessaires à l'extension du rôle international du yuan-renminbi. Si la Chine envisage de rendre sa monnaie convertible d'ici 2020 et de faire de Shanghai une grande place financière mondiale, c'est dans le cadre d'un processus très lent et qui suppose une réorientation de la politique économique du pays. Pour l'instant, l'État contrôle très largement les flux financiers, n'autorise la convertibilité qu'avec parcimonie, de manière à orienter les investissements dans les secteurs jugés les plus prometteurs. Une internationalisation du yuan remettrait trop largement en cause le modèle de développement pour que cela se fasse dans un avenir proche.

3. Les DTS. Les droits de tirage spéciaux ont été créés en 1969, comme substitut à l'or et au dollar alors en pleine crise, mais ils ne représentent en 2010 que 3,5 % des réserves de change. Leur émission est du ressort du FMI et ils ne sont pas une devise, mais simplement une promesse de conversion en devises. Leur valeur est définie par rapport à un panier de quatre devises (dollar, livre, euro, yen). Face à la crise financière, le FMI a alloué de nouveaux DTS en 2009 et la Chine, le Brésil et la Russie, évoquant un contexte de « guerre des monnaies », affirment vouloir donner davantage de place aux DTS au sein du SMI. Une telle hypothèse peut présenter des avantages : moindre risque de voir l'actif se déprécier, renforcement du rôle du FMI dans la fourniture de liquidité mondiale, remplacement d'une monnaie « nationale » au cœur du SMI par un actif « international ». Mais leur développement supposerait une plus grande coordination des politiques des grandes banques centrales, une réforme des statuts du FMI de manière à rendre plus souple les allocations de DTS, ainsi que la création de véritables marchés sur lesquels ils s'échangeraient.

B. Quels scénarios pour les prochaines années ?

1. Le dollar conserve sa place car personne n'a intérêt à son éviction. La place centrale du dollar présente des avantages pour les autres puissances. La libre convertibilité du yuan impliquerait son appréciation, ce que la Chine ne voit pas forcément d'un bon œil car elle pénaliserait ses exportations. D'autre part, on est dans un véritable « *équilibre de la terreur monétaire* », comme l'a écrit Lawrence Summers dès 2004. La Chine détient d'énormes réserves en dollars. Si elle les vend, elle peut provoquer un effondrement de la valeur de la devise américaine… Mais cela réduirait considérablement la valeur de ses actifs libellés en dollars et elle n'a certainement pas intérêt à les voir se déprécier. La montée de la demande de ressources fossiles, dans un contexte de forte croissance des pays émergents, provoque un accroissement des réserves en dollars des pays pétroliers, qui n'ont pas non plus intérêt à voir la valeur de leurs réserves s'effriter.

2. Le krach du dollar et son remplacement par une autre devise. Un krach pourrait se produire si les opérateurs sur les marchés étaient pris d'un mouvement de panique sur le dollar. Une perte de confiance soudaine, aggravée par les phénomènes mimétiques inhérents aux marchés financiers, pourrait provoquer le krach. Mais on peut imaginer que dans ce contexte la Fed ne resterait pas inactive. Elle interviendrait pour soutenir le dollar et il est probable que d'autres banques centrales l'aideraient dans cette tâche, pour éviter la perte de valeur de leurs réserves. Un tel scénario paraît peu crédible, mais pourrait arriver si les déficits budgétaire et extérieur américains se maintiennent à des niveaux insoutenables. Il faudrait cependant qu'une autre monnaie présente une alternative crédible, ce qui n'est pas actuellement le cas.

3. Un rééquilibrage du poids des monnaies et la constitution d'un SMI multipolaire. Le mouvement entamé depuis quelques années de « réindustrialisation » des États-Unis devrait réduire leur déficit des échanges de biens et services. Couplé à la montée en gamme des produits chinois, qui obligerait la Chine à recentrer son économie vers le marché intérieur, cela devrait provoquer un rééquilibrage des échanges mondiaux et réduire l'accumulation de devises dans les pays émergents. On pourrait ainsi voir apparaître un monde tripolaire, à la croissance en partie autocentrée, et qui ne reposerait plus nécessairement sur les déséquilibres de paiement. Les pays pétroliers auraient alors intérêt à diversifier davantage leurs réserves, en proportion du commerce qu'ils effectuent avec chacune des zones. Cela supposerait un accroissement de leurs réserves en euros et en yuans devenu convertible.

Le dollar est incontestablement au cœur du système monétaire international depuis la Seconde Guerre mondiale. Il a succédé à la livre sterling qui avait dominé le siècle précédent. Mais, comme celle de la Grande-Bretagne avant elle, l'économie américaine marque le pas au début du XXIe siècle et la fin du règne du dollar est peut-être proche. La montée en puissance de pays émergents, au premier rang desquels la Chine, mais également le Brésil ou l'Inde, provoque des déséquilibres dans les paiements internationaux et a conduit à une accumulation de réserves en dollars dans ces pays, tandis que les déficits américains se creusent. La construction monétaire européenne a fait de l'euro une alternative crédible au dollar qui pèse aujourd'hui presque 25 % des réserves de change. La transition semble donc possible vers un système monétaire international multipolaire dans lequel trois devises domineraient : le dollar, l'euro, le yuan-renminbi. Mais ce SMI n'existera pas avant une ou deux décennies. La transition ne se fera que progressivement et elle suppose que la Chine développe ses marchés financiers et que l'Europe renforce sa cohérence monétaire.

La lenteur des ajustements dans le domaine monétaire explique que l'hégémonie d'une nation se poursuive dans ce domaine bien au-delà de sa domination économique et commerciale. Selon Charles Kindleberger, un marché mondial ouvert, un SMI stable, une sécurité collective… sont des biens collectifs mondiaux et chaque pays a intérêt à leur existence. Le leader offre ces biens collectifs mais le système n'est stable que lorsqu'une puissance a les moyens de son hégémonie. Cela explique, selon Immanuel Wallerstein, que l'hégémonie se construise et se défasse dans le même ordre : production, commerce, finance. La domination anglaise s'est poursuivie dans les échanges, puis dans le SMI, alors qu'elle n'était déjà plus l'atelier du monde. Dans cette optique, la domination américaine sur le SMI pourra continuer quelque temps alors que d'autres zones dominent déjà la production et le commerce international.

Références bibliographiques

- Barry Eichengreen, *Un privilège exorbitant. Le déclin du dollar et l'avenir du système monétaire international*, Odile Jacob, 2011.
- Agnès Bénassy-Quéré, Emmanuel Farhi, Pierre-Olivier Gourinchas, Jacques Mistral, Jean Pisani-Ferry, Hélène Rey, *Réformer le système monétaire international*, Conseil d'analyse économique, septembre 2011.
- Agnès Benassy-Quéré, Jean Pisani-Ferry, « Quel système monétaire international pour une économie mondiale en mutation rapide ? » Document de travail du CEPII, mars 2011.
- « Dollar : fin de règne ? », *Revue d'économie financière*, n° 94 (1-2009) Toute une série d'articles sur l'histoire de du rôle du dollar : http://www.aef.asso.fr/parution.jsp?prm = 52520. Article disponible en ligne en créant un compte gratuit.
- Michel Lelart, *Le Système monétaire international*, coll. Repères, La Découverte, 2011.
- Anton Brender, Florence Pisani, *Les Déséquilibres financiers internationaux*, coll. Repères, La Découverte, 2007.

Sujet 11

Le commerce international est-il dû à des différences économiques entre les pays ?

Analyse du sujet

Le sujet ne porte pas sur toutes les dimensions des relations économiques internationales, puisque les mouvements internationaux de facteurs de production sortent du cadre du sujet. Il faut donc se centrer sur les échanges de produits, c'est-à-dire dans le commerce international, pour l'essentiel des biens même si le commerce de services peut être évoqué.

Le sujet ne pose pas de bornes temporelles si bien que l'on peut faire référence à des situations anciennes, au moins en introduction, sans toutefois oublier que la notion de commerce « international » invite à se placer dans une perspective essentiellement contemporaine, depuis que le monde est divisé en nations. Le « grand commerce », de l'Antiquité à l'époque moderne, ou le « commerce colonial » jusqu'au milieu du XXe siècle ne doivent donc pas faire l'objet de longs développements. Le propos se concentre, dans le traitement proposé ensuite, sur l'analyse du commerce international des dernières décennies, même s'il suit parfois des racines historiques plus longues qui permettent d'éclairer les dynamiques contemporaines.

Proposition de corrigé

Pour expliquer le développement des échanges entre les hommes, Adam Smith nous rappelle dans la *Richesse des Nations* (1776) que « *la maxime de tout chef de famille prudent est de ne jamais essayer de faire chez soi la chose qui coûtera moins à acheter qu'à faire. Le tailleur ne cherche pas à faire ses souliers, mais il les achète du cordonnier ; le cordonnier ne tâche pas de faire ses habits mais il a recours au tailleur [...] Tous deux trouvent plus de bénéfice à acheter l'un de l'autre, que de faire eux-mêmes ce qui ne concerne pas leur aptitude particulière*». Transposant cette analyse à l'échelle internationale, il explique que la complémentarité des avantages de chacun favorise un essor des échanges entre tous. Ainsi ce sont des différences enrichissantes entre les hommes ou entre les pays qui les poussent à commercer. La découverte de l'Amérique et de ses richesses et produits nouveaux a développé au XVIe siècle un commerce atlantique, après que l'Europe médiévale eut cherché à approfondir un grand commerce avec l'Orient pour se procurer des produits à l'exotisme attrayant. Plus récemment, jusqu'au début du XXe siècle, les échanges avec les colonies se fondaient en grande partie sur ces complémentarités nées des différences entre les productions des diverses régions du monde.

Depuis la fin de la Seconde Guerre mondiale, les nations se sont ouvertes aux échanges internationaux de biens et de services jusqu'à atteindre, depuis les années 1970, des taux d'ouverture inédits dans l'histoire contemporaine. L'intensification des relations commerciales est particulièrement spectaculaire entre les pays européens puisque plus d'un quart de la production réalisée dans chacun de ces pays est en moyenne exportée essentiellement vers d'autres pays d'Europe. Néanmoins, les différences économiques entre pays européens apparaissent moins marquées que celles qui existent avec d'autres pays géographiquement proches, comme ceux d'Afrique du Nord ou du Proche-Orient, avec lesquels les échanges sont moins intenses en dépit de barrières douanières généralement faibles. Comment expliquer cet apparent paradoxe qui découle du constat que des pays assez semblables par leur développement économique, leur niveau et leur mode de vie, forment le foyer le plus intense du commerce international ? Faut-il pour autant abandonner l'idée que ce sont les complémentarités entre zones géographiques qui suscitent des échanges entre pays ? Peut-on au contraire considérer que des similitudes économiques peuvent faciliter l'apparition d'un commerce international ?

Force est de constater, ce qu'il faudra aussi expliquer, que la circulation internationale des biens et des services s'est surtout développée entre les pays riches, laissant en réalité une partie de la planète à l'écart de la « mondialisation » des échanges (I). Ceci n'empêchera pas de remarquer qu'une partie du commerce international est effectivement alimentée par des différences assez nettes entre les systèmes productifs nationaux (II), qui trouvent parfois leurs fondements dans des histoires économiques nationales spécifiques et en particulier dans certaines politiques publiques menées dans le passé par certains États (III).

I. Le commerce international s'est surtout développé entre des pays économiquement assez similaires.

A. Le commerce international s'est surtout développé entre les pays riches.

1. Les flux commerciaux internationaux se concentrent entre les pôles de la Triade et au sein de ces pôles, laissant de côté les pays les plus pauvres de la planète. D'après l'OMC, en 2004, les pays de la Triade (pays développés, Chine, Malaisie et Thaïlande) réalisent entre eux 71 % du commerce mondial. En 2000, avant même l'élargissement de l'Union européenne aux anciens pays communistes d'Europe centrale, les quinze pays de l'UE réalisaient entre eux 61 % de leurs échanges internationaux. On aurait cependant tort de penser que le commerce se développe surtout entre pays économiquement similaires puisque ce principe ne s'applique qu'aux pays développés; les pays pauvres ne commercent pas principalement entre eux, mais avec les pays riches. À l'exemple des pays d'Amérique latine qui ne réalisent en 2000 qu'un quart de leur commerce extérieur avec d'autres pays d'Amérique latine. Conséquence de la concentration des échanges internationaux au sein de la Triade, les pays d'Amérique latine ou d'Afrique représentent environ, pour chaque ensemble, 5 % ou moins du commerce mondial: la puissance productive d'un pays détermine son poids dans les échanges internationaux.

2. La structure des échanges extérieurs de la France est illustrative d'un commerce surtout présent entre des pays économiquement similaires. Les principaux partenaires commerciaux de la France sont l'Allemagne, l'Italie, l'Espagne, la Belgique, le Royaume-Uni. En 1998, La France réalisait 50 % de son commerce extérieur avec ces pays et 46 % en 2008. La spectaculaire montée de la Chine dans le commerce mondial (1 % du commerce mondial en 1980 et 10 % en 2010) n'empêche pas la France d'effectuer 70 % de ses échanges avec d'autres pays développés. Le poids de la Chine dans le commerce extérieur français est passé de 1,7 % en

1998 à 4,6 % en 2008. Si les produits « *made in China* » semblent encombrer les rayons de nos magasins, en réalité les échanges entre la France et la Chine, pays économiquement très différent du nôtre, sont deux fois moins importants que ceux entre la France et la Belgique, deux pays économiquement très similaires. Et ce, même si le PIB chinois représente en 2008 8 % du PIB mondial, alors que le PIB de la Belgique équivaut à 0,8 % du PIB mondial seulement.

B. Les explications à l'intensité des échanges commerciaux entre des pays relativement semblables.

1. Les firmes développent des stratégies visant à écouler leurs produits sur les importants marchés des pays riches. James Brander et Paul Krugman (1983) ont analysé le commerce international par le prisme de la concurrence oligopolistique (type modèle de Cournot) : des firmes se développent à une échelle internationale et commercialisent leurs produits sur des marchés similaires. Cela permet d'expliquer la part importante du commerce international de produits homogènes entre des pays économiquement similaires. En situation de duopole, chaque firme dispose d'une rente de monopole sur son marché domestique, ce qui attire le concurrent étranger. L'équilibre du duopole aboutit à ce que chaque firme cède une partie de son marché domestique à une firme étrangère, les parts de marché des producteurs domestiques et étrangers étant fonction des coûts de transport. Les conclusions du raisonnement en duopole peuvent être transposées pour des situations plus générales d'oligopoles : si le marché domestique est aux mains de quelques producteurs réalisant des superprofits, les producteurs étrangers sont incités à y exporter afin de prendre des parts de marché pour capter une part de cette rente. Dans le cas où le marché domestique est contestable, arrivent alors de l'étranger des produits similaires à ceux des firmes nationales.

2. Les comportements des consommateurs des pays riches favorisent l'essor du commerce intrabranche. Les nombreuses analyses en termes de concurrence monopolistique soulignent que les firmes essaient de différencier leurs produits pour capter l'intérêt des consommateurs, s'appuyant sur la diversité des goûts au sein d'une population. Cela favorise un accroissement des échanges entre pays similaires. On peut ainsi mieux comprendre l'intensité des échanges entre la France et l'Allemagne sur des produits comme l'automobile ou les biens alimentaires. Plus généralement, le commerce intrabranche représente 50 % du commerce entre les PDEM. Les pays ayant des niveaux de revenus par habitant proches ont des demandes similaires. Cette proximité des comportements de demande permet aux entreprises d'exporter vers des consommateurs semblables (Staffan Linder, 1961). Selon Bernard Lassudrie-Duchêne (1971), cela répond à une demande de différence de la part des consommateurs qui souhaitent chacun une plus grande variété de produits (approche type néo-Chamberlin). Quant à Kelvin Lancaster (1980) il insiste sur l'hétérogénéité plus que sur la multiplicité des goûts des consommateurs, ce qui explique aussi l'essor des échanges intrabranches (approche type néo-Hotelling) entre pays riches.

II. Pour autant les différences de conditions de production contribuent à expliquer une partie des échanges internationaux.

A. Les différences de spécialisations peuvent expliquer une partie des échanges internationaux.

1. Les différences économiques entre les pays peuvent susciter les échanges commerciaux. Un pays a intérêt à échanger avec un autre pays si les consommateurs du premier pays peuvent se procurer pour un prix inférieur des produits auprès de producteurs du pays étranger plutôt que de producteurs domestiques, et à condition que, symétriquement, des consommateurs du deuxième pays aient intérêt à se fournir auprès de producteurs du premier pays. De sorte que sur le long terme le solde des échanges entre ces pays soit plus ou moins équilibré. L'analyse de Ricardo (1817) en termes d'avantages comparatifs soulignait bien que ces différences entre pays étaient puissamment incitatrices au développement d'un commerce entre eux dans l'intérêt de chaque population. En poussant au maximum la logique du raisonnement, chaque pays a intérêt à concentrer ses capacités productives dans les domaines où il est plus efficace et à importer tous les autres produits. L'idéal étant que chaque pays ait une activité de prédilection différente de celle des autres. La spécialisation et l'échange sont dès lors des facteurs de croissance de la production et de la consommation à l'échelle mondiale. Bien sûr, les différences de dotation en ressources naturelles entre pays peuvent pousser à des spécialisations différentes. Pour les produits manufacturés, les travaux d'Eli Hecksher (1919) et de Bertil Ohlin (1933) soulignent que les écarts d'avantages comparatifs peuvent provenir de dotations factorielles différentes en capital et travail. Un pays aura tendance à se spécialiser dans des activités qui nécessitent en abondance dans les combinaisons productives un facteur dont il est largement doté.

2. Les illustrations empiriques dans les échanges internationaux. Les échanges interbranches entre pays différents et la DIPP. Depuis les dernières décennies, l'Asie orientale est spécialisée dans les activités intensives en travail, en particulier dans le textile ou l'électronique ; l'Asie du Sud dans le textile et l'agroalimentaire ; le Japon et la Corée dans la mécanique, l'automobile et l'électronique. Les différences de dotations en ressources naturelles sont un déterminant significatif du commerce international : le Moyen-Orient ou la Russie sont spécialisés dans les énergies fossiles, l'Australie et la Nouvelle-Zélande dans les ressources primaires (y compris agricoles). On remarque que les échanges interbranches sont plus forts entre des pays différents ; ainsi les pays d'Afrique ou d'Amérique latine ont-ils un commerce interbranche très développé avec les PDEM. Par ailleurs, les stratégies des firmes multinationales de localisation de la production sont en partie fonction des avantages comparatifs de chaque pays, comme en témoigne l'implantation accrue de l'assemblage automobile dans les pays où la main-d'œuvre est bon marché, alors que la conception des véhicules et la fabrication des composants complexes se font encore souvent dans les pays plus avancés.

B. Les différences technologiques entre pays suscitent un commerce international.

1. L'écart technologique entre les pays est un facteur de complémentarité et donc de développement des échanges. Comme le soulignait Michael Posner (1961), les écarts technologiques importent et pas seulement les écarts de dotation factorielle pour comprendre les échanges internationaux. Ceci est confirmé par les études de Keesing (1962) qui relient performances à l'exportation et effort de R&D : les pays qui innovent acquièrent une avance technologique qui leur permet d'exporter leurs produits innovants sur les marchés étrangers. Selon Raymond Vernon (cycle du produit, 1966), tout d'abord le produit innovant apparaît plutôt aux États-Unis et est peu l'objet de commerce entre pays. Puis les exportations vers les PDEM se multiplient, et le marché s'étend car les producteurs cherchent à réaliser des économies d'échelle et vendent donc en masse. Enfin, le produit se banalisant, il est produit dans les PVD. Selon Vernon (1979), la durée du cycle de vie des produits a tendance à se raccourcir. L'innovation, qui était dans le modèle initial limitée aux États-Unis, se développe aussi dans les autres PDEM où l'effort de R&D est important, notamment au Japon. La hiérarchisation des intensités capitalistiques selon les zones reflète les différences de dotations en travail qualifié et en capacité technologique. Les PDEM exportent vers les PVD des produits intenses en capital, travail qualifié et technologie, alors qu'ils importent des produits intenses en main-d'œuvre non qualifiée.

2. Il existe des différences de niveaux de gammes entre les produits des pays avancés et ceux fabriqués dans les NPI. Les NPI ont une part élevée d'échanges intrabranches dans leur commerce extérieur et donc, en dépit de différences de niveaux technologiques avec les PDEM, peuvent fabriquer des produits similaires. On ne peut donc en rester à la caricature selon laquelle la Chine exporterait des tee-shirts et les PDEM des avions, car des produits technologiques sont présents aussi dans les exportations chinoises. En fait, pour les produits similaires, les différences apparaissent alors sur le niveau de gamme des produits. Par exemple, selon une étude du CEPII, en 2004 32 % des exportations mondiales de produits manufacturés haut de gamme sont réalisés par l'UE, chiffre en hausse, alors que les résultats sont en baisse sur les segments bas de gamme. L'évolution de la Chine est inverse, ses parts de marché progressent au début du XXIe siècle sur les segments bas de gamme. Ainsi, même si la Chine s'efforce de sortir d'une spécialisation sur les produits de basse technologie selon une démarche de remontée de filières, elle peine à conquérir des parts de marché sur les segments haut de gamme.

III. Les trajectoires économiques particulières de chaque pays et l'attitude variable à l'égard du libre-échange expliquent en partie le commerce international.

A. Les rendements croissants renforcent certaines spécialisations.

1. Les effets d'apprentissage peuvent rendre durables les écarts technologiques. En présence d'effets d'apprentissage, une fois qu'une certaine structure du commerce international est établie, celle-ci peut rester assez stable car les changements de productivité relative confortent cette structure des échanges. La productivité augmente plus vite dans la production des biens dans lesquels le pays s'est spécialisé. Le principe du «*learning by doing*» de Kenneth Arrow (1962) et les effets d'apprentissage des firmes (Paul Romer, 1986) suggèrent que des producteurs bénéficiant d'une antériorité de présence dans une activité peuvent développer au fil du temps des compétences qui les rendent de plus en plus compétitifs. Les producteurs du pays en retard ne peuvent espérer rattraper l'avance des leaders que s'ils ont des facteurs de production assez abondants pour bénéficier de coûts suffisamment bas, ou s'ils sont aidés par des subventions publiques. La persistance de l'écart technologique en dépit des transferts facilités par la mondialisation est une manifestation dans le commerce international de l'absence de convergence absolue des niveaux de vie à l'échelle du globe.

2. Les effets d'agglomération expliquent la concentration d'activités dans certaines zones géographiques. Paul Krugman (1991) a élaboré un modèle pour expliquer la polarisation historique de l'activité industrielle au nord-est des États-Unis. L'industrie se concentre car les firmes ont intérêt à être proches les unes des autres. Chacune d'elles bénéficie d'économies d'agglomération, c'est-à-dire de gains de productivité dans la fabrication résultant de la proximité géographique avec les autres firmes (marché du travail spécialisé, fournisseurs spécialisés, externalités technologiques). Par ailleurs, un des facteurs importants de la localisation des firmes est la proximité de la demande, mais la demande est importante là où les firmes se localisent. De même, la préférence des consommateurs pour la variété attire des firmes fabriquant des biens différenciés, qui à leur tour attirent des consommateurs recherchant la variété. Un choix historique de spécialisation s'amplifie sous certaines conditions (coût de transport faible, économies d'échelle fortes, etc.) grâce à un processus cumulatif qui crée des phénomènes d'agglomération de certaines activités. Par exemple, la spécialisation de la Silicon Valley dans l'informatique est amorcée par l'installation d'une petite entreprise (HP) fondée par deux étudiants à proximité de l'Université de Stanford.

B Les échanges internationaux sont influencés par les choix politiques variables des pays.

1. Les différences de politiques commerciales expliquent une partie des différences de spécialisation des pays. Les politiques commerciales peuvent inciter au développement de certaines activités en protégeant des industries dans l'enfance (Friedrich List, 1841). Par exemple, la politique commerciale des États allemands dans les années 1840, en taxant les importations de rails, a facilité dans cette activité la constitution d'entreprises puissantes capables assez vite d'exporter leur production. L'instauration de barrières douanières élevées aux États-Unis dans la première moitié du XIXe siècle a permis à l'industrie du Nord-Est d'émerger en évinçant les produits britanniques. En dehors de l'industrie, les échanges internationaux de produits agricoles sont avant tout le reflet des priorités politiques accordées à ces activités par certains pays. Le choix politique ancien de l'abolition des Corn Laws en 1846 au Royaume-Uni a entraîné à partir des années 1870 une dépendance durable du pays aux importations de blé.

2. Les écarts de spécialisation entre pays sont en partie le produit des différences de politiques de développement des économies nationales. On remarque ici encore que la structure du commerce international est le reflet des écarts de structures productives internes entre pays. Les politiques publiques agissant sur les structures productives des économies ne sont pas les mêmes selon les pays et les époques. L'activisme industriel ou agricole des autorités publiques peut faire émerger des spécialisations. Par exemple, face à l'interdiction après 1853 par le Japon de mettre en place des barrières douanières, l'industrie des biens d'équipement ne s'est constituée dans ce pays que grâce aux subventions de l'État. Les politiques industrielles menées en Corée du Sud ou à

Taiwan dans les années 1960 et 1970 ont permis à ces pays de faire émerger des industries exportatrices, de plus en plus créatrices de valeur ajoutée, se démarquant de celles des autres pays en voie de développement. Si l'Europe exporte des avions dans le reste du monde, c'est en grande partie le fruit d'une action publique volontariste. Dans un autre domaine, la politique agricole commune menée en Europe depuis les années 1960 permet aujourd'hui à l'Union européenne d'être une puissance agricole exportatrice.

Si la capacité pour un pays à s'insérer dans les échanges mondiaux est une fonction croissante de sa capacité productive, il est dès lors logique que l'essentiel du commerce mondial se déploie entre les principales puissances économiques. Aucun système productif national n'est pour autant exactement identique à celui d'un autre pays, chaque marché intérieur a ses particularités, si bien que les pays sont tous économiquement différents, pour peu que l'on adopte une focale permettant une vue suffisamment fine de la réalité. C'est pourquoi des pays économiquement similaires, comme la France et l'Allemagne par exemple, peuvent entretenir un commerce dynamique, stimulé par des différences mineures, mais qui participent du goût des consommateurs pour la diversité des produits et des stratégies de différenciation des firmes. En outre, des similitudes fortes dans les niveaux de vie et les goûts des consommateurs facilitent la circulation de produits semblables entre des économies de plus en plus interconnectées, telles celles des pays de l'Union européenne.

Les économistes qui suggéraient voilà deux siècles que des différences entre pays pouvaient susciter un commerce mutuellement avantageux avaient cependant découvert un principe qui oriente toujours une partie des flux d'échanges mondiaux. Les avantages comparatifs de chaque pays créent des complémentarités entre territoires dont certaines firmes savent tirer parti pour optimiser les processus productifs sur une base transnationale. Des travaux plus récents ont montré que ces différences entre pays étaient en partie le résultat de trajectoires historiques au cours desquelles certains territoires avaient su bâtir des atouts leur permettant d'exporter durablement certains produits vers le reste du monde.

Références bibliographiques

Manuels

- Jean-Louis Mucchielli et Thierry Mayer, *Économie internationale*, Dalloz, 2010.
- Bernard Guillochon, Anne Kawecki, *Économie internationale, commerce et macroéconomie*, Dunod, 2012.

Travaux centraux pour le sujet par ordre chronologique

- Adam Smith, *Recherche sur la nature et les causes de la richesse des nations*, 1776.
- David Ricardo, *Des principes de l'économie politique et de l'impôt*, 1817.
- Friedrich List, *Système national d'économie politique*, 1841.
- Eli Heckscher, « The Effect of Foreign Trade on the Distribution of Income », *Ekonomisk Tidskrift*, 1919.
- Bertil Ohlin, *Interregional and International trade*, 1933.
- Staffan B. Linder, *An Essay on Trade and Transformation*, 1961.
- Mickael Posner, « International Trade and Technical Change », *Oxford Economics Papers*, 1961.
- Raymond Vernon, « International Investment and International trade in Product Cycle », *Quarterly Journal of Economics*, 1966.
- Bernard Lassudrie-Duchêne, « La demande de différence et l'échange international », *Économies et Sociétés*, juin 1971.
- Kelvin Lancaster, "Intra-Industry Trade under Perfect Monopolistic Competition", *Journal of International Economics*, 1980.
- James Brander et Paul Krugman, « A 'reciprocal dumping' model of international trade », *Journal of International Economics*, 1983.
- Paul Krugman, *Geography and Trade*, 1991.

Sujet 12

La régionalisation économique du monde va-t-elle dans le sens du libre-échange ou du protectionnisme ?

Analyse du sujet

Les accords commerciaux régionaux (ACR) sont en très forte augmentation depuis le milieu des années 1990. S'ils existent déjà dans le cadre du GATT, ils ont considérablement augmenté depuis 1995 et n'ont parfois de régionaux que le nom tant ils concernent des acteurs géographiquement éloignés. C'est la raison pour laquelle l'OMC, dans son *Rapport 2011 sur le commerce mondial*, utilise une nouvelle appellation : accords commerciaux préférentiels.

Leur développement peut s'analyser comme une remise en cause du processus de libéralisation des échanges, mais c'est certainement une vision trop schématique. En effet, ils ne se traduisent pas par une remontée du protectionnisme, mais par des avancées vers le libre-échange dans un cadre qui n'est plus complètement celui du multilatéralisme. Leur développement est peut-être en partie lié à l'échec des négociations commerciales multilatérales (NCM). Les avancées ne se faisant plus dans le cadre des NCM, elles prennent la forme d'accords bilatéraux ou à quelques participants seulement, ou portant sur certains produits.

Le sujet est parfaitement inscrit dans le programme de deuxième année. Il renvoie très précisément à la partie consacrée à « l'internationalisation des économies ».

S'il nécessite de bonnes connaissances sur les ACR, et particulièrement sur le fait qu'ils sont explicitement autorisés par le GATT ou l'OMC, il ne présente pas de difficulté particulière de compréhension. La deuxième partie du libellé invite à se placer dans une dimension historique et à rechercher les différences entre les régionalismes récents et les tendances antérieures.

Le sujet peut s'étudier dans un plan de type dialectique, mais cela conduit à une approche peu nuancée de la question. C'est pourquoi nous proposons ici un plan en trois parties.

Proposition de corrigé

«*Achetez français!*» est devenu en quelques jours, à la fin de l'année 2011, un thème de la campagne présidentielle française. Derrière une argumentation visant à protéger l'emploi, se trouve posée la question du protectionnisme dont la crise économique a accéléré le retour. La tentation est grande d'ériger des barrières douanières ou, plus subtilement, d'élaborer des normes sociales, environnementales, et de taxer les produits qui ne les respectent pas.

Ce retour en force de la pensée protectionniste s'appuie largement sur le constat que de nombreux produits, des marchandises mais également des services, circulent librement. C'est le résultat d'une grande vague de désarmement douanier, qui s'est développée sous l'impulsion du GATT, de 1947 à 1994, puis de l'OMC. Mais si, pour les consommateurs français, les produits étrangers visés viennent essentiellement de Chine ou d'Asie du Sud-Est, une grande partie des concurrents des producteurs français se trouvent dans l'Union européenne. Et certaines productions «bien françaises» sont fabriquées aujourd'hui dans des pays d'Europe de l'Est. C'est le résultat d'une intégration économique forte au sein de l'UE qui est l'aboutissement de soixante ans de construction régionale.

L'Union européenne symbolise la régionalisation des échanges, mais de nombreuses zones économiques régionales, plus ou moins intégrées, sont apparues depuis la Seconde Guerre mondiale. La tendance à la régionalisation s'est accentuée encore depuis les années 1990 avec plus de 300 accords commerciaux régionaux actuellement en vigueur.

Si l'histoire économique assimile largement la régionalisation au protectionnisme, en grande partie en référence à l'entre-deux-guerres qui a connu à la fois un repli protectionniste et la constitution de zones économiques autour des grands pays, il est certainement plus compliqué aujourd'hui d'affirmer que la tendance à la régionalisation du monde reflète un renforcement du protectionnisme. La régionalisation s'est réalisée par développement du libre-échange à l'intérieur de zones et dans un contexte général de désarmement douanier. On peut également penser que le développement des ACR est un moyen de contourner la logique des négociations commerciales multilatérales en réduisant le nombre de participants ou l'objet des discussions, mais aussi une manière de tirer les leçons du blocage des négociations au cours de la dernière décennie.

Nous verrons donc que la régionalisation est un phénomène marquant de la seconde moitié du XXe siècle, qui n'a pas fait reculer le libre-échange (I) ; pour autant rien ne permet d'affirmer que cette tendance se poursuive et il est possible que la régionalisation récente se traduise par une remontée du protectionnisme (II) ; elle peut aussi traduire une alternative à un multilatéralisme dans l'impasse (III).

I. La régionalisation est un phénomène marquant de la seconde moitié du XXe siècle, sans pour autant faire reculer le libre-échange.

A. La montée des régionalismes après le Seconde Guerre mondiale, une rupture avec le passé.

1. Des formes variées de régionalisation… Bela Balassa a proposé en 1961 (*The Theory of Economic Integration*) une typologie des zones régionales reposant sur le degré d'intégration. De la forme la plus simple, la zone de libre-échange, à l'intégration économique et monétaire, il décrit des processus de coopération internationale et de régionalisation des échanges. Si cette typologie correspond assez largement à la construction européenne, elle ne permet pas de caractériser les accords commerciaux régionaux plus récents. Elle supposerait par exemple que l'union douanière entre la Turquie et l'Union européenne représente un niveau d'intégration plus grand que l'Alena qui est un simple accord de libre-échange. D'autres approches, dichotomiques, distinguent des régionalisations de fait ou de droit, ouvertes ou fermées, en profondeur ou superficielles. On peut également analyser les régionalismes à partir d'une typologie triangulaire opposant l'autonomie des marchés, la souveraineté des États et la régulation (Deblock-Brunelle-Rioux) : on met alors en évidence que le modèle européen, qui repose sur une régulation institutionnalisée et l'autonomie des marchés, se distingue nettement de l'Alena fondée sur une autonomie des marchés et une souveraineté des États.

2. … qui s'inscrivent dans le cadre institutionnel du multilatéralisme. Le GATT (1947-1994) puis l'OMC (depuis 1995), bien que garants du multilatéralisme, acceptent les accords commerciaux régionaux. Sur les 505 ACR notifiés à l'OMC en novembre 2011,

367 reposent sur l'article XXIV du GATT qui stipule que le commerce transfrontalier doit être développé, 36 sur la clause d'habilitation permettant de donner des avantages spécifiques aux pays en développement, et 102 sur l'article V de l'AGCS de 1994 qui définit l'intégration économique. Une première vague de régionalisme a lieu à partir des années 1950, essentiellement autour de la construction européenne. Une deuxième grande vague se met en place dans les années 1980 et 1990, avec l'approfondissement de l'intégration européenne, mais également la construction de l'Alena (1992, États-Unis, Mexique, Canada) et du Mercosur (1991, Brésil, Argentine, Paraguay, Uruguay), la signature d'accords entre pays africains (CEDEAO...) et même quelques tentatives en Asie (AFTA). La troisième vague débute dans les années 2000 et concerne largement les pays d'Asie.

3. Une rupture avec le passé. Cette intégration des régionalismes modernes dans le cadre institutionnel du multilatéralisme tranche avec les formes anciennes. La régionalisation des échanges pendant l'entre-deux-guerres s'est par exemple traduite par un fort repli sur des zones économiques, mettant fin à la première mondialisation qui avait pris place à la fin du XIXe siècle. Les accords d'Ottawa (1932) organisent la préférence impériale et le repli de l'Angleterre sur son Empire, tandis que les pays du bloc-or se rassemblent autour de la France et de son Empire, que l'Allemagne étend son influence sur l'Europe centrale *via* des accords de *clearing*, que le Japon structure sa « sphère de coprospérité de la grande Asie orientale » et que les États-Unis concluent des accords bilatéraux avec de nombreux pays d'Amérique latine, le Canada et même la Grande-Bretagne.

B. La régionalisation a contribué au développement des échanges internationaux.

1. La régionalisation comme phénomène précédant le libre-échange. L'histoire économique montre que la régionalisation des échanges peut déboucher sur l'ouverture. C'est le cas du Zollverein de 1834 qui permet de constituer une union douanière autour de la Prusse. Cette union, dans la pure logique du protectionnisme éducateur, va permettre aux États allemands de se développer à l'abri de barrières douanières, surtout ciblées sur certaines productions. « *La protection douanière est notre voie. Le libre-échange est* *notre but*» (Friedrich List). La constitution d'un vaste marché permet de faire jouer la concurrence, de développer les industries en exploitant les avantages comparatifs des membres de l'union, avant de s'affronter à la compétition internationale. La mise en place de politiques communes permet de dégager des synergies, comme dans le cas d'Airbus ou d'Ariane, avant d'affronter la concurrence internationale.

2. Mais certains régionalismes sont clairement tournés vers la substitution d'importations. Il s'agit alors de remplacer les productions importées par des produits fabriqués en interne. On peut même trouver des zones régionales à volonté autarcique comme l'était le CAEM (Conseil d'aide économique mutuelle, regroupant les «démocraties populaires» autour de l'URSS.

3. Création de trafic ou détournement : des situations variées. La question fondamentale est ici celle de la création ou du détournement de trafic, selon la terminologie définie par Jacob Viner en 1950. Une zone régionale peut conduire à un détournement de trafic lorsqu'elle amène des pays à remplacer des produits importés par des produits de la zone, même s'ils coûtent plus cher. En effet, l'instauration d'un droit de douane sur les produits importés peut détourner les flux commerciaux vers l'intérieur. Il peut également y avoir une création de trafic, en interne, grâce à des économies d'échelle ou une division du travail entre les membres. Il peut aussi en résulter une augmentation des échanges internationaux si la croissance économique de la zone la conduit à importer davantage de produits et si ses gains de productivité lui permettent d'exporter plus.

4. Quel bilan ? Les éléments statistiques dont on dispose (*cf.* «Régionalisation et régionalisme», *in Le Commerce mondial*, CEPII 2006) montrent que dans la plupart des cas les ACR génèrent davantage d'effets de création que de détournement. En ce sens la régionalisation ne semble pas traduire une montée du protectionnisme, mais elle est largement la traduction du fait que les pays échangent le plus souvent avec leurs voisins, pour des raisons de proximité culturelle, de coût de transport... Le *Rapport 2011 du commerce mondial* de l'OMC souligne que plus de la moitié du commerce mondial est un commerce intra-ACR, contre 28 % en 1990.

II. La régionalisation contemporaine peut faire craindre une remontée du protectionnisme.

A. L'essor des régionalismes depuis les années 1990.

1. La multiplication des accords... Depuis les années 1990, les ACR ont fortement augmenté. Alors que 123 accords avaient été notifiés au GATT entre 1947 et 1994, plus de 380 accords l'ont été depuis 1995. Au total, plus de 300 accords sont en vigueur en 2011. La quasi-totalité des pays membres de l'OMC participe à au moins un ACR et certains appartiennent à 20 ACR. Les années 1990-2000 ont vu l'entrée en vigueur d'accords importants comme l'Alena (1994), le Mercosur (1991) et l'élargissement de l'Union européenne (1995, puis 2004-2007). On dénombre également de multiples accords liant des zones existantes avec d'autres pays, comme par exemple ceux qui organisent le libre-échange de l'UE avec de nombreux pays (Mexique, Afrique du Sud, Chili, Croatie...), quelques unions douanières comme l'Union douanière d'Afrique australe (2004), mais également des accords bilatéraux de libre-échange (Canada – Costa Rica...) ou visant l'intégration économique (États-Unis – Australie).

2. ... qui n'ont parfois de régionaux que le nom... La dénomination longtemps utilisée par l'OMC, accords commerciaux régionaux, cache en réalité des accords qui ne sont pas « régionaux » au sens géographique. Certes, quelques accords concernent l'élargissement de l'Union européenne, d'autres visent à établir des zones géographiquement déterminées en Amérique latine ou en Asie (particulièrement au cours des dernières années). Cependant, de nombreux accords n'ont rien de « régional ». Lorsque l'Union européenne signe des accords de libre-échange avec l'Afrique du Sud, ou le Chili..., on ne voit pas nettement de logique régionale. Le *Rapport 2011 sur le commerce mondial* introduit d'ailleurs la notion d'accords commerciaux préférentiels (ACPr). La croissance récente des accords correspond à une multiplication des accords asymétriques, entre un (ou des) pays développés et un (ou des) pays en développement. Mais on trouve de plus en plus d'accords conclus entre des pays en développement.

3. ... et qui sont le « faux-nez » du protectionnisme ou traduisent un recul du multilatéralisme. On peut alors se demander si ces accords ne visent pas à établir des relations privilégiées avec des partenaires en s'affranchissant de la clause de la nation la plus favorisée. Cela peut s'interpréter comme une volonté protectionniste, mais également comme une manière de contourner les principes du multilatéralisme. Il est souvent plus facile pour un pays de négocier directement avec un autre que de se lancer dans des négociations internationales (*cf. infra*). Les négociations entre un pays développé et un autre moins avancé permettent de se donner mutuellement des avantages, sans les accorder à d'autres. Ainsi, les États-Unis ont pu obtenir plus facilement des concessions en négociant de manière bilatérale avec des pays d'Amérique latine ou centrale. De même, l'Union européenne, qui dispose d'un négociateur unique lors des « rounds » du GATT à partir du début des années 1960, dispose de ce fait d'un pouvoir accru dans les négociations commerciales.

C. Cependant, on n'a pas assisté à une remontée massive du protectionnisme.

1. Importance de la DIPP et des stratégies des firmes. Le commerce intra-firmes représente une proportion croissante des échanges internationaux. 30 % des échanges mondiaux concernent les filiales des FTN et si on intègre tous les échanges des FTN certains l'estiment à deux tiers du commerce international. Le commerce intra-firme obéit à une logique de division internationale des processus productifs (Bernard Lassudrie-Duchêne) et conduit à l'échange de produits correspondant à des segments de production. Le développement des régionalismes n'est ici intéressant qu'en ce qu'ils regroupent des pays aux avantages comparatifs différents. Les FTN sont très attentives à tout renforcement des mesures protectionnistes qui conduirait à un renchérissement de leurs importations. Un tel renforcement serait d'ailleurs inefficace pour réduire le montant des importations dans une logique protectionniste, car les produits importés dans ce cadre n'ont pas facilement de substitut.

2. Le protectionnisme n'est pas forcément le fait des zones régionales. Les principales mesures protectionnistes repérées depuis les années 1980 sont plutôt le fait de pays et pas de zones régionales. Ce sont les États-Unis, et pas l'Alena, qui ont pris des mesures protectionnistes. Les différends portés auprès de l'OMC en témoignent largement. Si l'Europe est souvent concernée, c'est parce qu'elle est très largement intégrée et que la politique commerciale a été depuis longtemps transférée au niveau européen. Mais la plupart des autres conflits opposent deux à deux des pays, voire l'UE à un pays. Les États-Unis sont très présents dans les conflits, tant comme plaignant que défendeur, alors que l'Alena n'est quasiment pas représentée.

III. La régionalisation est une alternative à un multilatéralisme dans l'impasse.

A. L'échec des négociations multilatérales.

1. Quinze ans d'OMC et des avancées limitées. Depuis 1995, les conférences ministérielles de l'OMC se réunissent tous les deux ans. Elles doivent permettre d'avancer dans les négociations, d'intégrer de nouveaux membres et de préparer des cycles de négociation. Le Millenium Round devait débuter à Seattle en 1999, mais les contestations internes à l'organisation (opposition États-Unis – Union européenne) et externes, avec la montée des mouvements altermondialistes, ont empêché le démarrage des négociations. Le cycle de Doha, débuté en 2001, veut que le commerce international favorise le développement. Il vise en particulier à permettre l'accès des marchés agricoles des pays développés aux PED. Les négociations sont pour l'instant au point mort, après une avancée timide en 2008. Au total, l'extension du libre-échange s'est plutôt faite par l'accession de nouveaux membres que par l'extension du champ des négociations.

2. La difficulté à négocier de nouveaux accords avec des acteurs plus nombreux et des sujets plus variés. En 1947, 23 pays signent le GATT. À la fin des années 1970, on atteint une centaine de signataires et 128 ratifient les accords de l'Uruguay Round. Les nouveaux membres qui ont intégré l'OMC depuis 1995 (157 à la fin 2011) sont très largement des pays en développement, ou des économies émergentes. La Chine entre en 2001 et la Russie en décembre 2011. La grande diversité des membres conduit à des prises de positions très différentes et rend difficiles les négociations. D'autant que de nouveaux domaines sont entrés dans le champ de l'OMC : services, propriété intellectuelle, agriculture… Cela explique d'ailleurs qu'une partie des discussions se passent en bilatéral, ou à quelques-uns, avant de faire des propositions à l'ensemble de l'Organisation. La situation géoéconomique s'est également modifiée. Les PDEM sont plus réticents à l'ouverture car leurs opinions sont devenues méfiantes à l'égard du libre-échange, tandis que le reste du monde – et en particulier les pays émergents – se sent plus en état de défendre ses intérêts. Les oppositions sont donc plus rudes et le duo États-Unis – Union européenne est de plus en plus contesté.

B. La régionalisation apparaît comme une solution pour aller vers plus de libre-échange.

1. Des accords limités en nombre de signataires dans les objets. Les difficultés que rencontre l'OMC justifient le développement des régionalismes comme solution alternative à la promotion du libre-échange. Puisqu'il est compliqué de négocier à plus de 150 pays et que les avancées sont limitées, alors les accords régionaux permettent d'avancer en limitant le nombre de participants, en concentrant les discussions sur certains produits seulement. Dans certains cas, les accords obtenus entre quelques pays seulement ont ensuite fait l'objet de discussions avec l'ensemble de l'OMC (accords sur la propriété intellectuelle ou sur les normes environnementales).

2. Un débat qui change de nature. Finalement, le débat qui analysait les ACR à travers l'opposition entre le protectionnisme et le libre-échange ne semble plus d'actualité. Les tendances protectionnistes s'expriment souvent indépendamment des régionalismes et la question des créations ou détournements de trafic liés aux ACR ne se posent plus dans les mêmes termes que lorsque Jacob Viner la formulait. Le débat semble être aujourd'hui plus celui de l'opposition entre des formes régionales de libre-échange et le multilatéralisme.

En décembre 2011, seuls trois pays membres de l'OMC n'appartiennent à aucun accord commercial régional : la Mauritanie, la Somalie et la Mongolie. C'est le résultat d'un très profond mouvement de régionalisation des échanges, amorcé après la Seconde Guerre mondiale, et qui s'est amplifié au cours des deux dernières décennies. La multiplication d'accords, qui n'ont parfois de régionaux que le nom, nous a conduit à les envisager comme une forme de protectionnisme. Mais cette vision semble contestée par le fait que la régionalisation se fait surtout par approfondissement du libre-échange entre les signataires et ne se traduit pas par un renforcement des mesures protectionnistes. On peut même considérer que le développement de ces accords régionaux est un moyen de contourner les difficultés du multilatéralisme.

L'adhésion à l'OMC d'un nombre croissant de pays, aux objectifs commerciaux et aux niveaux de développement très différents, rend les discussions difficiles et explique sans doute l'échec du cycle de Doha pour le développement. On pourrait alors dire, en paraphrasant Friedrich List, « *le régionalisme est notre voie. Le multilatéralisme est notre but* ».

Références bibliographiques

- Beaucoup de documents et informations statistiques sont disponibles sur le site de l'OMC : http://www.wto.org/indexfr.htm
- Serge d'Agostino, *La Mondialisation*, coll. Thèmes et débats, Bréal, 2008.
- Guillaume Caulier, Sébastien Jean, Deniz Ünal, « Régionalisation et régionalisme », *in Le commerce mondial*, CEPII, 2006.
- CEPII, « Régionalisme et multilatéralisme sont-ils antinomiques ? Économie internationale », *La Revue du CEPII*, n° 74, 2e trimestre 1998.
- Christian Deblock, Dorval Brunelle et Michèle Rioux, « Globalisation, investissements et concurrence – la voie du régionalisme : le projet des Amériques », *Continentalisation,* 2001.
- Henri Regnault, « Libre-échange Nord-Sud et typologie des formes d'internationalisation des économies », *Région et développement* n° 22, 2005.

PARTIE 4
Déséquilibres économiques et politiques macroéconomiques

Sujet 13 : Un État peut-il faire faillite ?
(Stéphane Moussiegt)

Sujet 14 : Les défaillances de marché justifient-elles toujours l'intervention de l'État ?
(Mickael Sylvain)

Sujet 15 : Dans quelle mesure doit-on craindre une reprise de l'inflation ?
(Pierre-André Corpron)

Sujet 16 : Comment peut-on expliquer la persistance du chômage en France ?
(Stéphane Moussiegt)

Sujet 13

Un État peut-il faire faillite ?

Analyse du sujet

Une question d'actualité fin 2011 et début 2012 pour les habitants de la zone euro. Largement abordé médiatiquement, ce sujet l'est alors généralement de façon assez superficielle, avec des réponses d'ailleurs qui ne s'accordent pas toujours. Le traitement de la question en dissertation d'analyse économique et historique nécessite de mobiliser des connaissances techniques sur les finances publiques et également de s'appuyer sur l'analyse de situations historiques riches d'enseignements, y compris dans l'histoire plus ancienne que simplement les dernières décennies.

Cette question ouverte appelle une réponse nuancée, même s'il faut choisir entre oui et non ; en l'occurrence, la réponse est plutôt non. La difficulté de la réponse à ce sujet réside dans le terme « faillite » qui, bien que n'étant plus employé dans le droit français contemporain, renvoie à des réalités juridiques pouvant toujours affecter certains agents, personnes morales ou physiques, en certaines circonstances. Il convient dès lors de bien cerner les spécificités du traitement des difficultés financières des États pour répondre au sujet.

Il n'existe pas de cadre légal prévoyant ou encadrant la faillite des États (I), mais un État peut se placer en situation financière difficile (II), ce qui peut entraîner parfois sa mise sous tutelle (III).

Proposition de corrigé

« *Un pays ne fait jamais faillite* », affirmait le Président de Citibank Walter Wriston au début des années 1980. Pourtant, au cours des décennies 1830 et 1880, des années 1930 aux années 1950 ou à la fin des années 1980, près de la moitié des États dans le monde sont incapables de rembourser leurs dettes. Quelque temps même après les déclarations du Président de Citibank, une partie des États d'Amérique latine sont en cessation de paiement sur leurs dettes extérieures. Il arrive donc périodiquement que des États arrêtent de rembourser une partie des emprunts contractés par le passé pour financer leurs dépenses. Cette situation est assimilée par le langage courant à une faillite. Alors que dans les représentations ce problème renvoyait plutôt aux errements des pays pauvres, des États de la zone euro y sont confrontés depuis 2010 et l'on s'inquiète régulièrement dans la presse de l'éventuelle « faillite » d'un État membre.

Pour autant, Walter Wriston avait bien affirmé en toute lucidité que la faillite ne s'appliquait pas aux États. Dès lors, cette expression qui renvoie à des réalités juridiques précises est-elle vraiment la bonne ? Alors même que l'on n'a pas vu d'État disparaître par le seul fait de dettes impayées, quelles voies spécifiques s'offrent donc à cette institution lorsqu'elle doit surmonter un problème budgétaire grave ? Comment une situation où un gouvernement cesse d'honorer ses engagements financiers se résout-elle ? Et certaines solutions ne se rapprochent-elles pas malgré tout de classiques mesures de faillite ?

Il n'existe pas de cadre légal prévoyant ou encadrant la faillite des États (I), mais un État peut se placer en situation financière difficile (II), ce qui peut entraîner parfois sa mise sous tutelle (III).

I. Il n'existe pas de cadre légal prévoyant ou encadrant la faillite des États…

A. Le régime de la faillite prévu pour les entreprises ou les personnes ne s'applique pas aux États.

1. **En cas de faillite d'une entreprise, ses actifs sont saisis et l'entité juridique disparaît, ce qui est difficilement concevable pour un État, sauf en cas d'annexion par un autre État suite à un conflit armé.** Lorsqu'une entreprise ne peut plus honorer ses engagements financiers, son cas est étudié par un tribunal qui peut en confier la gestion à un liquidateur judiciaire. Dans le cas des États, un tel tribunal n'existe pas et il est impossible de confier la direction de l'État à un liquidateur qui se substituerait aux élus du peuple. Par ailleurs, la liquidation impose la cession des actifs pour indemniser les créanciers. Or, si certains États ont, sous l'influence des logiques comptables privées, élaboré des bilans comptables (comme la France depuis la LOLF de 2001), ceux-ci apparaissent artificiels : par exemple, il n'y a pas de capitaux propres et, à l'actif, les monuments nationaux, légalement inaliénables, sont valorisés pour un euro symbolique.

2. En cas de faillite personnelle d'un individu, suite à la constatation d'une situation de surendettement, un tribunal peut effacer les dettes en contrepartie de sanctions personnelles, ce qui pour l'instant n'est pas prévu pour un État par le droit international ou même européen. Il manque un tel tribunal au niveau international qui pourrait prononcer une telle sanction. Celui-ci pourrait cependant à l'avenir exister, notamment au sein de l'Union européenne, et mettre sous tutelle les projets de budget ou décider de sanctions à l'encontre d'États mal gérés. Au terme des procédures de surendettement actuellement existantes pour les individus, la faillite personnelle permet l'effacement des dettes afin qu'une personne puisse repartir dans la vie, mais avec des sanctions : interdiction de gestion d'une entreprise, perte du droit de vote ou inscription durable sur le fichier des incidents de paiement. Une telle possibilité n'est pas prévue par le droit international pour les États, tout juste une pratique s'est-elle installée dans le cadre du Club de Paris depuis la fin des années 1980 qui prévoit, pour les pays les plus pauvres de la planète et certains pays à revenu intermédiaire, dans certaines circonstances, des annulations partielles de dettes.

B. Les intérêts et les difficultés d'un éventuel régime de faillite pour les États.

1. Un régime juridique proposé par exemple par Anne Krueger (ancienne directrice générale adjointe du FMI) en 2001, qui serait utile aux créanciers et aux débiteurs… Actuellement, face à la menace de défaut d'un État, certains créanciers sont en mesure de négocier dans une position qui leur est plus favorable en raison d'une taille ou de capacités juridiques supérieures. Dès lors, en cas de restructuration de la dette, ces créanciers peuvent voir leurs intérêts relativement préservés alors que d'autres, moins aptes à faire valoir leurs droits, supportent une part importante des pertes. La dilution de la dette s'est renforcée avec l'endettement accru sur les marchés financiers plutôt qu'auprès de quelques grands créanciers bancaires. Cette dilution rend plus difficile l'égal traitement des intérêts des créanciers et renforce donc l'utilité qu'aurait une procédure équitable de mise en faillite d'un État. Par ailleurs, pour l'État lui-même, la procédure de faillite aurait un avantage : la protection juridique le temps du règlement des différends permettrait d'éviter que certains créanciers n'engagent des procédures judiciaires très juteuses, par exemple en rachetant des titres de dettes dépréciés sur le marché secondaire et en exigeant ensuite, par décision de justice, le remboursement de la dette à sa valeur faciale (le Pérou a par exemple été victime de ces manœuvres en 2000).

2. … mais qui engendrerait un risque d'aléa moral et nécessiterait un accord international. La procédure de faillite conduisant à l'effacement d'une partie des dettes pourrait engendrer un aléa moral menant à une mauvaise gestion des finances publiques, sauf si des sanctions étaient appliquées aux États en faillite, les dissuadant de recourir trop facilement à une telle procédure. Dès lors, les États et donc les peuples devraient accepter une perte de souveraineté : accepter qu'un tribunal international prononce la faillite et les sanctions qui l'accompagneraient (tutelle de gestion budgétaire ou cession d'actifs publics par exemple). Un accord international reste à élaborer à ce sujet mais, politiquement, celui-ci est délicat à trouver parce qu'il signifierait, à l'encontre des intérêts des créanciers, l'institutionnalisation d'une procédure de défaut et parce qu'il prévoirait des mesures suspendant en certaines circonstances la souveraineté des peuples sur un champ central de l'action politique : la gestion du budget.

II. … mais un État peut se placer en situation financière difficile…

A. Les crises des finances publiques.

1. Une situation précaire des finances publiques peut conduire un État à des difficultés financières. Le déficit budgétaire signifie que l'État a dû trouver des ressources autres que ses recettes pour financer une partie de ses dépenses. Cette situation peut devenir dangereuse lorsque le niveau du déficit ou lorsque le poids des intérêts sur la dette passée atteignent des niveaux qui remettent en cause la capacité de l'État à se financer auprès de ses créanciers. Il n'existe pas de seuil maximum d'endettement ou de déficit à ne pas dépasser dans l'absolu, car la crise qui se déclenche est une crise de confiance dans la capacité du débiteur à continuer d'honorer ses engagements. Cette dimension psychologique n'est pas déterminée par le seul taux d'endettement ou taux de déficit, mais aussi par le regard collectif des investisseurs institutionnels sur le débiteur, regard conditionné pour une part importante par l'interprétation des données fondamentales de l'économie du pays et du contexte politique. Néanmoins, en raison d'un phénomène d'habitat préféré pour l'épargne (Modiglinani et Sutch, 1966), un pays dont le solde courant est équilibré ou excédentaire dispose en interne d'une épargne qui peut faciliter le financement de son déficit budgétaire, alors qu'un pays en déficit courant dépend de créanciers étrangers qui ont souvent tendance à être plus méfiants.

2. Ces difficultés peuvent amener à un défaut puis à un refus des créanciers de prêter. Si le pays ne parvient plus à emprunter pour rembourser la part de sa dette parvenue à maturité, il est en défaut et tout ou partie des créanciers ne récupèrent pas la totalité des sommes prêtées. Cette situation peut empêcher l'État dans les années qui suivent d'emprunter à nouveau, dans les cas extrêmes pendant plusieurs décennies. Ce n'est que sous la monarchie de Juillet que l'État français a pu à nouveau emprunter à des créanciers suite au défaut de la période révolutionnaire. Les défauts de la Grèce et du Honduras, respectivement en 1826 et 1873, leur ont fermé les marchés des capitaux pendant un demi-siècle également. Si les créanciers continuent d'accepter de prêter, c'est souvent avec des taux plus hauts en raison d'une prime de risque, fonction de la probabilité de défaut au regard du passé (exemple de l'Argentine depuis 2001). Carmen Reinhart et Kenneth Rogoff (2010) montrent que les probabilités de survenue d'une crise de dette souveraine dans un pays sont, au-delà des niveaux d'endettement, en grande partie fonction de la fréquence des défauts passés de ce pays.

3. Les circonstances historiques ayant conduit à des difficultés financières graves pour les États ou à des défauts souverains. On assiste à une crise financière de l'État associée à une crise politique extérieure en France sous la Révolution, ou bien en Europe suite à la Première Guerre mondiale. Par ailleurs, un changement de régime politique peut aussi être l'occasion d'un défaut, comme ce fut le cas en 1867 au Mexique ou en 1917 en Russie. Les crises de dettes souveraines peuvent aussi résulter de programmes de dépenses publiques excessifs au regard des capacités productives fondamentales d'un pays, comme ce fut le cas dans certains États d'Afrique dans les années 1970. On retrouve en l'occurrence aussi une autre explication : un endettement que l'on pense durablement facile. Le recyclage des pétrodollars dans les années 1970 donnait cette illusion à des pays africains ; on la retrouve en Grèce dans les années 2000 et dans une moindre mesure en France depuis les années 1970. Enfin, une des dernières causes majeures des difficultés est la dépendance à l'égard des créanciers étrangers, qui peut devenir une douloureuse réalité lorsque ceux-ci cessent de vouloir prêter, puisque l'État ne peut pas en contrepartie lever des impôts sur eux, ou lorsque l'endettement étant libellé en devises, une dévaluation empêche l'État d'honorer ses engagements, comme ce fut le cas du Mexique en 1994. Dans les années 1980, dans plusieurs pays d'Amérique latine (Mexique, Argentine, Brésil, Chili, Venezuela), endettés en dollars et souvent à taux variables, la dette extérieure est devenue insoutenable : la hausse des taux d'intérêt aux États-Unis à partir de 1979 a asphyxié en quelques années ces pays, incapables de poursuivre leurs remboursements. Bien sûr, ces causes multiples que sont les crises institutionnelles, économiques, politiques, la progression excessive des dépenses, l'illusion de l'endettement facile, la dépendance aux créanciers étrangers, peuvent se cumuler.

B. Les moyens utilisés par les États pour s'en sortir seuls et leurs conséquences négatives pour l'économie et la société.

1. La hausse des impôts ou la baisse des dépenses. Selon Robert Barro (1974), la dette intérieure d'un État ne pose aucun problème puisqu'elle peut être remplacée par des impôts futurs. De même, on considère parfois qu'un État est relativement à l'abri du défaut, car il peut toujours augmenter les impôts ou baisser les dépenses pour rééquilibrer son budget. Selon cette perspective, le défaut est parfois un choix politique, l'exemple cité plus haut des défauts suivant des changements de régime est le plus illustratif. Parfois, néanmoins, lorsque l'État veut faire face à ses engagements ou quand brutalement une crise de liquidité survient, la hausse des impôts et la baisse des dépenses sont souvent préférées au défaut. La taxation accrue d'éléments internationalement peu mobiles est souvent privilégiée (taxes sur la consommation ou impôts fonciers) afin d'engendrer des recettes supplémentaires. Le relèvement de l'âge de la retraite est souvent décidé car il permet à la fois d'augmenter les recettes des budgets publics de protection sociale, de freiner les dépenses et d'élever la croissance potentielle et donc, sur le long terme, le montant des richesses imposables. Pour être perceptible, la baisse des dépenses peut toucher des budgets conséquents, le traitement des fonctionnaires peut en particulier baisser (en Allemagne en 1931, en France en 1935, en Espagne en 2010, en Grèce et au Portugal en 2011), tout comme le montant des pensions de retraite des organismes publics (en Grèce ou en Roumanie en 2010). Néanmoins, ces mesures ont un coût politique élevé pour les démocraties (exemple de l'Allemagne du début des années 1930) et peuvent aggraver la crise budgétaire de l'État par leurs effets négatifs sur l'activité productive, et donc les recettes fiscales.

2. La répression financière. Un pays peut utiliser des moyens réglementaires coercitifs pour obtenir les moyens de son financement. La saisie d'actifs privés peut être un moyen pour l'État, qui utilise alors son monopole de l'usage légal de la violence, de recouvrer des moyens financiers, comme cela s'est parfois pratiqué dans les périodes révolutionnaires. Plus récemment, la réglementation peut orienter l'épargne intérieure vers le financement du déficit public. C'est le cas par exemple en Inde selon Carmen Reinhart et Kenneth Rogoff (2010) : pour la population, les possibilités de placements sont très limitées et l'argent est déposé dans les banques nationales, qui le prêtent à l'État indien. Jusqu'aux années 1980, la répression financière était un moyen classique de faciliter le financement des États, y compris dans les pays développés. Cela passait y compris par l'intermédiaire des banques détenues par les États eux-mêmes. En Grande-Bretagne, la réglementation oblige encore en 2011 les banques à acheter des titres de dette émis par l'État britannique, ce qui réduit les risques de crise de la dette souveraine dans ce pays. La répression financière a toutefois des limites puisqu'elle peut, lorsqu'elle est poussée trop loin, dégrader les bilans des banques elles-mêmes et transformer une crise de la dette souveraine en une crise bancaire.

3. La création monétaire et l'inflation. La création monétaire apporte à l'État de quoi financer ses dépenses et l'inflation réduit le poids des dettes passées. La dévaluation interne de la monnaie est une solution largement utilisée par les États depuis l'Antiquité pour tenter de faire face à des dépenses excédant le montant de leurs recettes. Les souverains, par des altérations monétaires, diminuent le titre des pièces contenant des métaux précieux pour en frapper davantage. L'Empire romain connaît déjà de telles pratiques au IIIe siècle et on les retrouve à l'époque médiévale. Avec le développement du papier monnaie et de la monnaie scripturale au XIXe siècle, les possibilités de création monétaire deviennent potentiellement illimitées et soulagent parfois les problèmes financiers de l'État, comme en France entre 1716 et 1720 ou entre 1791 et 1797, en permettant de rembourser les créanciers avec une monnaie dépréciée. C'est au XXe siècle cependant que les phénomènes inflationnistes prennent une ampleur inédite. Si les États ne font pas faillite pendant les deux guerres mondiales en dépit de dépenses considérables, c'est en grande partie grâce au recours à une création monétaire massive. L'inflation réduit ensuite le poids des dettes intérieures. Pendant les Trente Glorieuses et jusqu'au milieu des années 1980 dans les pays occidentaux, l'inflation modérée permet d'éviter l'envolée des taux d'endettement des États, ne serait-ce que parce que les taux d'intérêt réels sur la dette publique sont souvent négatifs. Le traité de Maastricht (1992) interdit aux pays membres de la zone euro de recourir à la banque centrale pour financer le déficit budgétaire des États, ce qui empêche toute création monétaire massive destinée à éviter un défaut souverain et, toute choses égales par ailleurs, accroît donc le risque de crise des dettes souveraines au sein de cette zone monétaire, comme l'a montré la situation de 2011. Il est vrai toutefois que l'inflation autre que modérée ne peut être un artifice durable pour le financement des États en raison des conséquences économiques et sociales néfastes de l'inflation, et aussi parce que les créanciers se mettent à réclamer des primes de risques inflationnistes, voire une indexation des titres d'emprunt sur la hausse des prix. À la limite, l'inflation trop forte peut même entraîner une crise de confiance dans la monnaie légale elle-même.

III. … ce qui peut entraîner parfois *de facto* la mise sous tutelle d'un État.

A. La perte de souveraineté imposée par des créanciers puissants sur des États faibles.

1. L'impérialisme des États créanciers avant la Première Guerre mondiale. La fin du XIXe siècle et le début du XXe sont marqués par des opérations de reprise en main d'États débiteurs non européens par des États européens se substituant parfois à des créanciers privés. La banqueroute de certains États conduit alors parfois à des mesures assimilables au traitement d'une faillite. Des États défaillants perdent ainsi une partie de leur souveraineté. Les créanciers se saisissent d'actifs incorporels que sont par exemple le droit de percevoir de taxes aux frontières ou de lever des impôts, voire occupent militairement le pays et donc saisissent physiquement les biens de l'État. On peut prendre l'exemple de l'Empire ottoman concerné à deux reprises au XIXe par ces mesures : en 1882, les Anglais occupent militairement l'Égypte, après avoir obtenu quelques années auparavant le contrôle des finances du pays. En 1879, l'Empire ottoman, incapable de rembourser sa dette extérieure, doit concéder à des représentants des créanciers étrangers, principalement ici les Anglais et les Français, les revenus de la vente du sel et du tabac. Puis les banques du pays, les chemins de fer, les ports, les mines, passent sous contrôle étranger, en gage des dettes impayées. La colonisation économique et financière est *de facto* une réalité consécutive à la banqueroute étatique. Cet exemple peut être transposé à la même époque au cas de l'Iran, du Maroc, à celui de la République dominicaine, d'Haïti, du Nicaragua, etc.

2. Les formes modernes de la tutelle des créanciers sur un débiteur défaillant. Depuis cette époque, les créanciers ménagent davantage les attributs de la souveraineté des États défaillants, tout en cherchant toujours à obtenir des contreparties à la restructuration des dettes. Le plan Brady de 1989 prévoit comme principale modalité de conversion de la dette ancienne l'échange de titres de dettes contre des actifs, c'est-à-dire des prises de participation dans des entreprises publiques privatisées. Le Chili a ainsi été, dans les années 1980, parmi les pays ayant le plus utilisé cet instrument de règlement du surendettement de l'État en convertissant près de 20 % de sa dette extérieure contre des actifs. D'autres pays d'Amérique latine, surtout, mais aussi d'Afrique, ont opéré de telles conversions. En 2011, la Finlande a obtenu que ses prêts à la Grèce soient gagés sur des actifs de l'État grec. Toutefois, la conversion en actifs est forcément limitée par les actifs étatiques disponibles et elle n'est donc pas une solution à la totalité du problème. Elle est par ailleurs souvent organisée dans le cadre d'une restructuration de la dette sous l'égide du FMI. L'acceptation du programme du FMI est en général une condition pour qu'ensuite les créanciers privés et publics acceptent de négocier une restructuration de la dette. Le pays perd donc sa souveraineté en matière de politique économique.

B. Les plans de redressement financier négociés à l'échelle internationale.

1. Les plans d'ajustement structurel à l'égard des pays en développement. Lorsqu'un pays est confronté à un défaut imminent, il peut donc emprunter auprès du FMI, mais doit en contrepartie accepter un programme d'ajustement structurel (PAS). L'application d'un PAS, y compris dans ses évolutions récentes où les enjeux sociaux sont davantage pris en compte, doit redonner au pays la capacité de faire face à ses engagements financiers, par des économies budgétaires ainsi qu'en retrouvant la croissance économique et en résorbant l'éventuel déficit courant. Ces programmes de redressement imposés par le FMI et souhaités par les créanciers comportent un certain nombre d'axes majeurs connus sous l'appellation de « consensus de Washington » : la rigueur budgétaire, par la restriction de certaines dépenses publiques et de hausse des impôts sur le plus grand nombre – indirects souvent ; l'accroissement de la concurrence dans l'économie, par la réduction des monopoles, des rentes, du poids du secteur public, ce qui doit réallouer plus efficacement les facteurs (élever la productivité moyenne de l'économie) et favoriser la compétitivité et la croissance de l'économie ; l'ouverture internationale, pour attirer des investissements étrangers et développer le commerce extérieur (évolutions réglementaires et dévaluation). L'expérience des PAS des années 1980 a cependant montré que ces politiques d'offre mettent du temps à produire des effets positifs et que ceux-ci n'interviennent pas toujours si le PAS a trop déstabilisé l'économie du pays. Ils n'ont donc pas permis aux pays surendettés de recouvrir rapidement leurs capacités de remboursement des dettes passées.

2. Les programmes de redressement financier des États européens suite à la crise de 2011. Il s'agit essentiellement d'une crise de liquidité due aux insuffisances institutionnelles de la zone euro, même si certains pays, la Grèce et le Portugal en particulier, ont des difficultés économiques plus profondes. En 2010 et 2011, l'Union européenne et le FMI ont accordé des prêts à la Grèce, l'Irlande et le Portugal, car ces pays ne pouvaient plus financer leur déficit et le remboursement de leur dette passée en empruntant sur les marchés de capitaux, les taux demandés étant devenus prohibitifs. La contrepartie de ces prêts a été l'adoption de programmes de consolidation budgétaire permettant à moyen ou long terme de réduire les besoins de financement de ces États. Cependant, la croissance économique faible dans ces pays, voire la dépression économique (en Grèce), les déficits courants persistants, rendent difficile la perspective d'une amélioration de la situation financière de ces États. En 2011, seule l'Irlande est parvenue à réduire son déficit courant, ce qui lui permettra à terme de trouver dans le pays les fonds nécessaires aux besoins de financement de l'État irlandais. Pour les deux autres États, le renouvellement des lignes de crédit sera nécessaire tant que ces pays ne pourront emprunter sur les marchés à des taux raisonnables. Les difficultés de la Grèce ont conduit l'Union européenne en 2011 à entériner un défaut partiel de l'État grec, même si les négociations avec les créanciers privés n'étaient pas terminées début 2012.

Un État est une institution un peu particulière, au même titre par exemple qu'une banque centrale, fût-elle indépendante, en ce qu'il ne peut faire faillite au sens où les agents privés l'entendent. Si l'on est parfois tenté d'appliquer les critères de la comptabilité privée à l'État, il faut être conscient du caractère un peu artificiel de cette démarche. Des raisons financières ne peuvent à elles seules faire disparaître une structure dont l'essence est d'abord politique.

Alors bien sûr un État peut être contraint à une situation de cessation de paiement, il est soumis à un risque de crise de liquidité ou de solvabilité, comme tout autre agent. Mais il dispose d'instruments, pour limiter son exposition à ce type de situations, auxquels les agents privés ne peuvent recourir : la création monétaire ou le prélèvement fiscal. Il peut aussi décider de ne plus honorer le paiement de ses dettes sans rien risquer si les créanciers sont faibles ou installés dans de lointains pays. Néanmoins, ces défauts unilatéraux sont porteurs de dangers de crises politiques, à l'intérieur des pays ou avec d'autres États. Le système international contemporain, y compris au sein de l'Union européenne, rend de plus en plus difficile pour un État un défaut désordonné et, pour l'éviter, des structures institutionnelles aboutissent parfois à une mise sous tutelle des États défaillants ; la faillite signifiant alors plus une perte de souveraineté financière qu'une liquidation judiciaire.

Références bibliographiques

- Patrick Artus, « La destruction des mauvaises dettes », *Flash économie*, n° 370, 21 juillet 2010.
- Adeline Bachellerie, Bertrand Couillault, « Soutenabilité de la dette publique et crises des pays émergents : présentation des concepts et des instruments de diagnostic », *Revue de la stabilité financière*, n° 6, juin 2005.
- Éric Berr, « La dette des pays en développement, bilan et perspectives », ged.u-bordeaux4.fr/ceddt82.pdf
- Daniel Cohen, Richard Portes, *Crises de la dette : prévention et résolution*, Rapport du Conseil d'analyse économique, La Documentation française, 2003.
- Anne Krueger, « Faciliter la restructuration de la dette des États, sans en dicter les termes », *Le Monde*, 19 février 2002.
- Pierre Léon (dir.), *Histoire économique et sociale du monde*, tome 4, Armand Colin, 1978.
- Jean-Bertrand Mattret, « Un État peut-il faire faillite ? », *Revue française de finances publiques*, n° 112, novembre 2010.
- Olivier Vallée, « La dette publique est-elle privée ? », *Politique africaine*, n° 73, mars 1999.
- Carmen Reinhart, Kenneth Rogoff, *Cette fois, c'est différent, huit siècles de folie financière*, Pearson, 2010.
- Carmen Reinhart, Jacob Kirkegaard, Belen Sbrancia, « Retour de la répression financière », *Finance et développement*, juin 2011.

Sujet 14

Les défaillances de marché justifient-elles toujours l'intervention de l'État ?

Analyse du sujet

L'expression « défaillances de marché » n'est pas si facile à comprendre. Pour le sens commun, elle pourrait être une autre manière de parler de « crise », voire de « panne » si l'on pense aux défaillances d'un système (informatique par exemple). Mais dans le sens plus restreint au champ de la science économique, l'expression est en revanche très clairement balisée depuis une vingtaine d'années : il s'agit des externalités, des biens non privés (biens collectifs et ressources communes) et du monopole naturel.

Pourtant, dès la fin du XIXe siècle, l'économie du bien-être a identifié les conditions du fonctionnement optimal du marché, ce sont les conditions de la concurrence pure et parfaite (atomicité, homogénéité du produit, transparence de l'information, libres entrée et sortie du marché et mobilité parfaite des facteurs de production). Qu'une de ces conditions ne soit pas respectée et c'est l'économie de marché qui faillit à atteindre la meilleure situation possible pour les agents. Ainsi Paul Krugman écrit-il dans son manuel *Microéconomie* (De Boeck, 2009, page 28) : « *Quand la poursuite individuelle de l'intérêt personnel mène à des résultats défavorables pour la société dans son ensemble, il y a défaillance de marché.* »

Une manière ici de délimiter le sujet dans le sens le plus large possible est donc d'étendre la définition restreinte actuelle aux asymétries d'information (aléa moral et antisélection), dont la nouvelle microéconomie a montré qu'elles étaient une source importante de défaillances du marché. En effet, George Akerlof a montré en 1970 que les asymétries d'information sur le marché américain des voitures d'occasion pouvaient produire la disparition de ce marché : les mauvaises voitures chassent les bonnes !

Plus radicalement, les postkeynésiens (Hyman Minsky par exemple) considèrent que l'information est d'autant plus imparfaite que l'avenir est radicalement inconnu : l'incertitude est ainsi au cœur des dysfonctionnements des marchés qui l'engagent particulièrement, comme les marchés financiers notamment, dont les facultés à enchaîner les bulles et les krachs ne sont plus à démontrer.

L'intervention de l'État se justifierait ainsi en de multiples occasions. Pourtant, les libéraux ont depuis longtemps défendu l'idée que c'était l'intervention même de l'État qui était à la source des défaillances de marché : au XVIIIe siècle, Turgot en France et Smith en Angleterre ne disent pas autre chose, de sorte que la libéralisation des marchés s'impose afin d'en améliorer le fonctionnement trop corseté par les réglementations.

Face à un sujet de type « discussion », le plan ne fait pas problème : « oui ou non (I), « mais » (II). Sur le fond, ce sujet s'appuie plus particulièrement sur le point VI « Le rôle de l'État dans la vie économique et sociale » du programme de première année.

Proposition de corrigé

« *L'État n'est pas la solution à nos problèmes… L'État est le problème.* » La contre-révolution conservatrice portée par Ronald Reagan aux États-Unis dans les années 1980 met en avant la supériorité du marché sur l'État dans la gestion de l'économie. Le libéralisme économique permet un fonctionnement optimal de l'économie.

Force est de constater cependant que depuis la chute de l'Union soviétique en décembre 1991, ce sont les défaillances du marché qui font l'actualité. La question écologique par exemple s'est imposée : le réchauffement climatique, la pollution ou encore l'épuisement des ressources halieutiques et des énergies non renouvelables sont imputés à l'incapacité du marché à gérer l'environnement. De même, alors que le marché a désormais un rôle bien plus important dans le fonctionnement de l'économie mondiale, la crise économique actuelle apparaît de plus en plus comme une crise générale. En conséquence, l'économie de marché faillit à atteindre toujours et partout la meilleure situation possible pour les agents, et de manière générale, « *quand la poursuite individuelle de l'intérêt personnel mène à des résultats défavorables pour la société dans son ensemble, il y a défaillance de marché* » (Paul Krugman).

Dès lors, les défaillances de marché appellent-elles forcément l'État à intervenir davantage dans la gestion de l'économie ?

De multiples défaillances de marché conduisent donc l'État à intervenir (I), pourtant, l'intervention de l'État ne peut-elle pas être un remède pire que le mal (II) ?

I. De multiples défaillances de marché conduisent l'État à intervenir.

A. Les externalités et les asymétries d'information produisent des équilibres de marché insatisfaisants qui suscitent des interventions diverses de l'État.

1. Les externalités positives et négatives diminuent l'efficacité de nombreuses transactions marchandes et appellent par conséquent l'intervention de l'État. L'éducation et la pollution par exemple sont à la source d'externalités respectivement positives et négatives. Par leurs actions certains agents économiques génèrent des effets sur d'autres agents qui ne les ont pourtant pas négociés avec eux. Il en va ainsi de la poursuite d'études des uns élevant aussi la productivité du travail des autres, ou des pluies acides aux États-Unis dans les années 1970, conséquence de rejets de dioxyde de souffre dans l'atmosphère par les industriels, qui détruisent les récoltes des agriculteurs. Arthur Cecil Pigou (1912) distingue ainsi l'avantage ou le coût privé (la hausse de salaire qui accompagne des études plus longues, le coût de production supplémentaire qui accompagne la hausse de la production d'un produit) de l'avantage ou du coût social (incorporant la hausse de salaires pour les autres travailleurs, les coûts supplémentaires entraînés par les pluies acides). L'État doit donc intervenir pour diminuer la pollution – par la réglementation ou par l'application du principe du pollueur-payeur au moyen d'écotaxes –, ou encore favoriser l'éducation au nom des externalités positives, en obligeant la population à s'instruire davantage et mieux. L'État internalise ainsi l'externalité.

2. L'aléa moral et l'antisélection résultent de l'imperfection de l'information sur les marchés concrets, ce qui conduit bien souvent l'État à intervenir. Sur le marché des voitures d'occasion, de l'assurance, du travail, l'antisélection menace ; dans les relations principal/agent (relation salariale, relation d'expertise – le garagiste, la relation d'assurance), l'aléa moral est fréquent. Les asymétries d'information multiplient ainsi les échecs de marché. Selon George Akerlof (1970), lorsque les acheteurs de voitures d'occasion ne peuvent pas discriminer entre les « bonnes » et les « mauvaises » occasions, ils proposent un prix moyen qui évince les voitures de « bonne » qualité et fait par là disparaître le marché.

Le modèle principal/agent deWilliam Jensen et Michael Meckling (1976), appliqué à la relation d'expertise par exemple, met quant à lui en évidence l'opportunisme de l'expert (agent) qui impose des travaux et des productions inutiles au commanditaire sous-informé (principal). L'intervention de l'État doit permettre d'augmenter le bien-être collectif en modifiant l'équilibre sous-optimal de marché en présence d'asymétries d'information. Des règles institutionnelles peuvent ainsi être élaborées et imposées aux acteurs : le *screening* par exemple désigne un ensemble de règles qui contraignent l'agent le mieux informé à dévoiler son information – par exemple en France l'autobilan est obligatoire avant la vente d'une voiture sur le marché de l'occasion.

B. La production des biens non privés est mal prise en charge par le marché.

1. L'insuffisante production marchande des biens collectifs rend nécessaire l'intervention de l'État. L'absence de rivalité entre consommateurs caractérise les biens collectifs. La non-rivalité des consommateurs est en fait la conséquence de l'indivisibilité de l'offre : chaque individu consomme la totalité du service et la consommation du service par un individu supplémentaire ne réduit pas la satisfaction des autres consommateurs. Quand bien même l'exclusion d'un consommateur est possible par le prix, il reste que l'incitation à tricher est forte, d'autant que le contrôle social risque d'être limité : on a moins envie de rappeler à l'ordre quelqu'un qui n'a pas payé pour prendre le bus alors que cela ne nous empêche pas de le prendre que de rappeler à l'ordre quelqu'un qui nous prend notre sandwich des mains… Le problème du passager clandestin (Mancur Olson), qu'illustre la théorie des jeux par le dilemme du prisonnier, se pose alors : les agents privés attendent des autres qu'ils financent la production et dès lors la production n'est pas financée. En outre, lorsque l'indivisibilité de l'offre est couplée à l'absence d'exclusion par le prix, le marché ne peut pas financer du tout la production. La prise en charge par l'État de la production des biens collectifs ou seulement de leur financement – en totalité ou en partie – apparaît donc nécessaire car l'État peut obliger les agents privés à contribuer au financement par sa capacité à prélever l'impôt.

2. La tragédie de la surexploitation marchande des ressources communes appelle l'intervention de l'État. Le thon rouge est une ressource commune : les pêcheurs sont en rivalité puisque les bancs de thon ne sont pas illimités, mais nul ne peut être exclu de la pêche. Résultat : la ressource commune appartient à celui qui l'exploite le premier, ce qui conduit inévitablement à sa disparition. L'environnement de manière générale est une ressource commune. Par la réglementation (interdictions, quotas) ici, mais aussi par la taxation (pour décourager la consommation), l'État peut tenter d'éviter une tragédie au nom de l'intérêt général. L'État peut d'ailleurs mobiliser conjointement ces outils afin d'atteindre l'objectif d'une pêche soutenable : taxer la consommation pour diminuer la demande, réglementer pour diminuer l'offre et redistribuer le produit de la taxe auprès des pêcheurs pour favoriser leur mobilité géographique et professionnelle afin de leur faire une autre place dans la société et ne pas leur faire porter seuls tout le poids de l'internalisation de l'externalité… ce qui peut favoriser leur participation à cette politique.

C. Le monopole naturel et l'instabilité des marchés financiers comportent des risques qui rendent nécessaire l'intervention de l'État.

1. Le monopole naturel peut abuser des consommateurs en l'absence d'intervention de l'État. Les économies d'échelle constituent une forte incitation à la concentration. Naturellement, des entreprises en concurrence, mais observant la baisse de leur coût unitaire de production à mesure que leur production augmente, édifieront un monopole privé. Or, en égalisant recette marginale et coût marginal (Cm), le monopole limite la production et pratique un prix élevé, là où en produisant davantage et en tarifant au coût moyen (CM), il pourrait baisser considérablement son prix et faciliter l'accès de la population à son produit. Le monopole occasionne ainsi une charge morte. Des considérations d'intérêt général peuvent donc conduire l'État à intervenir. En effet, les économies d'échelle sont présentes dans l'énergie, les transports, les communications ou les services d'environnement (distribution de l'eau par exemple). L'État peut dès lors nationaliser le monopole naturel ou l'obliger par la loi à pratiquer un prix faible : au Cm avec subvention pour assurer la survie à long terme du monopole ou au CM sans subvention puisqu'alors le chiffre d'affaires couvre le coût total de production.

2. L'instabilité intrinsèque des marchés financiers rend nécessaire l'intervention de l'État. Dans le chapitre 12 de la *Théorie générale de l'emploi de l'intérêt et de la monnaie* (1936), Keynes compare le fonctionnement des bourses de valeurs à un concours de beauté dans un journal : le vainqueur est celui qui devine à l'avance le visage qui aura reçu le plus de votes de la part des lecteurs. De la même manière qu'il ne s'agit pas de deviner quel visage est objectivement le plus joli au regard de critères qui seraient connus de tous, le pari à la hausse ou à la baisse du cours d'un titre financier ne dépend pas d'abord des rendements escomptés de ce titre au regard de variables s'imposant à tous : la réussite d'une stratégie d'investissement, la demande qui se présentera à l'entreprise dans les années à venir, le progrès technique, l'évolution du coût des matières premières, tout cela est largement incertain, c'est-à-dire impossible à anticiper. Mieux vaut dès lors tenter d'anticiper l'évolution du climat des affaires, le pessimisme ou l'optimisme des anticipations des acteurs dans les mois qui viennent de manière à réaliser une plus-value. Cependant, ces comportements mimétiques (André Orléan) sont à la source d'une forte instabilité des marchés financiers qui risque de peser sur l'investissement. L'Etat doit donc intervenir au nom de la croissance et de sa régularité. L'instauration d'une taxe sur les transactions financières fait ainsi son chemin depuis quelques années. Quant à Keynes, il achève son chapitre 12 sur la nécessaire socialisation de l'investissement à l'avenir.

II. Pourtant, l'intervention de l'État ne peut-elle pas être un remède pire que le mal ?

A. L'intervention de l'État n'est-elle pas souvent à la source des défaillances de marché ?

1. La critique libérale de l'excessive intrusion de l'État dans les mécanismes marchands… Au XVIIIe siècle, la main autoritaire du roi dénature le fonctionnement de l'économie selon Smith en Angleterre ou Quesnay et Turgot en France. Smith pense un ordre naturel du marché dont l'harmonie est accessible aux hommes pour peu qu'on les laisse libres d'en faire l'expérience. La liberté est le meilleur moyen pour atteindre le bien commun. Chacun recherchant son égoïsme privé, il concourt sans le savoir à l'intérêt général du fait de la main invisible du marché. Le mieux que le prince puisse faire alors, c'est de ne rien faire. Cette pensée libérale et utilitariste trouve dans le dernier tiers du XXe siècle des prolongements avec le constat de l'école du Public Choice (James Buchanan) que l'intervention de l'État est à la source des défaillances du marché. Dans nos démocraties représentatives désormais, les choix politiques sont liés au cycle électoral. Des mesures interventionnistes sont donc bien souvent prises au détriment de l'ordre naturel de l'économie et pour le seul bénéfice de la victoire électorale.

2. … ne doit pas faire oublier la construction sociopolitique du marché. Pierre Rosanvallon (*Le Capitalisme utopique*, 1971) a montré que l'économie de marché est une utopie libérale d'un ordre naturel. L'industrialisation de l'Occident a malheureusement constitué une tentative de réaliser cette utopie, dont l'horreur de la condition prolétarienne au XIXe siècle est bien sûr une dimension importante : réaliser un marché du travail libre (Karl Polanyi, 1944). Les pays occidentaux ont dû apprendre progressivement à instituer un ordre marchand limité, dont les frontières ne sont d'ailleurs pas toujours et partout les mêmes. La non-exclusion par les prix est une de ces constructions sociales. Par exemple aujourd'hui en France, les greffons et le sang humain destinés aux greffes et aux transfusions sont des biens communs. Cependant, cette situation n'a rien de « naturel » puisque, dans d'autres pays, il existe une allocation marchande de ces mêmes biens et donc une exclusion par les prix. Dans tous les cas néanmoins, il faut nécessairement mettre en œuvre une procédure d'allocation qui peut relever de la hiérarchie, de normes éthiques ou professionnelles (le choix des personnes greffées), voire de la tradition (la gestion de la pêche, de la chasse, etc.).

B. Les défaillances de l'État ne sont-elles pas souvent toutes aussi fortes que celles du marché ?

1. Les défaillances de l'État… Contrairement à ce que pensait Max Weber, la rationalité bureaucratique n'est pas toujours efficace. D'une part, il n'est pas possible de tout rationaliser : il y a toujours des imprévus qui obligent l'acteur à s'adapter et à sortir des procédures. Michel Crozier (1964) a montré que les acteurs peuvent utiliser ces « zones d'incertitude » à leur profit et pas forcément dans l'intérêt de l'organisation. C'est d'autant plus vrai lorsque l'acteur n'anticipe qu'une sanction molle de ses supérieurs hiérarchiques, voire qu'il ne fait là que les imiter. L'élargissement mutuel de ces zones d'incertitude peut même faire l'objet d'un consensus négatif. D'autre part, sans convoquer ici les expériences caricaturales de la gestion des entreprises collectivisées soviétiques, nombre d'administrations ou d'entreprises publiques dans nos pays occidentaux ne subissent au mieux qu'une faible contrainte marchande. Elles peuvent avoir un budget de fonctionnement excessif en abusant à la fois des usagers ou clients et des contribuables par le détour d'impôts qu'elles obtiennent. Pas sûr dès lors que la prise en charge par l'État d'une activité soit plus efficace que par le marché.

2. … ne doivent pas laisser penser qu'il suffit d'introduire davantage de mécanismes marchands. « *Lorsque les parties peuvent négocier sans coût et à leur avantage mutuel, le résultat sera efficace, quelle que soit la manière dont les droits sont spécifiés* », nous dit Ronald Coase (1960). Ainsi en 1987, l'État du New Jersey et la ville de New York ont signé un accord coopératif visant à éliminer les rejets des usines de traitement de déchets de la ville qui polluaient le littoral de l'Etat du New Jersey. L'État n'a pas eu à internaliser l'externalité négative, les acteurs y sont parvenus d'eux-mêmes. Cependant, ce résultat est rarement atteint. En effet, la rationalité limitée des agents économiques (Herbert Simon) et les coûts d'accès à l'information élèvent considérablement les coûts de transaction, de sorte que les conditions du théorème de Coase sont de fait très restrictives. En outre, les incitations monétaires ne peuvent pas tout. Maya Bacache-Beauvallet recense ainsi « *les stratégies absurdes* » du management dans un livre éponyme : un patron décide par exemple d'organiser une compétition permanente entre ses salariés et remarque que beaucoup commencent à saboter le travail de leurs collègues. L'incitation pécuniaire n'est pas toujours et partout l'orientation des comportements humains la plus efficace.

C. Le marché sauvé par le marché n'est qu'un jeu de dupes.

1. L'idée de faire appel aux incitations marchandes pour corriger certains échecs de marché… Selon Ronald Coase (1960), l'établissement d'un marché de quotas d'émissions polluantes est plus efficace que des écotaxes. De tels volumes d'émissions sont fixés et attribués aux pollueurs, gratuitement ou non. Ces quotas sont ensuite échangeables sur un marché, contre un prix. Chaque entreprise arbitre ainsi entre le coût qu'elle doit supporter pour ne pas polluer et le prix d'un permis de polluer : l'entreprise dont les équipements sont anciens sera ainsi incitée à en avancer le renouvellement de manière à moins polluer et revendre ses permis sur le marché ; inversement, une entreprise dont les équipements sont neufs, mais polluants, ira chercher sur le marché les permis de polluer dont elle a besoin plutôt que de remplacer des équipements non amortis. La décentralisation de la décision de pollution est plus efficace. En supprimant les barrières à l'entrée et à la sortie, notamment en supprimant le monopole légal, l'État peut très bien laisser le marché contraindre le monopole à tarifer au coût moyen à long terme selon William Baumol, John Panzar et Robert Willig, 1982. En cas d'absence de barrières à l'entrée et à la sortie, leur théorie des marchés contestables met en avant l'effet dissuasif sur le monopole à pratiquer un prix de monopole du fait de l'entrée d'un concurrent potentiel. L'Union européenne favorise ainsi l'édification de la concurrence sur les activités de distribution en les séparant des activités d'infrastructures à économie d'échelle, dans l'électricité et le transport ferroviaire par exemple.

2. … ne doit pas faire oublier que l'État est à l'initiative de cette création de nouveaux mécanismes marchands. Suite à l'entrée en vigueur du protocole de Kyoto en 2004, les pays de l'Union européenne ont mis en place un marché de permis d'émission de certains gaz à effet de serre en 2005 afin de respecter les engagements pris en 1997. Le marché européen des quotas d'émission est l'exemple le plus abouti de l'instauration de ce type de mesures et représente 80 % des échanges de quotas dans le monde. Pourtant, un prix satisfaisant n'a pas tout de suite été atteint, du fait d'une surallocation de quotas aux industriels par les États. L'instauration *ex nihilo* de ce marché pose avec particulièrement d'acuité la question de la régulation nécessaire pour le bon fonctionnement du marché. Faut-il créer une banque centrale du carbone ? De même, en Europe, les États ayant démantelé le monopole naturel (dans l'électricité ou les transports ferroviaires) et confié la gestion des infrastructures à économie d'échelle à un acteur doivent mettre en place un régulateur qui doit déterminer le prix de location des infrastructures par les entreprises commerciales de manière à donner des moyens de financement à l'acteur qui en a désormais la gestion.

Monopoles naturels, biens collectifs, externalités, mais aussi asymétries d'information, autant de situations où «*la poursuite individuelle de l'intérêt personnel mène à des résultats défavorables pour la société dans son ensemble*» (Paul Krugman), c'est-à-dire à des défaillances de marché. L'État et les pouvoirs publics en général ont donc toute légitimité à intervenir. Ils constituent un acteur extérieur au marché qui peut contraindre les agents économiques à atteindre une situation Pareto-optimale. Ce résultat peut être obtenu au moyen d'instruments divers, y compris par la création *ex nihilo* d'un marché, mais souvent pluriels et complémentaires. Il reste que cette intervention de l'État a un coût qui doit être minimisé et des effets qui doivent être évalués aussi *ex post* afin éventuellement d'infléchir la politique menée pour plus d'efficacité.

À l'heure où l'Union européenne connaît la plus grave crise de son histoire, cette question de l'intervention des États face aux défaillances de marché est d'une criante actualité. Peut-on laisser au marché la résolution de la crise ou faut-il agir volontairement pour relever de la croissance potentielle ?

Références bibliographiques

- Collectif, *Découverte de l'économie. 1. Concepts, mécanismes et théories économiques*, coll. Cahiers français, n° 345, La Documentation Française, 2008, notamment, mais pas seulement :
  - «Défaillances et imperfections de marché» par Olivia Montel-Dumont ;
  - «L'intervention publique et ses limites» par Anaël Renault ;
  - «Les marchés financiers sont-ils efficaces ?» par Dominique Plihon.
- Paul Krugman, *Microéconomie*, De Boeck, 2009 (utiliser l'entrée «défaillances de marché» dans l'index en fin d'ouvrage).
- François Lévêque, *Économie de la réglementation*, coll. Repères, La Découverte, n° 238, 2004 (pour approfondir).

Sujet 15

Dans quelle mesure doit-on craindre une reprise de l'inflation?

Analyse du sujet

Les années 1990-2000 ont été caractérisées par une « grande modération », au point qu'à la fin des années 1990 c'était la crainte de la déflation qui faisait l'actualité (*cf.* sujet Ecricome 1999). Pourtant, depuis quelques années, des tensions inflationnistes semblent se manifester.

La question de l'inflation apparaît explicitement en seconde année, dans la partie X du programme « déséquilibres et politiques économiques et sociales en économie ouverte ». Elle est cependant à relier également aux points V, « monnaie et financement », et « rôle de l'État dans la vie économique et sociale », traités en première année.

Le libellé « *dans quelle mesure* » implique une réponse nuancée. La difficulté du sujet réside très certainement dans l'expression « *doit-on craindre* ». Il suppose de réfléchir à la possibilité d'une reprise de l'inflation : quel est le risque que les prix se mettent fortement à augmenter ? Mais il suppose également d'étudier ses conséquences possibles : a-t-on raison de la craindre, ou faut-il au contraire l'espérer ?

La première partie de la question nécessite de mobiliser des connaissances sur les mécanismes de déclenchement de l'inflation et doit conduire à se demander s'ils sont actuellement présents. Les connaissances sur les périodes d'inflation antérieures seront nécessaires pour illustrer les mécanismes et faire des comparaisons.

La seconde dimension de la question porte sur les effets de l'inflation et, là encore, la double dimension théorique et historique permettra d'apporter des éléments de réponse.

Proposition de corrigé

Alors que la déflation semblait menacer l'économie mondiale à la fin des années 1990, la hausse des cours des matières premières, fossiles mais également alimentaires, a fait flamber les indices de prix à la fin des années 2000. La crise financière des dernières années semble avoir par ailleurs des effets contrastés : le ralentissement de l'activité dans les pays occidentaux exercerait plutôt un effet déflationniste, tandis que la politique monétaire expansionniste devrait accélérer l'inflation et que la croissance forte des pays émergents provoque des tensions sur les matières premières. Certaines conditions paraissent donc réunies pour que l'inflation s'accélère, tant du côté des causes monétaires que des causes réelles.

Mais la transformation de ces phénomènes en inflation suppose encore la mise en place de spirales permettant d'auto-entretenir l'inflation et, quand bien même, il conviendrait de se demander si cela serait grave. De nombreuses voix s'élèvent en effet pour demander aux banques centrales d'assouplir leurs normes en matière d'inflation, notamment à la Réserve fédérale des États-Unis dont le président, Ben Bernanke, est un spécialiste de la crise de 1929. Il sait combien la tentation déflationniste a eu des conséquences économiques et sociales importantes. La pression est également très forte sur la Banque centrale européenne. Le remplacement de Jean-Claude Trichet par Mario Draghi à la présidence de la BCE aurait d'ailleurs marqué un certain assouplissement de la politique monétaire européenne.

Nous montrerons que les conditions d'une nouvelle poussée inflationniste sont probablement réunies (I) mais que pour autant cela ne garantit pas la mise en place de spirales inflationnistes (II). Cependant, il n'est pas certain que l'inflation soit à craindre et elle peut même exercer des effets positifs (III).

I. Les conditions sont réunies d'une nouvelle inflation.

A. Des déséquilibres structurels des marchés mondiaux.

1. Une pression de la demande. La croissance économique rapide des pays émergents, en particulier de la Chine, provoque des tensions sur le marché des matières premières. Le phénomène est très sensible pour le pétrole, mais également pour les produits agricoles : la croissance de la population mondiale ainsi que la transformation de l'alimentation dans les pays émergents provoquent une hausse des prix du blé par exemple. Les pays émergents demandent également de plus en plus de biens et services produits dans le reste du monde. La réduction des excédents commerciaux et le rétablissement de la balance commerciale de la Chine témoignent de cette forte demande intérieure, qui sera certainement la clé de sa croissance dans les prochaines années (*Lettre du CEPII*, mai 2012). La consommation privée intérieure n'est pas encore le moteur de la croissance chinoise, mais les importations de produits intermédiaires sont en forte hausse. L'accès à la consommation de masse d'une population très nombreuse, même si elle est en croissance lente, ne peut que provoquer des tensions sur les prix de certains produits.

2. Une offre contrainte pour les matières premières. Sur certains marchés, il n'est pas envisageable de voir l'offre de produits suivre la croissance de la demande. Les tensions sont déjà à l'œuvre sur de nombreuses matières premières dont le prix augmente fortement depuis quelques années, en dépit de la crise. Ainsi, le marché pétrolier est actuellement déséquilibré, avec une insuffisance structurelle de l'offre face à une demande croissante. L'hypothèse, largement évoquée depuis quarante ans, de la fin d'un pétrole bon marché est de plus en plus crédible. L'exploitation de ressources nouvelles se fait à un coût croissant et l'existence d'une demande toujours forte plaide pour une hausse du prix sur le long terme. De la même manière, certains marchés tels que celui de l'immobilier connaissent des hausses durables, par pénurie de l'offre. Ainsi dans les grandes villes, en France comme dans de nombreux pays, le prix du mètre carré a considérablement augmenté. Une partie de l'augmentation peut être considérée comme le résultat d'une bulle spéculative (*cf. infra*), mais l'élasticité faible de l'offre est également à incriminer.

3. Une croissance du coût du travail dans les pays émergents. Le ralentissement de la croissance de la population active dans les pays émergents (Chine, Inde…, mais aussi Amérique latine) devrait conduire à une augmentation des coûts de production. L'épuisement des réserves de main-d'œuvre dans ces pays devraient provoquer une hausse des salaires, sauf à supposer des gains de productivité très importants. Par exemple, la population active chinoise ne devrait plus progresser rapidement compte tenu de l'évolution démographique, même si des transferts de population des campagnes vers les villes vont partiellement compenser et retarder le phénomène. Cela devrait provoquer une croissance des salaires, synonyme d'un côté de hausse de la demande, et de l'autre de coûts de production plus élevés. Ces deux éléments sont susceptibles d'augmenter les prix. Le temps où la croissance des pays émergents provoquait une réduction des prix et limitait l'inflation est donc probablement révolu.

B. Une politique monétaire inflationniste.

1. Une politique monétaire souple aux États-Unis qui alimente la création de liquidités et la formation de bulles spéculatives. La politique monétaire américaine des deux dernières décennies a été particulièrement souple. Depuis le début des années 1990, la Réserve fédérale, sous la conduite d'Allan Greenspan, a cherché à favoriser la croissance, tout en évitant les dérapages inflationnistes. Cela s'est révélé d'autant plus réalisable qu'on se trouvait dans un contexte de « grande modération ». Les ressorts de l'inflation qui avaient prévalu dans les trois décennies précédentes sont cassés : reprise des gains de productivité, réduction des tensions sur les matières premières (sauf exception) et modération salariale liée. La politique monétaire était donc moins sous la pression de l'inflation. Cela s'est traduit par une politique assez accommodante, dont l'effet inflationniste ne s'est pas forcément fait sentir dans l'indice des prix, mais a pu favoriser le développement de bulles spéculatives. Ceci pose par ailleurs la question de la mesure de l'inflation : l'indice des prix à la consommation n'enregistre pas le développement de bulles sur les marchés des titres. À ce titre, la bulle Internet du tournant des années 1990, puis surtout la flambée de l'immobilier américain dans les années 2000, sont des manifestations inflationnistes, mal prises en compte par les autorités.

2. Les conséquences de la réaction à la crise. Face à la crise financière, les banques centrales ont massivement injecté des liquidités pour éviter l'effondrement du système bancaire et financier et pour éviter l'assèchement du crédit. Les outils utilisés sont de plusieurs natures, mais ils convergent pour alimenter la création monétaire. Les taux d'intérêt ont été maintenus à des niveaux très faibles, proches de zéro dans le cas américain. Cela vise à favoriser la demande de crédits de la part des agents devenus frileux, et surtout à permettre aux banques de se procurer les liquidités dont elles ont besoin, à un coût très faible. Ces baisses de taux n'ayant pas les effets escomptés sur l'offre de crédits, les banques centrales ont également mis en place des politiques non conventionnelles. Elles ont massivement injecté des liquidités, *quantitative easing*, ou pris la place des banques de second rang en reprenant à leur compte des titres privés et publics, *credit easing*. On trouve ces politiques aussi bien aux États-Unis qu'en Europe, avec la BCE et la Banque d'Angleterre, ou au Japon. Face à la crise financière, cette réaction a certainement évité l'effondrement du système bancaire et financier, et la leçon de 1929 a été bien retenue. Mais, à plus ou moins long terme, la question de l'effet inflationniste risque de se poser, même si les banques centrales considèrent qu'elles auront les moyens de pomper les liquidités lorsque le besoin s'en fera sentir.

3. Les répercussions sur les autres marchés. L'injection massive de liquidités dans l'économie mondiale n'a pas pour autant provoqué une forte croissance de l'activité. En 2012, la reprise est toujours bien timide aux États-Unis, tandis que le Japon n'est pas sorti de l'état de stagnation économique qu'il connaît depuis vingt ans. La transformation d'une crise bancaire en une crise des dettes souveraines et de la gouvernance de la zone euro a conduit l'Europe à engager des politiques de rigueur préjudiciables à sa croissance et certaines de ses économies sont aujourd'hui en récession. La politique monétaire expansionniste n'a pas non plus provoqué de flambée des prix des produits. En revanche, on a assisté à un déplacement de la demande spéculative vers d'autres marchés. Les risques supportés sur les marchés des titres ont conduit les spéculateurs, profitant de taux d'intérêt très faibles, à se positionner sur des marchés de matières premières ou sur l'or. Ces produits n'entrent pas directement dans les paniers des consommateurs, mais la montée des cours traduit l'existence de pressions inflationnistes.

II. Un risque cependant mesuré.

A. Les conditions de mise en œuvre de spirales inflationnistes ne sont pas présentes.

1. Les expériences historiques de dérapages inflationnistes montrent qu'ils reposent sur des spirales. Les définitions traditionnelles de l'inflation mettent l'accent sur la nécessité d'avoir un mécanisme auto-entretenu de hausse des prix. Une croissance ponctuelle des prix, suite à un événement imprévisible (mauvaise récolte dans l'agriculture par exemple) ne suffit pas à engendrer une période d'inflation. Il faut qu'il existe des mécanismes qui entretiennent les hausses, des spirales inflationnistes.

Une augmentation des coûts de production, par exemple des hausses de salaires supérieures aux gains de productivité, conduisent les entreprises à augmenter les prix. Face à la hausse des prix, les salariés réagissent en réclamant des augmentations de salaires… qui se répercutent sur les coûts. Si les salaires sont indexés sur les prix, alors la spirale se met en place instantanément. Si les salaires ne sont pas, ou pas totalement indexés, c'est le résultat du rapport de force à l'avantage des travailleurs qui permet les augmentations salariales.

Un excès de demande débouche souvent sur une hausse des prix. Face à ceci, le consommateur peut anticiper une augmentation prochaine du prix, et accroître encore sa demande. C'est un mécanisme très classique dans les situations de pénurie, lorsque le consommateur cherche à constituer des stocks. On retrouve également les mêmes phénomènes, largement accentués, dans les hyperinflations. Le comportement de fuite devant la monnaie qui les caractérise se traduit par une augmentation considérable de la vitesse de circulation de la monnaie. Dès que les agents ont une unité monétaire, ils ont pour objectif de s'en débarrasser, pour éviter sa perte de valeur. Ils demandent alors des quantités toujours accrues de biens et services, provoquant la hausse vertigineuse de leurs prix. Les hyperinflations, comme en 1923 en Allemagne, ou dans les années 1980 dans de nombreux pays d'Amérique latine, reposent largement sur cette fuite devant la monnaie.

2. Les conditions actuelles rendent peu crédibles de tels mécanismes. Les spirales inflationnistes prix-salaires ont été un des vecteurs de l'installation durable de l'inflation dans les années 1960 et 1970. Les hausses de prix étaient très largement répercutées sur les salaires. La volonté de mettre en place une échelle mobile des salaires avait été évoquée, en France, dans les années 1950, mais le SMIG n'a jamais été le premier barreau de cette échelle comme cela avait été envisagé. Son remplacement par le SMIC en 1970, intégrant à la fois la hausse des prix et celle du PIB dans sa progression, lie plus étroitement les prix et les salaires. Mais le SMIC n'est qu'un salaire minimum, il ne conditionne pas totalement l'évolution des salaires qui lui sont supérieurs. Une indexation de fait est le plus souvent réalisée, en incorporant des mécanismes de rattrapage lorsque les prix augmentent plus que ce qui était prévu.

Mais ces mécanismes ont été largement réduits depuis. La lutte contre l'inflation a reposé dans les années 1980 sur la désindexation des salaires par rapport aux prix, afin de casser les spirales. L'objectif est également de flexibiliser le marché du travail pour lutter contre le chômage. La rupture est par exemple très nette en France à partir de 1983. La pression du chômage, la volonté institutionnelle de briser les mécanismes d'indexation, en imposant pour les fonctionnaires et les entreprises publiques une indexation sur l'inflation prévue, sans mécanisme de rattrapage, ont contribué à casser la spirale prix-salaires.

Depuis presque trente ans, la modération salariale est de rigueur et le retour à des principes d'indexation n'est pas réellement envisagé. Il n'y a donc que très peu de risques de voir une spirale prix-salaires se mettre en place. L'existence d'un niveau de chômage élevé pèse sur les revendications salariales et limite les possibilités d'indexation.

Quant à une spirale fondée sur la hausse de la demande ou sur une fuite devant la monnaie, elle ne pourrait apparaître que dans une situation de crise économique profonde ; un éclatement de la zone euro par exemple.

B. Des changements structurels qui rendent l'inflation moins probable.

1. Les structures du financement de l'économie. Le mode de financement de l'économie peut être plus ou moins inflationniste. À la suite de John Hicks, on distingue traditionnellement les économies d'endettement et les économies de marchés de capitaux. Dans les premières, le financement des agents se fait principalement par le recours à l'endettement bancaire. Dans le second, les entreprises et les États se financent par émission de titres sur les marchés de capitaux. Le financement par le crédit bancaire correspond mécaniquement à de la création monétaire. Si le crédit progresse plus vite que la production, il en résulte de l'inflation. La lutte contre l'inflation est aussi plus difficile en économie d'endettement. En effet, les banques accordent des crédits puis se refinancent auprès de la banque centrale, *via* le réescompte. Dans cette logique, les banques sont incitées à accorder largement des crédits, et la banque centrale ne peut pas facilement limiter la progression de la masse monétaire sans menacer la stabilité du système bancaire. L'inflation est devenue structurelle dans les économies d'endettement car les emprunteurs ont tout intérêt à l'inflation, qui dévalorise progressivement leurs dettes.

Si la France, l'Allemagne ou le Japon sont les symboles de l'économie d'endettement pendant les Trente Glorieuses, ils ont tous connu une transformation importante des structures du financement à compter des années 1980. Les réformes bancaires, le développement des marchés de capitaux dans le financement des entreprises, ont contribué à faire évoluer ces pays vers des économies de marchés de capitaux, rendant parallèlement l'inflation moins probable.

2. La mondialisation et l'émergence de nouveaux pays permettent de bénéficier de prix en baisse pour de nombreux produits. La croissance des dernières décennies a été largement tirée par les pays émergents. Bénéficiant de coûts de production plus faibles, ils ont pris une part massive dans la production de biens de consommation, dans une logique d'avantages comparatifs. Les consommateurs des pays développés peuvent se procurer des produits de consommation courante à des prix nettement plus bas, ce qui permet de consacrer davantage à d'autres postes, rend la désindexation salariale plus supportable et participe très largement à la grande modération inflationniste. Tant que les hausses de salaires dans les pays émergents n'y dépasseront pas les gains de productivité, le phénomène a des chances de se poursuivre. Par ailleurs, l'exacerbation de la concurrence internationale, la réduction des coûts de transport, le développement rapide de moyens de communication contribuent à peser sur les coûts de production et à empêcher une reprise de l'inflation.

III. L'inflation serait-elle grave ?

A. L'accent est souvent mis sur les conséquences négatives de l'inflation.

1. Inflation et érosion du pouvoir d'achat. L'inflation effectue une redistribution des revenus au détriment de ceux qui ont des revenus fixes. Dans les années 1960-1970, l'inflation a très nettement favorisé les emprunteurs. Les ménages ou entreprises qui ont emprunté pour financer l'acquisition d'un logement ou réaliser des investissements ont été largement gagnants. Ils ont emprunté à des taux nominaux relativement bas, et ont finalement profité de taux d'intérêt réels très faibles, voire négatifs. Dans cette période, les ménages ont pu bénéficier d'une indexation des salaires sur les prix, conduisant à réduire tous les ans le poids de leur dette. Les entreprises, qui ont pu répercuter dans leurs prix les hausses de salaires, ont également réduit le poids de leur endettement. L'inflation s'est finalement traduite par une hausse de la part des salaires dans la valeur ajoutée, permettant de soutenir la demande, mais réduisant en parallèle les possibilités de financement des investissements et/ou la distribution des profits. On a alors assisté à une fuite en avant dans l'inflation, tous les agents cherchant à s'en prémunir et à repasser les conséquences négatives à leurs voisins.

Keynes insistait en son temps sur *« l'euthanasie des rentiers »*, provoquée par un taux d'intérêt réel faible, mais ce n'est pas simplement cette question qui est aujourd'hui posée. Le principal risque de l'inflation, c'est d'en perdre le contrôle, et c'est certainement ce qui explique que les autorités monétaires soient très vigilantes devant toute poussée inflationniste. Si elles disposent d'instruments permettant de contrôler de manière fine la masse monétaire en circulation, il leur est très difficile d'empêcher un emballement inflationniste se traduisant par un accroissement de la vitesse de circulation de la monnaie. C'est la situation des hyperinflations qui se terminent généralement par la disparition de l'unité monétaire et son remplacement par une autre, comme avec le Rentenmark en 1923 en Allemagne…

2. Inflation et chômage, des relations ambiguës. La courbe de Phillips (1958) établit une relation statistique inverse entre inflation et chômage. La justification théorique repose sur l'idée que, lorsqu'on s'approche du plein-emploi, des pressions à la hausse apparaissent sur les salaires et qu'elles sont répercutées dans les prix. Inversement, la hausse du chômage limite la progression des salaires et ses conséquences sur les prix. Un arbitrage entre inflation et chômage est alors possible et les gouvernements, qui cherchent en priorité à limiter le chômage et ses conséquences sociales, acceptent finalement l'inflation. «*Mieux vaut l'inflation que le chômage*», disait Georges Pompidou en 1974.

Mais la montée simultanée du chômage et de l'inflation à partir de la fin des années 1960 a mis à mal cette relation. Milton Friedman et Edmund Phelps ont affirmé que la courbe de Phillips n'est pas nécessairement stable à court terme, et qu'elle est même verticale à long terme. La relation négative n'existe que si les agents sont victimes d'illusion monétaire. S'ils anticipent correctement l'évolution des prix, la courbe devient verticale au niveau d'un taux de chômage naturel. Pour lutter contre le chômage on est obligé d'accepter une inflation toujours plus forte, ce qui finit par avoir des conséquences sur l'ensemble de l'économie : taux d'intérêt élevés, redistribution forcée des revenus, perte de repères pour les anticipations… Les tenants de la nouvelle économie classique vont même plus loin en intégrant l'hypothèse des anticipations rationnelles. Les agents n'étant plus victimes d'illusion monétaire, la courbe de Phillips devient verticale, même à court terme.

3. Inflation et perte de compétitivité extérieure. L'inflation est souvent considérée comme l'une des raisons principales de la perte de compétitivité des pays. Si les prix augmentent plus vite que dans les pays étrangers, les produits nationaux deviennent mécaniquement plus chers et les exportations diminuent. Inversement, les produits étrangers deviennent moins chers que les produits nationaux et les importations augmentent. S'installe alors un déséquilibre extérieur qui ne peut être corrigé que par une modification des taux de change. Une dévaluation ou dépréciation de la monnaie nationale permet de retrouver de la compétitivité. Mais ce n'est pas certain car, si l'élasticité-prix des importations est faible, la dépréciation provoque un renchérissement du prix des produits, et une diminution faible des quantités. C'est par exemple le cas pour l'énergie : les quantités importées ne diminuent pas, les prix augmentent et une inflation importée vient accentuer encore la hausse des prix. Les stratégies de désinflation compétitive, qui ont marqué les années 1980-1990, reposent sur l'idée que c'est par la modération des prix que l'on peut obtenir le rétablissement du commerce extérieur. Cette stratégie s'est d'ailleurs avérée efficace pour la France, même si elle n'est pas la seule raison du retour, pour un temps, à l'excédent commercial à partir de 1992.

L'inflation est donc un véritable problème pour un pays qui serait concerné seul. Elle l'est moins lorsque tous les pays connaissent des augmentations de prix similaires. Wilfrid Baumgartner, ministre des Finances français (1960-1962), disait ainsi qu'«*en matière d'inflation l'important est de ne pas faire plus de bêtises que le voisin*».

B. Mais entre inflation et récession, quel est le meilleur choix?

1. Pour un assouplissement de la norme d'inflation. Si l'inflation a été considérée comme un mal absolu à partir des années 1980, érigeant la lutte contre l'inflation en dogme des politiques monétaires, elle n'a pas toujours eu des conséquences négatives. Elle accompagne la croissance des Trente Glorieuses, tandis que la déflation est associée aux plus graves crises économiques, comme celle de 1929. Le contexte actuel de crise financière conduit à s'interroger sur les risques liés à une norme d'inflation trop faible. Ainsi, des économistes de renom plaident aujourd'hui pour un assouplissement de la politique monétaire et pour une inflation plus élevée.

Olivier Blanchard, l'économiste en chef du FMI, plaidait dès 2010 pour une norme d'inflation plus élevée en période de crise. «*Il faut […] réexaminer soigneusement la liste des coûts et des avantages possibles de l'inflation. […] Il serait bon de se demander si ces coûts sont plus que compensés par la plus grande marge de manœuvre qui serait disponible en période de crise moyennant un niveau d'inflation légèrement plus élevé*» (*Bulletin du FMI*, février 2010). Cela redonnerait selon lui de la souplesse aux politiques monétaires, car avec des taux d'intérêt nominaux très bas, il n'est pas possible de les réduire sans arriver rapidement à zéro.

Paul Krugman a affirmé en janvier 2012 que pour l'Europe «*l'inflation n'est pas le problème, c'est la solution*». Selon lui, pour restaurer la compétitivité des pays européens, il faudrait une diminution des salaires réels, qui peut être réalisée facilement par l'inflation. Il affirme également que les États-Unis se porteraient mieux «*si la Réserve fédérale se préoccupait moins de l'inflation et plus de l'emploi*». Selon lui, rien n'empêcherait de fixer une norme d'inflation plutôt à 3 ou 4 %.

La situation est cependant différente selon les pays. Au cours des années 2000, l'inflation a été beaucoup plus importante dans les pays du Sud (Grèce, Espagne, Italie...) qu'en Allemagne. Cela pose le problème de la politique monétaire unique et d'une norme d'inflation commune. Pour rétablir l'équilibre, il faudrait une inflation plus forte au nord de l'Europe et plus faible au sud.

2. L'inflation comme solution à l'endettement. La transformation de la crise bancaire en une crise des dettes souveraines pose d'une nouvelle façon la question de l'inflation. Historiquement, face à des situations intenables de la dette publique, l'émission de monnaie, la «planche à billets», a été le moyen d'alléger la charge de la dette. En effet, les titres de dette publique sont généralement associés à des taux d'intérêt fixes. L'inflation vient alors réduire le taux d'intérêt réel de la dette. De plus, les recettes fiscales sont très largement liées aux revenus nominaux. L'inflation permet donc une augmentation des recettes et réduit alors le poids de la charge de la dette publique.

Thomas Sargent et Neil Wallace, dans leur «*déplaisante arithmétique monétariste*» (1981) avaient déjà soulevé cette question. Une politique de lutte contre l'inflation finit par provoquer une monétisation de la dette et fait renaître l'inflation. Dans un premier temps, la banque centrale mène une lutte contre l'inflation et ne crée donc pas de monnaie. Il en résulte une montée de l'endettement public, l'État n'ayant pas la possibilité de monétiser sa dette. Mais la charge de la dette finit par augmenter au-delà d'un niveau soutenable (hausse du poids des intérêts dans un contexte de ralentissement de la croissance). La banque centrale finit alors par monétiser la dette, ce qui provoque le retour de l'inflation. Ce scénario décrit il y trente ans pour les finances publiques peut également s'appliquer à la montée de l'endettement privé.

Au cours des années 1980, les pays occidentaux pensaient avoir vaincu l'inflation après deux décennies d'inflation galopante. Les politiques de désinflation compétitive, s'appuyant sur un contrôle de la masse monétaire et sur une modération salariale, avaient permis de ramener le taux d'inflation de 10 % à 3 %. Les banques centrales s'étaient donné une norme d'inflation acceptable proche de 2 %. Les grandes poussées inflationnistes ne concernaient plus que des pays en transition ou émergents. L'inflation est ensuite restée très basse, jusqu'à la fin des années 2000 où des facteurs structurels, liés à des déséquilibres de marchés, mais également à la politique monétaire, ont contribué à faire monter les prix.

Si certains craignent la reprise de l'inflation et ne veulent pas revenir à la régulation inflationniste des années 1970, d'autres plaident aujourd'hui pour une inflation plus importante mais modérée. En 1995, Jean-Paul Fitoussi reprochait de maintenir la politique de lutte contre l'inflation, alors qu'elle était tombée à 3 %. Cela pénalisait selon lui la croissance et conduisait à un chômage de masse. Les termes de son « débat interdit » ont légèrement changé aujourd'hui, en incluant la question de l'endettement public et privé, mais il reste très largement d'actualité.

Références bibliographiques

- Patrick Artus, « L'arithmétique monétariste déplaisante », *Flash économie*, n° 310, 17 juin 2010.
- Patrick Artus, « La politique monétaire très expansionniste depuis les années 1990 a-t-elle eu le moindre effet sur l'inflation ? », *Flash économie*, n° 128, 13 février 2012.
- Pierre Bezbakh, *Inflation et désinflation*, coll. Repères, La Découverte, n° 48, 2011 (6e éd.).
- Yves Crozet, *Inflation ou déflation ?*, coll. Circa, Nathan, n° 31, 2001.
- Jean-Yves Capul, « Inflation – désinflation », *Cahiers français*, n° 279, 1997.
- Milton Friedman, *Inflation et systèmes monétaires*, Agora, 1976 (2e éd.).
- Jean-José Quilès, « Déflation », *Cahiers français* n° 279, 1997.

Sujet 16

Comment peut-on expliquer la persistance du chômage en France ?

Analyse du sujet

Le sujet porte sur un thème classique de l'analyse économique, le chômage. Cependant, il ne s'agit pas de présenter simplement les grandes explications du phénomène classiquement avancées car le sujet est fortement contextualisé. Il faut en fait se pencher autant sur l'économie française que sur le phénomène du chômage en lui-même. Le cadrage temporel du sujet nous conduira à débuter l'étude par la décennie 1970, au cours de laquelle s'amorce la progression significative du chômage en France. Nous la conduirons jusqu'au début de la décennie 2010 puisque sur toute la période le chômage est resté à des niveaux élevés. Cette persistance du chômage en France couvre donc plus de trois décennies.

La formulation comporte néanmoins une dimension un peu délicate : la question sur laquelle il convient de réfléchir ne porte pas sur le fait qu'il existe du chômage en France alors qu'il pourrait ne pas y en avoir ; le chômage nul est en effet impossible dans un système économique en partie marchand. Il s'agit plutôt de s'interroger sur les raisons de la persistance en France, même avant la récession de 2009, d'un phénomène que d'autres pays avaient réussi à réduire assez largement.

Alors même que le chômage est resté à des niveaux élevés en France, la lutte contre le chômage revient périodiquement comme un thème central du débat politique. Dès lors, il convient dans une dissertation d'analyse économique et historique de prendre garde à ne pas basculer dans des prises de position faciles et pour cela à bien étayer sa démonstration sur des analyses théoriques et des études empiriques, quitte à reconnaître les limites des connaissances scientifiques sur la question.

Proposition de corrigé

«*Dans la lutte contre le chômage, on a tout essayé*», déclarait François Mitterrand en 1993, alors que le taux de chômage en France dépassait cette année-là 11 %, niveau en dessous duquel il n'est pas descendu ensuite pendant six années. Alors, plus d'un actif sur dix, apte au travail, souhaitant exercer une activité professionnelle, disponible et recherchant effectivement un emploi, se trouve donc privé d'emploi. Le taux de chômage a ensuite décru, passant même entre 2006 et 2008 en dessous de la barre des 8 %, plus de vingt ans après que celle-ci a été franchie dans l'autre sens. Le chômage de masse fait donc partie du fonctionnement statistiquement normal de l'économie française depuis une trentaine d'années.

Pourtant, ce qui apparaît comme une fatalité aux yeux d'une partie des dirigeants politiques du pays n'est pas perçu de la même façon dans d'autres pays. Durant toutes les années 1980 et jusqu'au milieu des années 1990, le taux de chômage en Allemagne fédérale s'est maintenu en moyenne 3 points au-dessous du taux français. À partir du milieu des années 1990, en Grande-Bretagne ou en Suède, ce taux est resté autour de 6 %, tout comme aux États-Unis, pays où il a même franchi à la baisse la barre des 5 % certaines années.

Un certain niveau de chômage est normal dans une économie de marché : le chômage frictionnel est inévitable, entre deux emplois ou à la fin des études, le temps que l'appariement entre offres et demandes d'emplois s'effectue au mieux. Cependant, le chômage en France depuis le début des années 1980 s'est maintenu à un niveau bien plus élevé que sa part frictionnelle. Faut-il dès lors parler d'une «*préférence française pour le chômage*», comme l'annonçait le titre provocateur d'un ouvrage de Denis Olivennes de 1994, ou encore du chômage comme «*un choix français*» pour reprendre le titre d'un ouvrage de Raphaël Kahane paru en 2006 ? On voit tout de suite les faiblesses de telles formulations, pertinentes à une échelle microéconomique mais beaucoup moins pour expliquer un phénomène collectif. Cependant, reste à établir les causes de la persistance d'une réalité très nuisible par-delà les décennies : en quoi certains évènements ou traits caractéristiques propres à l'économie française et à son marché du travail en particulier ont-ils permis l'enkystement du chômage en France bien plus que dans d'autres pays ?

Dans l'étude des causes de la persistance du chômage en France depuis plusieurs décennies, nous remarquerons tout d'abord que les explications les plus fréquemment avancées sont en fait d'une pertinence limitée (I). Nous soulignerons ensuite que ce problème est en grande partie dû à un contexte macroéconomique trop longtemps défavorable aux créations d'emplois (II), sans oublier le rôle central joué par un cadre institutionnel français peu favorable à un chômage faible (III).

I. Les explications insuffisantes ou infondées fréquemment avancées.

A. Les grandes évolutions structurelles aident peu à comprendre la persistance du chômage français.

1. La mondialisation n'est pas véritablement une explication. La France, disposant d'un coût du travail significativement plus élevé (pour diverses raisons) que des pays de niveau de développement inférieur, conserve uniquement, sur les produits facilement échangeables au niveau international, des activités où la productivité du travail est nettement plus haute. Toutes choses égales par ailleurs, ces activités ont toutes les chances d'être celles pour lesquelles la France dispose d'avantages spécifiques par rapport à des pays pauvres, notamment une main-d'œuvre qualifiée ou un capital technique complexe. Dès lors, les salariés non qualifiés de l'industrie (les échanges internationaux portant surtout sur des biens) risquent de perdre leur emploi ou de voir leurs salaires se rapprocher de ceux des travailleurs des pays pauvres à la mesure de l'écart de productivité. On peut donc supposer que la mondialisation a entraîné des destructions d'emplois en France puisque la loi impose dans notre pays un niveau plancher des salaires. Ceci est étayé par des études qui peinent toutefois à chiffrer avec précision la part de l'emploi industriel détruit imputable à cette cause spécifique. La méthode de la balance des emplois aboutit à une estimation de 13 % des emplois industriels détruits par les échanges commerciaux entre 1980 et 2007 (Lilas Demmou, « Le recul de l'emploi industriel en France de 1980 à 2007 : quelle est la réalité ? », *Trésor-Éco* n° 77, septembre, 2010), mais cette méthode sous-estime les pertes d'emplois et peut donc être considérée comme un minimum. Elle permet néanmoins de souligner qu'entre 1990 et 1997 les échanges extérieurs ont été pour la France *a contrario* créateurs d'emplois. Quant à l'effet des délocalisations sur l'emploi, il est assez limité en dépit de sa visibilité médiatique : entre 1995 et 2003, environ 15 000 emplois par an ont été détruits en raison des délocalisations, ce qui représente 0,1 % de l'emploi privé en France (INSEE, *L'Économie française*, 2007). Une étude de l'OCDE (2007) souligne qu'en réalité, parmi les pays riches, le taux d'emploi n'est pas corrélé avec le degré d'ouverture : des pays comme la Grande-Bretagne, le Canada ou la Suède sont plus ouverts que la France aux échanges extérieurs et ont des taux d'emploi plus hauts. Si des emplois industriels sont détruits dans ces pays du fait de la concurrence étrangère, les chômeurs retrouvent ensuite là-bas plus facilement qu'en France de nouveaux emplois. La mondialisation est donc une explication insuffisante au chômage français.

2. Le progrès technique n'est généralement pas en lui-même une cause de chômage. La peur du progrès technique est ancienne car il est vrai qu'il détruit visiblement des emplois. Mais il en recrée de manière invisible (Alfred Sauvy, *La Machine et le Chômage*, 1980), si bien que sur le long terme l'emploi progresse dans les économies parallèlement au progrès technique. L'effet destructeur se produit si dans une activité le progrès technique permet des gains de productivité plus élevés que la hausse de la production. Or, le chômage a progressé en France surtout depuis les années 1970, alors même que les gains de productivité diminuaient justement dans notre pays à partir de cette décennie et alors que les Trente Glorieuses ont vu coexister de très forts gains de productivité avec le plein-emploi grâce à la forte croissance économique. Le progrès technique n'est pas homogène dans toutes les branches : dans l'agriculture pendant les Trente Glorieuses et aussi dans les branches industrielles depuis les années 1970. Ces emplois peuvent être recréés dans d'autres branches, celles de l'industrie jusque dans les années 1970 et celles des services où la productivité augmente moins que la production. Ce déversement des emplois s'est poursuivi aux États-Unis, en Grande-Bretagne, en Allemagne ou en Suède, mais semble s'être grippé en France à partir des années 1970. Plutôt que d'imputer le chômage au progrès technique, il faut plutôt se demander pourquoi en France le déversement dans les services a plus mal fonctionné que dans d'autres pays qui ont connu un même progrès technique mais moins de chômage.

B. L'insuffisante flexibilité du marché du travail en France est un argument explicatif peu convaincant.

1. Les présomptions théoriques imputant le chômage élevé à un manque de flexibilité du marché du travail en France. Il est fréquemment souligné qu'une trop forte réglementation des embauches et surtout des licenciements conduit les entreprises à hésiter à embaucher car elles n'ont pas le droit à l'erreur sur les candidats choisis. Dans les petites entreprises, cela peut pousser les dirigeants à se surcharger de travail plutôt que de prendre le risque d'avoir un salarié. La flexibilité externe du marché du travail serait donc une caractéristique permettant d'arriver au plein-emploi. Or, la France réglemente de façon assez stricte les licenciements, qui doivent être fondés sur une cause réelle et sérieuse laissée à l'appréciation des tribunaux. En outre, les licenciements, pour motifs économiques sont encadrés par une procédure particulièrement coûteuse pour l'employeur et assez incertaine juridiquement, puisque le motif donné par l'employeur peut être contesté devant un tribunal qui portera sa propre appréciation, parfois imprévisible (Pierre Cahuc, 2004), de la situation financière de l'entreprise.

2. La flexibilité du marché du travail a empiriquement un impact plus net sur les flux d'emplois que sur le volume de l'emploi. Des études internationales aboutissent à des conclusions mitigées dans la mesure de l'impact de la réglementation du marché du travail sur l'emploi. L'OCDE a fini par reconnaître l'absence de corrélation statistique entre les deux éléments à l'échelle macroéconomique en 2004 et 2006. Les résultats des divers travaux sont plutôt que la flexibilité accroît la sensibilité du chômage à la conjoncture : les emplois sont plus rapidement créés en période d'expansion et plus rapidement détruits lors des récessions. Par ailleurs, la protection des *insiders* par le droit a aussi tendance à renforcer le dualisme du marché du travail entre les salariés bien protégés et les salariés précaires, en contrats à durée déterminée, intérimaires, dont les entreprises ont développé le nombre, pour contourner les contraintes de l'emploi en CDI. Reste qu'il est néanmoins possible qu'une fluidité plus grande du marché du travail facilite le processus de destruction créatrice dans un pays et alloue le travail plus rapidement vers les producteurs les plus dynamiques. Ce qui pourrait conduire à une croissance économique plus forte en moyenne (Jérôme Gautié, 2009). En outre, le manque de réactivité du marché du travail peut éloigner certains chômeurs de l'emploi pendant plus longtemps, au détriment de leur capital humain. Reste que le degré de flexibilité du marché du travail n'explique pas de manière décisive le chômage français.

C. Les évolutions démographiques ne sont pas en elles-mêmes sur le long terme des causes de chômage.

1. Une hausse de la population active est une explication insuffisante à la progression du chômage. L'essentiel de la progression du chômage en France a eu lieu entre 1975 et 1985 (de 3,5 % à 9 %), entre 1991 et 1994 (de 8,2 % à 10,7 %) et entre 2008 et 2011 (de 7,4 % à 9,7 %). Au cours de la première période, l'emploi salarié a stagné alors même que la population active augmentait. Dans un contexte de forte progression de la population active, les créations d'emplois doivent être suffisantes pour absorber les nouveaux arrivants sur le marché du travail. Or, la population active a augmenté plus vite en France sur les dernières décennies que dans d'autres pays, comme en Allemagne, en Grande-Bretagne, en Italie ou en Suède. En ce sens, une hausse trop rapide de la population active semble être un facteur de chômage dans notre pays. Pourtant, une telle affirmation ne résiste pas à une analyse plus approfondie. En effet, une hausse de la population active peut être une opportunité de croissance pour un pays : les capacités productives sont accrues par une main-d'œuvre plus nombreuse et la demande intérieure est stimulée par des besoins supplémentaires à satisfaire. En outre, empiriquement, des pays comme les États-Unis ou l'Irlande ont connu ces dernières décennies une hausse de leur population active plus rapide que celle qu'a connue la France, ce qui ne les a pas empêché d'avoir en moyenne des niveaux de chômage plus bas. S'il est certain que la hausse rapide de la population active constitue un défi en termes de création d'emplois, il s'agit de comprendre pourquoi cette hausse démographique a plutôt été perçue comme un handicap et non comme un atout pour l'économie française.

2. L'immigration n'est pas un facteur de chômage. L'immigration peut à court terme peser sur le niveau des salaires, mais sa présence peut stimuler l'activité productive (hausse des besoins à satisfaire), de sorte que la demande de travail s'élève. L'importante immigration en France du milieu des années 1950 jusqu'au début des années 1970 (solde migratoire de 150 000 personnes par an en moyenne) s'est accompagnée du plein-emploi alors que, pendant la période de chômage en France depuis les années 1970, le solde migratoire annuel a été en moyenne deux fois plus faible. Des situations historiques comme celle des rapatriés d'Algérie en 1962 ou bien de la vague d'immigration cubaine en Floride en 1980 ont montré que l'économie avait la capacité d'absorber assez rapidement des vagues d'immigrés, avec des impacts très limités sur le chômage et les salaires. Les États-Unis dans les années 1990 et 2000 ont accueilli un nombre considérable d'immigrants, si bien que leur pourcentage dans la population est passé de 6,2 % en 1980 à 12,6 % en 2007, ce qui n'a pas empêché l'économie américaine d'être quasiment au plein-emploi avant la crise de la fin des années 2000. L'immigration n'est donc pas une explication pertinente au chômage, en France ou ailleurs.

II. Un environnement macroéconomique trop longtemps défavorable aux créations d'emplois.

A. Une croissance économique trop souvent faible a conduit à un chômage conjoncturel évoluant progressivement vers un chômage structurel.

1. Le lien étroit entre le rythme de la croissance économique et l'évolution du chômage en France. L'analyse keynésienne du chômage explique celui-ci par l'insuffisance de la progression de la demande. Les entreprises ajusteraient le volume de l'emploi à la production. Une corrélation statistique positive mais instable entre croissance et emploi a été mesurée dès les années 1960 et est connue depuis sous le nom de « loi d'Okun ». Dans le cas français, on constate que les périodes de forte progression du chômage ont été effectivement marquées par des ralentissements de la croissance : entre 1980 et 1985, la croissance économique française a été en moyenne de seulement 1,5 % l'an et le taux de chômage est passé de 5 % à 9 % ; entre 1991 et 1994, elle a été inférieure en moyenne à 1 % l'an et le taux de chômage est monté de 2 points, tout comme en 2008 et 2009 où la croissance a été en moyenne légèrement négative. Un chômage dit conjoncturel progresse quand la croissance ralentit. Dans les trois cas, l'investissement était en forte baisse ; la demande freinait donc bel et bien. Seule la période de hausse du chômage entre 1976 et 1979 a été accompagnée d'une croissance économique forte, 3,5 % l'an en moyenne, créant 500 000 emplois en quatre années mais n'empêchant pas, étant donnée la situation démographique, une hausse de 1,8 point du taux de chômage. Mais cette période, un peu particulière, a au total peu contribué à la progression du chômage en France. Les phases de diminution du chômage par des créations massives d'emplois correspondent à ces périodes d'expansion économiques, mais celles-ci ont été trop courtes (1988-1990 : + 100 000 emplois par an ; 1998-2002 : + 400 000 emplois par an ; 2005-2008 : + 300 000 emplois par an) pour résorber le « stock » accumulé de chômeurs.

2. Les effets d'hystérèse et la hausse du chômage d'équilibre en France dans les années 1980. Un chômage conjoncturel non résorbé par un retour trop épisodique de la croissance se transforme en chômage structurel. En effet, l'éloignement du marché du travail pendant trop longtemps conduit les chômeurs à un certain découragement et à un recul de l'intensité de la recherche d'emploi. Ils subissent aussi une dégradation de leur capital humain, voire de leur employabilité lorsque le chômage provoque des dégâts sur la vie personnelle et l'équilibre psychologique. On assiste donc à un effet d'hystérèse (Olivier Blanchard et Laurence Summers, 1988), car le retour de la croissance ne suffit plus. Le taux de chômage structurel est un taux de chômage d'équilibre en ce qu'il correspond au taux minimal en dessous duquel il est difficile de descendre sans accélérer l'inflation. L'appellation « chômage structurel » est utile pour isoler les formes de chômage qui persistent dans une économie progressant à un rythme pourtant égal ou proche de son potentiel de croissance. Des expressions telles que « chômage naturel » ou « Nairu » sont utilisées dans le cadre d'analyses plus théoriques sur l'arbitrage entre inflation et chômage dérivées des travaux de Phillips. Le Nairu est alors le taux de chômage en dessous duquel une inflation anormalement élevée commence à se manifester, et le taux de chômage naturel est dans l'analyse monétariste le taux en dessous duquel on ne peut descendre qu'à court terme et au prix d'une inflation de plus en plus forte. Ainsi, entre 1989 et 1991, les tensions inflationnistes repartent en France, encouragées par la forte progression des salaires alors même que le taux de chômage n'est descendu qu'à 9 %. Des difficultés se font sentir pour satisfaire les besoins de main-d'œuvre dans l'industrie et le bâtiment, la croissance des salaires nominaux atteint 6 % début 1991. À la fin des années 1990, des difficultés de recrutement apparaissent lorsque la vive croissance économique rabaisse le chômage à son niveau du début de la décennie.

B. Les impacts des chocs d'offre et de demande subis par l'économie française depuis quarante ans.

1. Les chocs d'offre et leurs impacts sur l'emploi. Depuis les années 1970, la France a été frappée par plusieurs chocs d'offre négatifs. La fin des années 1970 et le début des années 1980 ont été marquées par une hausse des coûts des entreprises entraînant une chute de leur rentabilité. La hausse des salaires plus rapide que celle de la productivité, la hausse des prélèvements obligatoires, la hausse des prix des matières premières, tout cela a abaissé le taux de marge. Cette crise de l'offre productive en France fait alors apparaître un chômage dit « classique » : les entreprises n'embauchent pas assez car leur activité n'est pas assez rentable. Du milieu des années 1980 au milieu des années 1990, un autre choc d'offre négatif frappe les entreprises, même si par ailleurs celles-ci retrouvent des taux de marge élevés : les taux d'intérêt sont hauts en France, jusqu'à plus de 7 % pour les taux longs au début des années 1990. Les entreprises privilégient leur désendettement, voire des placements financiers, à une hausse de l'investissement, ce qui explique en partie les taux d'autofinancement très élevés du milieu des années 1990 qui correspondent aux pics de chômage dans notre pays.

2. Les chocs de demande et leurs impacts sur l'emploi. Au milieu des années 1970 et du milieu des années 1980 jusqu'au milieu des années 1990, l'économie française a connu des chocs de demande négatifs. Le choc pétrolier de 1973 a fortement ponctionné la demande intérieure et, ensuite, à partir du milieu des années 1980, la demande privée a été affaiblie par la hausse des taux d'intérêt, par la faible progression des salaires et le chômage de masse. En 2009, la crise financière a provoqué un choc de demande négatif qui s'est notamment manifesté par une chute de la demande de biens de production. Au milieu des années 1990 et depuis 2009, une composante dite « keynésienne » du chômage est donc présente en France, en dépit du déficit budgétaire des administrations publiques qui soutient pourtant la demande. C'est-à-dire qu'une partie du chômage s'explique par un dynamisme insuffisant des débouchés pour les entreprises, ce qui ne les incite pas à embaucher.

III. Le rôle des institutions dans la persistance du chômage en France.

A. Une croissance économique française longtemps pauvre en emplois.

1. Une réelle spécificité de la situation française jusqu'au milieu des années 1990 est une croissance économique pauvre en emplois. De 1980 à 1995, alors que la France et la Grande-Bretagne ont eu globalement un taux de croissance économique annuel moyen équivalent, le taux de croissance annuel moyen de l'emploi civil a été en France de 0,15 % l'an contre 0,27 % l'an en Grande-Bretagne. Pour la France, la variation de l'emploi a contribué pour moins de 10 % à la croissance de la production, contre près de 15 % en Grande-Bretagne, 70 % aux États-Unis et la totalité aux Pays-Bas. Entre 1970 et 1990, alors que la croissance économique en France a été un peu plus forte en moyenne qu'aux États-Unis, le taux de croissance annuel moyen de l'emploi a été cinq fois plus rapide aux États-Unis. Ce pays a donc alors su récréer, notamment dans les services, les emplois perdus, surtout industriels.

2. Des mesures prises pour enrichir la croissance en emplois. Le déversement a fonctionné aux États-Unis dans les années 1970 et 1980, alors qu'en France les entreprises ont privilégié l'intensification capitalistique de leurs combinaisons productives et les activités nouvelles dans les services riches en emplois se sont peu développées. Dans la décennie 1990, la situation a pourtant fini par évoluer, grâce à des politiques publiques enrichissant la croissance en emplois. On constate en effet qu'en dépit d'une croissance économique annuelle moyenne de 0,5 point plus faible entre 1990 et 2007 qu'entre 1975 et 1989, le pourcentage annuel d'augmentation de l'emploi est en moyenne de 0,7 point plus élevé. Les politiques d'enrichissement de la croissance en emplois s'attaquent donc à la composante structurelle du chômage français et leur relatif succès est bien le signe de l'importance de cette forme de chômage dans les années 1990, à côté de la composante keynésienne.

B. Le coût du travail explique en grande partie le chômage structurel français.

1. Les effets du salaire minimum sur l'emploi en France. L'analyse néoclassique considère le salaire minimum comme une possible cause de chômage si le salaire plancher est fixé au-dessus du salaire d'équilibre du marché du travail, en particulier si ce salaire minimum est supérieur à ce que certains travailleurs pourraient rapporter à une entreprise qui les embaucherait, étant donné leur productivité et le type de poste occupé. C'est ainsi que le salaire minimum a pu évincer du marché du travail français les salariés les moins productifs, parce que les moins qualifiés, et a aussi empêché le développement en France de postes de travail moins rentables pour les entreprises que le coût d'un salarié au SMIC. Des études empiriques montrent cependant que l'instauration ou l'élévation du salaire minimum ne sont pas toujours défavorables à l'emploi, confirmant l'idée d'un niveau optimal de ce salaire plancher, afin qu'il évite les inégalités salariales trop fortes tout en n'entraînant pas une hausse du chômage. Des critères d'évaluation de ce niveau optimal sont l'observation de l'écart avec le salaire moyen ou bien de la part des salariés rémunérés au salaire minimum ou à proximité. En France, au début des années 2000, 14 % des salariés sont payés au salaire minimum, ce qui semble élevé par comparaison avec la proportion observée aux Pays-Bas (2,3 %) ou au Royaume-Uni (1,9 %) à la même période. Dans les années 1970 et 1980, ce salaire plancher a augmenté en France alors que le chômage progressait, tandis qu'aux États-Unis le salaire minimum a baissé dans les années 1980. Ce seul fait peut expliquer que la croissance ait été bien plus pauvre en emplois en France à cette époque (Thomas Piketty, 1999).

2. Les effets du coin fiscal sur l'emploi non qualifié en France. Le système fiscal français fait reposer une part importante du financement de la protection sociale sur la taxation de l'emploi.

Les cotisations sociales expliquent donc l'écart entre le coût du travail et le salaire perçu, ce que l'on nomme le coin fiscal. Il élève le coût du travail et incite donc les entreprises à utiliser des combinaisons productives plus intensives en capital. Par ailleurs, en élevant le coût global des facteurs, il réduit les possibilités productives des entreprises : certaines se développent moins et d'autres n'apparaissent pas, notamment dans des activités qui utiliseraient beaucoup de travailleurs peu qualifiés. L'effet négatif du coin fiscal sur l'emploi est apparu nettement lorsque, à partir de 1993, des politiques de baisse des cotisations patronales ont été conduites. Plusieurs études empiriques ont montré des effets positifs sur l'emploi non qualifié : celui-ci est reparti à la hausse à partir du milieu des années 1990 et les salariés payés au SMIC ont vu la probabilité de perte leur emploi diminuer. Entre 2000 et 2006, la hausse rapide du salaire minimum (4,2 % l'an en moyenne) a cependant absorbé une partie de l'effet sur l'emploi de la baisse des cotisations patronales au niveau du SMIC.

C. Les difficultés d'appariement entre l'offre et la demande de travail en France.

1. Le développement de trappes à inactivité en France à partir des années 1980. La courbe de Beveridge, qui mesure une relation décroissante entre les difficultés de recrutement et le taux de chômage, s'est déplacée en France à partir des années 1980 plus durablement qu'ailleurs vers la droite, ce qui signifie que le même degré de difficulté de recrutement se rencontre pour des niveaux de chômage plus élevés, et n'est repartie vers la gauche qu'à partir du milieu des années 1990. *A contrario*, la courbe de Beveridge, par exemple aux Pays-Bas ou aux États-Unis, est repartie vers la gauche dès le milieu des années 1980. Il existe donc soit un désajustement qualitatif entre l'offre et la demande de travail, soit une réticence plus marquée au retour à l'emploi de la part de certains chômeurs. Ceci peut être dû à des aides aux chômeurs (allocations chômage, revenu minimum d'insertion, aides locales aux transports, logement, etc.) qui incitent certains à prolonger leur recherche d'emploi plutôt que d'accepter des postes, en particulier ceux à temps partiel et rémunérés au salaire minimum. Yannick L'Horty et Denis Anne (2002) ont montré qu'un couple de chômeurs avec deux enfants percevant ces aides perdrait généralement de l'argent si un des adultes reprenait un emploi. Les trappes à inactivité semblent avoir été une réalité en France dans les années 1990 en particulier, elles ont été réduites ensuite par des dispositifs comme la prime pour l'emploi ou le revenu de solidarité active.

2. Les autres explications aux problèmes d'appariement sur le marché du travail en France. Les trappes à inactivité sont une explication insuffisante, car l'enfermement dans le chômage est rarement un choix positif, tant l'emploi est favorable aux personnes, à leur identité, leur vie sociale ou leur équilibre personnel. Le déplacement de la courbe de Beveridge vers la droite est donc sans doute aussi une conséquence de la progression du chômage de longue durée, qui affaiblit la capacité de certains chômeurs à reprendre un emploi. En France, en 2006, 42,8 % des chômeurs le sont depuis plus d'un an, contre 10,7 % aux États-Unis, 14,5 % en Suède ou 29,7 % au Royaume-Uni. Près d'un chômeur sur deux en France perd une partie de son capital humain en raison du chômage et d'une insuffisante politique de formation ou de reconversion professionnelle des chômeurs menée par les pouvoirs publics. Le déplacement vers la droite de la courbe de Beveridge dans les années 1980 et 1990 révèle donc en grande partie une inadéquation durable entre les offres d'emploi et les qualifications de chômeurs, mais aussi une difficulté à changer de lieu de résidence en raison du manque de logements dans les zones économiques dynamiques.

Ainsi, la persistance du chômage en France est explicable rationnellement grâce à l'observation des chocs économiques subis depuis quarante ans et aussi grâce à l'étude des composantes institutionnelles du marché du travail. C'est la combinaison de ces deux dimensions qui permet une vue d'ensemble des racines du problème : en l'absence des chocs négatifs d'offre et de demande qu'a connus l'économie française, le cadre institutionnel n'aurait pas nécessairement contribué à l'installation d'un chômage de masse. De même, un cadre institutionnel différent aurait pu permettre une meilleure absorption de ces chocs négatifs. Si, pour les besoins de la démonstration, les deux grandes explications (chocs et institutions) ont été distinguées, il ne faudrait pas sous-estimer l'effet de leur interaction.

L'analyse économique étant apte à distinguer les causes du cancer économique qui ronge la société française depuis tant d'années, on peut se demander pour quelles raisons celui-ci persiste. Sans parler de « préférence » pour le chômage, force est de constater qu'un ensemble de décisions ou de non-décisions ont contribué à laisser s'installer le chômage en France : le choix prioritaire de la lutte contre l'inflation et de la convergence européenne pour la création de l'euro dans les années 1980 et 1990, au détriment à court et moyen terme de la croissance et de l'emploi, la difficulté à faire accepter certaines réformes du système fiscal et social français, l'existence d'évolutions salariales au profit des *insiders*, et l'utilisation de l'augmentation du SMIC comme argument politique en sont des illustrations.

Références bibliographiques

- Pierre Cahuc et André Zylberberg, *Le Chômage, fatalité ou nécessité ?*, Flammarion, 2005.
- Jean-Paul Fitoussi, Olivier Passet, Jacques Freyssinet, *Réduction du chomage : les réussites en Europe*, Rapport du Conseil d'analyse économique, n° 23, La Documentation française, 2000.
- Jérôme Gautié, *Le Chômage*, La Découverte, 2009.
- Pierre-Alain Muet (dir.), *Le Chômage persistant en Europe*, Presses de la FNSP, 1994.
- Jean Pisani-Ferry, *Plein-emploi*, Rapport du Conseil d'analyse économique, n° 30, La Documentation française, 2000.

PARTIE 5
Structures sociales et changement social

Sujet 17 : La démocratisation de l'enseignement est-elle réelle ? (Pierre-Olivier Perl)

Sujet 18 : La jeunesse n'est-elle encore qu'un mot ? (Pierre-Olivier Perl)

Sujet 19 : Dans quelle mesure la notion de classe sociale permet-elle d'analyser le fonctionnement et les transformations de la société française depuis le XIXe siècle ? (Stéphane Moussiegt)

Sujet 20 : Dans quelle mesure les inégalités sont-elles encore explicables par l'appartenance sociale ? (Pierre-Olivier Perl)

Sujet 17

La démocratisation de l'enseignement est-elle réelle ?

Analyse du sujet

La démocratisation de l'enseignement est un thème récurrent de l'analyse sociologique et son actualité réapparaît épisodiquement dans la presse à l'occasion des grandes enquêtes internationales de type PISA. Les difficultés des élèves français à obtenir de bons résultats mettent en cause les structures de l'enseignement national et interrogent sur la capacité du système à faire progresser les élèves dotés de qualités suffisantes pour réussir, mais issus de milieux culturellement défavorisés.

Ce sujet peut s'inscrire à plusieurs niveaux dans les programmes d'AEHSC. Il apparaît bien évidemment dans la partie XI sur les transformations des niveaux de vie et des modes de vie, mais il peut aussi être mobilisé dans la partie sur les grands courants de la pensée sociologique dans la mesure où ce thème est important chez des auteurs comme Pierre Bourdieu, Raymond Boudon ou François Dubet, entre autres. De même, ce thème est présent à travers la problématique du déclassement social qui est aujourd'hui important dans les travaux sociologiques sur le changement social.

Une des difficultés majeures dans l'analyse du sujet est d'éviter les jugements de valeur car tout un chacun peut avoir son opinion sur la réalité, ou non, de cette démocratisation. C'est pourquoi il est fondamental de définir correctement les termes employés et qu'il est tout aussi indispensable de faire un effort pour ne pas produire une réflexion « militante » qui laisserait au second plan des analyses sociologiques pourtant fécondes.

Proposition de corrigé

En 2010-2011, les effectifs totaux d'élèves, d'apprentis et d'étudiants accueillis dans les secteurs publics et privés en France sont proches de 15 millions. Ces élèves et étudiants représentent 22,9 %

de la population totale. Les plus jeunes restent fortement scolarisés avant l'âge de la scolarité obligatoire, avec une moyenne de 80 % des enfants de 2 à 5 ans scolarisés. Jusqu'à 14 ans, la totalité des jeunes sont scolarisés, même si leur répartition entre premier et second degrés continue de varier. Par la suite, les taux de scolarisation par âge constatés en 2008-2009 permettent d'espérer, pour un jeune alors âgé de 15 ans, 6,1 années de formation initiale, dont 2,4 années dans l'enseignement supérieur.

Par rapport aux années 1960, les progrès de la scolarisation sont donc considérables. Mais cet accroissement remarquable signifie-t-il qu'il existe une meilleure égalité des chances ? Peut-il être relié à l'existence d'une baisse des inégalités face à la scolarité en fonction de critères tels que le genre, l'appartenance socioprofessionnelle des parents, l'origine ethnique ? Les chiffres de la répartition des enfants dans les différentes filières de l'enseignement secondaire ainsi que ceux des origines des étudiants en classes préparatoires semblent montrer que non. Ces données quantitatives remettent en cause la légitimité et l'existence de la démocratisation de l'enseignement scolaire. Pour Pierre Merle (*La Démocratisation de l'enseignement*, La Découverte, 2009), la rigueur sociologique veut alors que l'on distingue la massification de la scolarisation de la démocratisation scolaire. Le premier terme signifie qu'il y a de plus en plus d'élèves et le second qu'il y a un progrès dans la réduction des inégalités. Or, de ce point de vue, la démocratisation est incertaine, voire ségrégative. Alors que les moyens mis en œuvre par l'État français sont visibles statistiquement (la dépense intérieure d'éducation a été multipliée par 1,8 depuis 1980, en euros constants, et elle représente 6,9 % du PIB en 2009, ce qui correspond à 132,1 milliards d'euros, ou à 7 990 euros par élève ou étudiant, et plus de 2 000 euros par habitant), peut-on affirmer que la démocratisation est aussi une réalité sociale ?

Les enjeux égalitaires de la démocratisation scolaire nécessitent de s'interroger sur les origines externes des obstacles à son épanouissement (I) comme aux blocages internes, liés à l'institution comme à ses membres, afin de mieux comprendre comment permettre une plus grande justice scolaire et sociale (II).

I. La démocratisation de l'enseignement fondée sur l'égalité des chances est bloquée par des obstacles externes à l'institution.

A. Une école pour tous, mais clairement inégalitaire, produit une démocratisation qui reste ségrégative.

1. La mise en œuvre de l'élitisme républicain. S'il est de coutume de faire de la loi Guizot (1833) la première loi sur l'instruction primaire universelle pour «éclairer» le peuple, le Second Empire par l'intermédiaire de Victor Duruy (1867), assigne à l'école le soin «*d'élever chacun dans sa condition*». Chaque classe sociale a ainsi son école: primaire pour les enfants du peuple afin qu'ils apprennent à lire et à écrire, secondaire avec le lycée pour les enfants de la bourgeoisie. C'est dans l'entre-deux-guerres que la loi donne aux enfants du peuple la possibilité réelle de faire des études en rendant l'enseignement secondaire gratuit (1930). Mais pour éviter un afflux trop important, lié aux conditions démographiques, un examen d'entrée est mis en place: la méritocratie se donne les moyens d'exister. Ce système méritocratique mais inégalitaire permettait aux enfants du peuple les plus méritants de devenir boursiers et d'accéder à l'ascenseur scolaire. Ce système de l'élitisme républicain a été critiqué dès l'entre-deux-guerres, mais peu, car il permettait une certaine mobilité sociale.

2. Le développement de la démocratisation. C'est avec l'abolition de l'examen d'entrée en sixième (il disparaît partiellement à partir de 1956) et la création du collège unique (1975) que l'égalité des chances se met en place. À partir de ce moment, tous les enfants participent à la même compétition scolaire. Mais, malgré des structures favorables à l'égalité, les résultats sont décevants: les travaux sociologiques de l'époque vont s'interroger sur cet échec pour comprendre les obstacles à la démocratisation de l'enseignement. Si une certaine démocratisation quantitative existe (Antoine Prost) elle n'en reste pas moins ségrégative (Pierre Merle) car si l'accès à la scolarité s'est élargi, les filières les plus prestigieuses restent l'apanage des «héritiers». Pour comprendre ces blocages, les analyses se tournent vers l'existence des inégalités sociales qui restent prégnantes et qui déterminent la réussite scolaire. Pour François Dubet (*L'École des chances,* 2004), l'influence du milieu social détermine des comportements plus ou moins adaptés aux demandes de l'institution scolaire. Les enfants de milieu populaire vivent alors une véritable acculturation pour réussir à l'école. À l'inverse, les enfants de milieux aisés connaissent les codes avant même que la compétition ne s'engage. C'est pourquoi les écarts se font dès la prime enfance. Dubet souligne aussi le rôle des ressources et des stratégies des familles. Ceux qui connaissent les codes et les arcanes de la scolarité permettent à leurs enfants de réussir.

B. Une origine sociale différenciée conditionne l'accession à l'élite.

1. L'école est un moyen de la socialisation. Jusqu'aux années 1960, la conception durkheimienne de l'éducation prime en France. L'école est conçue comme un moyen d'inculquer aux enfants les valeurs communes à travers la socialisation scolaire. Dans ce contexte, les travaux américains de Talcott Parsons ("The School Class as a Social System : Some of its Functions in American Society" in *Harvard Educationnal Review*, vol. 29, n° 4, 1959) mettent l'accent sur le rôle d'agent de socialisation de l'univers scolaire : il doit apprendre le loyalisme aux enfants, c'est-à-dire le sens de l'intérêt collectif. Mais dans une logique méritocratique. Pour Daniel Bell, cette logique est intimement liée aux sociétés postindustrielles, car la méritocratie permet d'allouer les positions sociales de manière équitable et de mobiliser efficacement les divers talents individuels. Il s'agit donc d'un système juste pour les individus et efficace pour la collectivité.

2. La reproduction de classe reste prégnante. Mais alors comment expliquer la pérennité d'une hiérarchisation scolaire identique à la hiérarchisation sociale ? Dans *L'École capitaliste en France* (1971), Christian Baudelot et Roger Establet expliquent que l'école n'est méritocratique qu'en apparence et qu'elle divise les enfants en fonction de leur origine sociale : les enfants de la bourgeoisie sont destinés à réussir et à reproduire la situation parentale, alors que les enfants de milieux populaires restent voués aux travaux subalternes. L'école reproduit dans son mode de fonctionnement les clivages de la société capitaliste et il est hors de question que les enfants du prolétariat accèdent aux postes les plus prisés par la logique bourgeoise. L'école obéit aux rapports de production : l'infrastructure reste essentielle.

3. La scolarisation et la culture expliquent que la réussite scolaire est un héritage. Dès 1964, dans un contexte de croissance importante des effectifs scolaires, puisque le nombre d'étudiants augmente de près de 45 % entre 1950 et 1960, Pierre Bourdieu et Jean-Claude Passeron, dans *Les Héritiers*, s'interrogent sur les inégalités d'accès aux études supérieures : l'école est une machine à sélectionner les élus qui permet d'éliminer les enfants des classes dominées. C'est ainsi que les fils de cadres supérieurs de l'époque ont 80 fois plus de chances d'entrer à l'université que les fils de salariés agricoles et 40 fois plus que les fils d'ouvriers. Pour atteindre cet objectif, le système scolaire privilégie des mécanismes de sélection culturelle plus qu'économique. C'est l'héritage culturel qui s'avère être un élément essentiel de la réussite scolaire. Cet héritage s'appuie sur une maîtrise inégale d'outils intellectuels, comme le langage, ou plus symboliques, comme une *certaine* vision du monde (*Weltanschauung* chez Max Weber) transmise par les parents aux enfants et qui permet d'accepter les contraintes scolaires. Cette vision du monde se transmet à travers l'habitus qui s'utilise au quotidien à travers le « sens pratique » dont font preuve les enfants des différentes classes ou fractions de classe pour se mouvoir dans le champ scolaire. Cet habitus intègre aussi des valeurs telles que la valorisation du savoir comme fin en soi, qui permet aux enfants des milieux dominants de partager les mêmes valeurs que les enseignants, de sorte que la sélection s'opère car les enfants qui ne les partagent pas sont exclus du système pour manque de travail ou comportement inadéquat.

Ainsi, il existe une « conspiration du silence » autour des conditions sociales de la réussite scolaire qui permet à l'école de remplir sa mission de légitimation de l'ordre social (Marie Duru-Bellat et Agnès Van Zanten, *Sociologie de l'école*, 2007). L'héritier hérite des positions de son milieu social car il a su prouver à l'institution scolaire qu'il était légitime dans son savoir et son savoir-être, qu'il a été sanctionné positivement par les censeurs institutionnels. Il reste le fruit de la sélection méritocratique et il renvoie dans l'incapacité et la domination l'élève qui a échoué dans son parcours scolaire (prédestiné socialement).

C. Des stratégies d'acteurs rendent effectives les réussites ou les échecs de la scolarité.

1. La nécessité de rendre compte des pratiques d'acteurs. Cette analyse des obstacles à la démocratisation de l'enseignement ne permet pas de mobiliser directement le jeu des acteurs dans le cadre d'une **stratégie** personnelle ou familiale. Les travaux de Raymond Boudon récusent l'idée même que l'on puisse partir du niveau macrosocial pour comprendre les obstacles à la démocratisation. Son ouvrage de 1973, *L'Inégalité des chances*, est une réponse clairement individualiste et méthodologique à l'analyse bourdieusienne de l'origine des blocages scolaires. Il faut donc partir de l'acteur pour comprendre les effets pervers du système scolaire, les obstacles à la démocratisation. Ces acteurs font des choix, en termes de coûts et d'avantages, qui les conduisent à décider s'ils doivent rester dans le cadre scolaire ou bien le quitter, s'ils doivent choisir une voie d'études courtes ou longues, s'ils doivent s'orienter vers des filières professionnalisantes ou générales. Cela étant, ces choix s'opèrent dans un univers de contraintes sociales qui sont appréhendées par les acteurs de manière différente. Il ne faut donc pas mobiliser des facteurs de classes pour expliquer les bifurcations de l'orientation, mais la rationalité des acteurs particuliers compte tenu de leurs contraintes. Ces analyses trouvent un certain écho dans la réalité scolaire à travers les choix d'orientation. On constate en effet qu'il existe une sorte d'autosélection différenciée qui conduit les enfants de milieux populaires à ne pas s'aventurer dans des filières longues, à l'inverse des enfants de milieux favorisés.

2. La ségrégation scolaire peut être librement choisie. Ainsi peuvent donc s'expliquer le maintien d'une démocratisation ségrégative, par « libre choix », par sélection d'un univers raisonnable. De ce point de vue, même s'ils restent dans une logique plus proche des travaux de Pierre Bourdieu, les travaux de Stéphane Beaud (*80 % au bac… et après ? - Les enfants de la démocratisation scolaire*, 2003) montrent que le destin des enfants de Montbéliard n'est pas le même selon qu'ils se dirigent vers des lycées de centre-ville ou de périphérie. Certains bons élèves issus de milieu populaire tentent le lycée de centre-ville, mais leur acculturation scolaire ne peut se faire, entraînant une sorte d'*« exclusion de l'intérieur »* : coutumiers des retards et absences, chahuts collectifs ou provocation individuelle des enseignants, ces élèves resteront au seuil du lycée. Inversement, certains élèves issus de ZEP adhèrent entièrement aux valeurs du lycée. Mais ces jeunes n'ont pas pour autant complètement coupé avec leurs racines. En effet, si les parents étaient ouvriers, les jeunes n'en seront pas pour autant cadres après avoir obtenu des diplômes universitaires. Leur insertion dans le monde tertiaire se réalise sous forme d'emplois aidés, à durée déterminée, à bas salaire. Ils seront dans un entre-deux culturel : ils auront certes profité d'une « adolescence » plus longue que celle de leurs parents, exposés très jeunes au monde du travail, mais cette situation n'est qu'en apparence favorable. Ayant au départ réussi à l'école, ils sont considérés comme responsables de leur destinée. Et leur échec professionnel sonne le glas de l'espérance d'une transformation de la réussite scolaire en réussite sociale. Ils se sentent en même temps bernés par un système qui n'a pas tenu ses promesses, et responsables de leur échec, ce qui produit une souffrance certaine dans ce public déjà fragilisé.

II. Les fonctionnements institutionnels peuvent être contradictoires avec les objectifs affichés.

A. Une offre scolaire inadaptée à la réalité des inégalités.

1. Une réflexion sur les usagers de l'école est nécessaire pour comprendre l'origine des blocages. Pour Marie Duru-Bellat (*in* Jean-Louis Derouet, dir., *Le Collège unique en question*, 2003) une des questions essentielles à laquelle doivent répondre les analyses sociologiques est de comprendre ce qu'est un élève en difficulté. Sont-ce des enfants qui ont des problèmes d'apprentissages ou des enfants qui posent problème aux enseignants ? Les travaux de Jean-Pierre Terrail (*L'École en France. Crise, pratiques, perspectives*, 2005) montrent que, quand on les répartit en quatre quarts dans l'ordre croissant de leurs performances aux évaluations à l'entrée en sixième, la part des enfants d'ouvriers qui ont atteint la seconde générale ou technologique sans redoubler au collège passe, d'un quartile à l'autre, de 6 % à 25 %, puis 55 % et enfin 85 %. Mieux : légèrement supérieures, les proportions correspondantes d'enfants de cadres qui entrent au lycée sans redoubler sont du même ordre. Si tous les élèves réussissaient aussi bien leur primaire, l'avantage des enfants de cadres sur les enfants d'ouvriers serait donc très faible. Au collège, puis au lycée, les parcours scolaires des élèves dépendent alors davantage de la réussite en primaire que de l'origine sociale.

Qu'ils soient enfants de cadres ou enfants d'ouvriers, les bons élèves du primaire ont ainsi toutes chances d'arriver sans encombre en seconde. Les effets de la scolarisation primaire se mesurent jusque dans l'enseignement supérieur : 61 % des élèves du dernier quartile obtiennent au moins la licence, contre seulement 28 % des élèves du troisième quartile, 12 % du second et à peine 6 % du premier. Le principal obstacle à la démocratisation scolaire vient donc du fait que les enfants des classes populaires se situent bien plus souvent dans les premiers quartiles, nettement sur-représentés parmi ceux qui ne savent pas lire et écrire correctement en entrant en sixième.

2. Le collège unique n'est pas la solution. Ces faits remettent en cause le fonctionnement des institutions que sont les écoles primaires et les collèges face à l'objectif de la démocratisation. Il semble qu'au-delà des inégalités dont il hérite, le collège en fabrique de nouvelles par l'hétérogénéité de l'offre scolaire et la création de filières implicites. Cette offre différenciée va rencontrer la demande des familles qui mettent en place des stratégies pour placer au mieux leurs héritiers. Mais les conséquences de ces choix échappent grandement aux enfants des familles ne possédant pas le code d'entrée dans les filières de l'enseignement long et rentable sur le marché du travail.

De la même manière, le choix du collège revêt une importance assez forte. Dans son enquête sur l'égalité des chances aux États-Unis, James Coleman (1966) montre que les élèves noirs obtiennent de meilleurs résultats quand ils sont intégrés dans des écoles dont le recrutement ethnique est mixte car dans ses calculs, « l'effet de pairs » joue un rôle important dans la réussite scolaire. Cette analyse a conduit à inscrire à l'agenda politique le développement du ramassage scolaire afin de permettre aux enfants issus des différents groupes ethniques, et vivant dans des quartiers séparés, de partager les mêmes locaux scolaires. En France, Aletta Grisay (« Que savons-nous de l'"effet établissement" ? » *in* Gaétane Chapelle et Denis Meuret, dir., *Améliorer l'école*, 2006) montre que l'effet établissement joue pour 3 % de la variance en français et 5 % en math. Mais cette faiblesse apparente de l'effet établissement doit être modulée par le fait que les écarts entre les écoles sont aux deux extrêmes très importants et que l'effet établissement est plus fort pour les élèves en difficulté.

B. Les pratiques professionnelles sont parfois ségrégatives.

1. Des pratiques pédagogiques trop homogènes nuisent à la démocratisation. Si l'effet établissement est un obstacle assez limité à la démocratisation de l'enseignement, Stéphane Bonnery (*Comprendre l'échec scolaire*, 2007) explique qu'il faut aussi étudier les pratiques pédagogiques, notamment depuis la mise en place du collège unique. Il constate alors que l'école privilégie depuis vingt ans le développement des compétences et des dispositions chez l'élève à travers la mise en place de situations, d'interactions dans la classe, de raisonnement. Or, ces manières de faire actuelles peuvent être un facteur d'inégalité plus important pour les élèves qui ne disposent pas, en dehors de l'univers scolaire, des clefs de lecture qu'il faut posséder pour comprendre les attentes nouvelles des enseignants. Il faut donc que l'école puisse construire ces compétences sous peine d'exclure les élèves des milieux défavorisés de la compréhension de l'univers scolaire. Mais Bonnery admet que ces problèmes ne sont pas irrémédiables. Ils sont d'abord le fruit d'une histoire scolaire qui a éliminé les enfants de milieu populaire et peuvent changer si les dispositifs pédagogiques se modifient.

2. La démocratisation suppose des réformes structurelles. La démocratisation scolaire suppose à cet égard la substitution à l'école unique d'une véritable école commune. L'enquête internationale PISA de l'OCDE montre d'ailleurs que les systèmes scolaires les plus efficaces et les moins injustes sont ceux qui se sont dotés d'un véritable tronc commun, que tous les élèves parcourent au même rythme au moins jusqu'à 16 ans.

Mais bien sûr cela ne suffit pas : la seconde série de raisons concerne l'efficacité insuffisante des pratiques d'enseignement. Les taux élevé d'illettrisme sont la preuve de l'échec de l'enseignement et incitent à un réexamen d'ensemble de la façon dont sont conduits les apprentissages élémentaires. Mais la nécessité de transformations pédagogiques pour favoriser la démocratisation se heurte aux pesanteurs et à l'histoire du métier d'enseignant. Dans *La Profession d'enseignant* (2005), Maurice Tardiff et Claude Lessart s'intéressent aux dilemmes et défis de l'enseignement aujourd'hui. Il semble qu'il y ait dans tous les pays une évolution plus ou moins convergente des formes d'enseignement. L'enseignement ayant longtemps été considéré comme une vocation, il était peu payé et peu valorisé. L'idée d'une vocation de l'enseignant introduit le don dans la relation pédagogique. Or, ce don nécessite un contre-don qui doit être celui de l'élève : il doit se plier aux exigences de discipline, d'apprentissage, de respect. Or, depuis plus de vingt ans, la société comme le monde enseignant se transforment. Ces éléments qui caractérisent le changement dans l'univers des enseignants sont le vieillissement du corps enseignant, la compression budgétaire en éducation, le désengagement de l'État et ses nouveaux modes de régulation, le mouvement de professionnalisation des enseignants, les TIC, la crise du savoir, l'appauvrissement des enfants, l'augmentation de l'exclusion et l'éclatement du modèle d'autorité. Loin de l'idéologie du don et du contre-don, ces modifications remettent en cause la nature même du métier pour un certain nombre d'enseignants qui ont des difficultés à s'adapter aux nouvelles conditions professionnelles et qui regrettent en permanence les changements sous l'argument d'une baisse de niveau, d'un manque de motivation des élèves ou d'une démocratisation-massification. Ainsi, le décalage s'accroît entre un système scolaire issu, et ancré, dans le monde industriel et des changements sociaux postindustriels et fondés sur les nouvelles technologies. Les enseignants s'adaptent souvent mal aux nouvelles formes de l'enseignement de masse alors même que le modèle ancien est obsolète et inefficace.

Les obstacles à la démocratisation de la société sont multiples : ils mettent en jeu les héritages culturels, les stratégies familiales, les blocages administratifs et institutionnels, etc. Une lecture limitative de l'histoire de la sociologie conduit à penser que ces diverses interprétations ont suivi des principes chronologiques. Les explications externes semblent primer jusqu'aux années 1970 pour être ensuite « dépassées » par des explications stratégiques. Cependant, une telle lecture fausserait les travaux contemporains sur le sujet qui récusent cette fausse opposition. Il suffit de considérer les nombreuses références aux travaux du Centre de sociologie européenne dans les écrits actuels des élèves de Touraine pour comprendre que les apports de chacun doivent être mises à contribution pour comprendre la complexité du phénomène.

L'interrogation fondamentale demeure : pourquoi est-il si difficile de réformer le système scolaire ? Les réticences au changement viennent en partie du monde scolaire. Les enseignants sont fragilisés par les changements de normes et de culture de ceux que l'institution accueille et les conditions du travail pédagogique sont transformées. Dans ce cadre, le changement est vécu comme un abandon, voire un désaveu, de la valeur du métier. Mais il est aussi difficile de démocratiser l'école parce qu'elle fournit des places aux héritiers les mieux placés dans la hiérarchie sociale. Changer l'institution reviendrait à changer les codes et donc le pouvoir de ceux qui les connaissent.

Références bibliographiques

- Stéphane Bonnery, *Comprendre l'échec scolaire*, La Dispute, 2007.
- Raymond Boudon, *L'inégalité des chances*, Armand Colin, 1973.
- Pierre Bourdieu, Jean-Claude Passeron, *Les Héritiers. Les étudiants et la culture*, Minuit, 1964.
- Jean-Louis Derouet (dir.), *Le Collège unique en question*, PUF, 2003.
- François Dubet, *Les Places et les chances. Repenser la justice scolaire*, Seuil, 2009.
- François Dubet, Marie Duru-Bellat, Antoine Vérétout, *Les Sociétés et leur école*, PUF, 2010.
- François Dubet, *L'École des chances*, Seuil, 2004.
- Marie Duru-Bellat, Agnès Van Zanten, *Sociologie de l'école*, Armand Colin, 2006.
- Éric Maurin, *La Nouvelle Question scolaire*, Seuil, 2007.
- Pierre Merle, *La Démocratisation de l'enseignement*, La Découverte, 2009.
- Ministère de l'Éducation nationale, *L'État de L'École (30 indicateurs)*, publication annuelle, 2011.
- Jean- Pierre Terrail, *L'École en France*, La Dispute, 2005.
- Bernard Toulemonde (dir.), *Le Système éducatif en France*, La Documentation française, 2006.
- Agnès Van Zanten, *Les Politiques d'éducation*, Q.S.J.?, PUF, 2004.

Sujet 18

La jeunesse n'est-elle encore qu'un mot ?

Analyse du sujet

La jeunesse a été un des enjeux de la dernière élection présidentielle. Il faut dire que la sonnette d'alarme est tirée depuis de nombreuses années : la France laisserait sa jeunesse dans l'exclusion, le chômage, et lui interdirait de s'émanciper dans des conditions satisfaisantes. Ce constat n'est pas seulement celui des hommes politiques et des journalistes, il est aussi celui d'économistes et de sociologues comme Pierre Cahuc ou Olivier Galland. Ils en ont d'ailleurs tiré un ouvrage au titre évocateur : *La Machine à trier, comment la France divise sa jeunesse*.

Au-delà du constat, le sujet pose la question de la manière dont l'analyse sociologique peut manier et utiliser un concept qui est aussi un mot d'usage courant. Un détour par l'histoire de la pensée sociologique est alors nécessaire. En effet, le titre du sujet fait explicitement référence aux travaux de Pierre Bourdieu et à son article republié en 1980 dans *Questions de sociologie*. À ce titre, ce sujet est lié au point VII du programme sur les différentes formes de structures sociales, tant au niveau des éléments de sociologie (objet et méthodes, les grands courants d'analyse) que de l'évolution des structures sociales depuis la révolution industrielle. Mais on peut aussi le mobiliser dans le point XI : le changement social contemporain dans les pays développés à économie de marché dans le cadre des transformations des niveaux de vie et des modes de vie.

Il s'agit donc d'un sujet qui doit permettre de mobiliser des connaissances conceptuelles et historiques importantes tout en posant les bases de la compréhension de la place de la jeunesse dans la société contemporaine.

Proposition de corrigé

C'est dans un entretien avec Anne-Marie Métaillé, paru dans *Les Jeunes et le premier emploi* (Association des âges, 1978) que Pierre Bourdieu fait paraître pour la première fois son article destiné à faire grand bruit: « La "jeunesse" n'est qu'un mot ».

Dans cet article, Pierre Bourdieu précise que la jeunesse est une situation biologique doublée d'une construction sociale qui est enjeu de lutte, celle-ci pouvant être différente selon les diverses fractions de classes sociales.

Cette analyse peut donc être mobilisée pour expliquer pourquoi la jeunesse, tant décriée par les plus âgés, est rejetée et mal intégrée dans le monde du travail. Dans un contexte de crise, le chômage des jeunes peut être un moyen de maintenir le travail des plus âgés. Pourtant, la jeunesse n'est pas unique et une partie des jeunes arrive à s'en sortir tant scolairement que professionnellement. Elle est donc fragmentée et souffre d'une forme d'abandon de la part des pouvoirs publics et de la société dans son ensemble. Derrière le mot, se cachent des maux qui révèlent des dysfonctionnements sociaux.

Sociologiquement, la jeunesse est une catégorie qui ne doit pas être confondue avec la notion d'âge ni avec celle de génération. La distinction n'est pas simple dans la mesure où, si l'âge se définit en partie de manière biologique, il se définit aussi comme « l'ensemble des expériences d'une même période ». Mais durant une même période, tous les individus n'ont pas nécessairement le même vécu car celui-ci peut dépendre de leur engagement, de leur origine sociale, etc.

La sociologie fournit donc des concepts qui permettent de s'interroger sur l'existence de la jeunesse en tant que groupe. Les analyses de Pierre Bourdieu sont-elles alors inopérantes pour comprendre la jeunesse actuelle ?

La jeunesse est un objet fondé sur les âges qui s'est construit historiquement et dont l'invention correspond à une fonction sociale (I), mais dont le sens sociologique est controversé, car elle peut être considéré de manière homogène, comme une catégorie en soi, ayant sa propre culture et ses propres centres d'intérêt (II), ou elle peut se concevoir comme une étape de la vie, intermédiaire entre l'enfance et l'âge adulte, prenant des caractéristiques aux uns et aux autres, mais se référant toujours à son aboutissement : devenir adulte (III).

I. Au-delà du mot, la jeunesse est un objet fondé sur les âges qui s'est construit historiquement et dont l'invention correspond à une fonction sociale.

A. La jeunesse apparaît tardivement dans les sociétés occidentales.

1. Une jeunesse plurielle au XIXe siècle. Si la jeunesse se définit comme une période d'attente, il n'y a pas de jeunesse ouvrière au XIXe siècle. Quand l'enseignement se développe, il reste bref et, en milieu urbain, les enquêtes montrent que les enfants travaillent fréquemment dès 8 ans (voir les travaux de Villermé par exemple). Il faut cependant distinguer la jeunesse rurale et la jeunesse urbaine. À la campagne, les jeunes participent aux travaux de la ferme en respectant la division sexuelle des tâches. En milieu urbain, le jeune est aussi placé à l'extérieur du milieu familial, chez un particulier ou dans des usines. Ainsi, les jeunes de milieu populaire gagnent de l'argent, mais ils ne sont pas indépendants. La définition sociale de la jeunesse bourgeoise est différente. Elle est scolarisée assez massivement dans des collèges, mais seule une petite partie poursuit de longues études.

2. Une jeunesse aux contours opaques au XXe siècle. À partir du XXe siècle, il devient plus difficile de marquer les seuils de la jeunesse bourgeoise. La fin de l'école primaire et la communion solennelle ne marquent plus une coupure puisque les études durent plus longtemps. De même, le jeune bourgeois effectue souvent son service militaire, même si c'est comme aspirant, ce qui lui laisse plus de liberté que celle accordée au simple conscrit. Dès l'entre-deux-guerres, il semble que la jeunesse obéisse à des critères liés au genre. Les jeunes garçons font des études mais ils n'habitent plus toujours chez leurs parents, ce qui leur octroie une certaine liberté, et notamment il leur est reconnu le droit d'avoir des aventures. Pour les jeunes filles, la situation est différente. En effet, elles font des études secondaires plus longues qu'au XIXe siècle, mais ces jeunes filles de « bonnes familles » reviennent ensuite auprès de leur mère faire «la jeune fille de maison», c'est-à-dire apprendre leur rôle de femmes et d'épouses.

B. L'existence de la jeunesse ne produit pas de conflits de génération.

1. La jeunesse est encadrée pour ne pas faire peur. Si l'esprit révolutionnaire ne gagne pas l'ensemble de la jeunesse, c'est aussi parce qu'elle fait peur et que des mouvements de jeunesse sont créés pour l'encadrer. De 1911 à 1930, apparaissent les divers mouvements de scoutisme, les jeunesses agricoles chrétiennes, les jeunesses ouvrières chrétiennes, les auberges de jeunesse, les patronages, les associations de loisirs, les mouvements d'éducation populaire, etc. Certes, les techniques éducatives de ces mouvements rompent avec la pédagogie traditionnelle, mais elles se fondent sur des principes «sains», sur la découverte de la nature, sur la rudesse de la vie au grand air. Ces mouvements marquent la volonté de regrouper des jeunes en les séparant de leur famille, mais au profit d'une culture d'intégration. En effet, ces mouvements ne remettent pas en question la place de la jeunesse dans la société.

2. Des conflits d'âge réduits. Dès lors, les conflits de génération sont très peu nombreux dans la société française du premier XXe siècle. La société française bénéficie à la fois de la survivance des modes anciens de structuration de la jeunesse populaire comme groupe d'âge aux droits spécifiques mais destiné à travailler rapidement; en même temps que s'invente un mode de gestion souple des aspirations à l'autonomie, essentiellement dans la jeunesse bourgeoise, pour les futures élites. Cette vision un peu idyllique n'empêche pas que la volonté des adultes soit toujours d'encadrer la jeunesse afin d'en maîtriser l'évolution. «*Qui a l'enfant a l'avenir*», disait le Cardinal de Paris au moment de la séparation de l'Église et de l'État, et en 1943 fut créé le Commissariat général à la jeunesse dans le but de considérer la jeunesse comme un des corps de la société que l'État doit promouvoir et encadrer. Cette volition politique, d'une certaine manière, correspond à l'idée que la jeunesse est spécifique et homogène.

II. La jeunesse peut être considérée comme un groupe spécifique.

A. La jeunesse est un groupe particulier qui fait débat.

1. L'émergence de la jeunesse comme catégorie. Pour Émile Durkheim, la jeunesse est un groupe particulier parce qu'il est composé d'êtres, les enfants, dont la personnalité est à la limite de l'animalité : l'enfant est un être asocial parce qu'il n'a pas encore reçu les « marques indélébiles » de la contrainte sociale. Il faut donc l'éduquer. Dans un ouvrage de 1962, *L'Esprit du temps*, Edgar Morin met en exergue l'importance du fait juvénile pour la société tout entière. La culture juvénile n'est pas propre à un groupe d'âge, mais elle infiltre en les « juvénilisant » les modèles culturels dominants. Grâce aux médias, elle oriente les systèmes de valeur vers le changement culturel et la modernité, Morin pensant que les goûts sont uniformisés sous l'effet de la modernisation et du développement de la culture hédoniste.

2. La jeunesse n'est qu'un mot. Cette thèse est réfutée par les tenants de l'école bourdieusienne qui pensent que la jeunesse n'est qu'un mot et qu'elle se définit par des mécanismes de déclassement ou de reclassement. Jean-Claude Chamboredon développe une hypothèse diffusionniste dans la mesure où la culture juvénile ne serait rien d'autre que l'adoption du modèle étudiant « *réinterprété selon la logique du chahut* » par les jeunes des classes moyennes scolarisés et qui se constituent en classe d'âge. Chamboredon critique la conception « interclassiste » de la société préconisée par Morin qui fait fi des différences de classes. Pour Chamboredon, la culture adolescente reste une forme de conformisme, imposée par le modèle bourgeois, qui est adopté pour vivre une indétermination statutaire. Le débat entre Chamboredon et Morin à propos du fait juvénile conduit à une interrogation sociologique centrale : est-il légitime de penser la jeunesse comme une catégorie sociologique, c'est-à-dire comme un groupe social doté, à côté d'autres déterminations, d'une certaine unité de représentation et d'attitudes liées à l'âge ? Bourdieu répondra à cette interrogation dans « La jeunesse n'est qu'un mot ». Pour lui, « *la classification par âge revient toujours à imposer des limites et à produire un ordre auquel chacun doit se tenir, dans lequel chacun doit tenir sa place* ». Dans ce contexte, la jeunesse et la vieillesse sont construites socialement, dans leur lutte pour obtenir ou se maintenir au pouvoir. Pour savoir comment se découpent les générations, il faut connaître le fonctionnement du champ et donc ses enjeux.

3. Une analyse contemporaine qui prend ses distance avec Bourdieu. Actuellement, certains sociologues français continuent à penser la jeunesse comme un groupe particulier, mais en dehors du cadre bourdieusien. Ils s'intéressent à l'adolescence comme phase originale marquée par une autonomie des relations amicales avec le maintien d'une dépendance vis-à-vis des parents. François de Singly (*Les Adonaissants*, 2006) définit l'adolescence par des critères statutaires et identitaires. La définition statutaire conduit de Singly à différencier autonomie et indépendance, et l'adolescence est donc une période d'autonomisation sans indépendance. La différence avec les périodes historiques précédentes est que la recherche d'indépendance est de plus en plus précoce. Pourtant, des différences sociales se maintiennent. Selon de Singly, dans les milieux cadres, l'adolescent possède une identité clivée, celle qui est liée à son groupe de pairs et qui valorise l'épanouissement personnel, et celle qui est liée à sa famille et qui valorise la reproduction sociale. Dans les milieux populaires, l'opposition est moins marquée dans le domaine culturel entre les parents et les enfants. La continuité est plus grande.

B. La jeunesse possède sa ou ses propres sous-cultures.

1. L'analyse de la culture jeune aux États-Unis insiste sur la déviance. Dans *Street Corner Society* (1955), William F. White étudie la vie des banlieues et divise les jeunes adolescents de la *lower class* en deux grands groupes : les « *college boys* » qui sont intéressés par la promotion sociale et qui s'identifient aux classes moyennes ; et les « *corner boys* » qui sont attachés à leur communauté locale et qui se satisfont du mode de vie populaire. Les *corner boys* doivent changer d'habitudes pour s'intégrer dans la société. Mais les deux formes coexistent souvent au sein des mêmes individus, d'où des problèmes d'ajustement. Comment les résoudre ? Une première solution consiste à devenir *college boy*, mais c'est moralement coûteux pour les *corners*. Une seconde solution consiste alors à rester *corner boys*, ce qui leur permet de rester en contact avec les membres du groupe, tout en gardant un lien avec la culture parentale, la culture ouvrière. Cette réponse permet aussi de maintenir des chances d'ascension sociale plus tard, une fois l'adolescence terminée. Une troisième réponse est celle de la délinquance : elle permet d'échapper à une situation humiliante en répudiant explicitement la culture des classes moyennes. Cette réponse intervient quand il y a conflit d'ajustement entre les normes des *college boys* et des *corner boys*.

2. Nécessité de dépasser la déviance pour comprendre la jeunesse. Olivier Galland note que, dès les années 1960, la question juvénile ne se réduisait pas à la délinquance et que l'*« explosion du fait juvénile, repris et exploité par les industries culturelles mais ne s'y réduisant pas, est liée à la scolarisation massive et de plus en plus prolongée d'une masse croissante de jeunes de tous milieux. La classe d'âge adolescente est ainsi définitivement constituée par le temps scolaire et invente sa culture propre. Mais cette irruption de la sociabilité juvénile dans une société adulte qui ne l'attendait pas et ne savait pas la gérer va créer les conditions d'un affrontement qui prendra plusieurs formes : celle, populaire, des bandes et des « blousons noir », celle ensuite, dans les couches moyennes et à l'université, de la révolte étudiante »* (Olivier Galland, *Les Jeunes*, 2009).

III. La jeunesse peut se concevoir comme une étape de la vie, intermédiaire entre l'enfance et l'âge adulte.

A. La jeunesse est une « étape de la vie ».

1. La jeunesse est une étape dans un processus. Face aux difficultés des définitions qui extraient les jeunes de l'analyse globale de la société, Olivier Galland propose une définition sociale de la jeunesse qui *« devrait s'appuyer sur des critères qui rendent compte de la place des jeunes dans la structure sociale, de leur participation spécifique aux rapports sociaux »* (*Sociologie de la jeunesse*, 2009). Mais la difficulté réside dans la manière dont il est possible de construire socialement cette catégorie particulière. Galland admet qu'il faut rompre avec l'idée que la jeunesse est une catégorie car elle se définit essentiellement par la précarité de sa position. Elle est une étape. Une approche sociologique de la jeunesse revient donc à étudier *« les conditions du passage d'un statut d'âge, l'adolescence, à un autre, l'âge adulte »*.

2. La jeunesse peut se décomposer en plusieurs étapes. En tant qu'âge de la vie, la jeunesse peut se segmenter : adolescents, post-adolescents, jeunes adultes sont les trois groupes qui composent la jeunesse. Ces différents âges sont autant d'étapes qui possèdent leurs difficultés propres. Ainsi, la massification et le prolongement de la scolarisation posent de nouveaux problèmes. Les post-adolescents *« feraient le choix délibéré d'une irresponsabilité prolongée »* (Galland). Galland distingue deux formes de post-adolescents : les jeunes qui vivent avec les attributs incomplets de la maturité et les étudiants (mais pas seulement) qui vivent la semaine en dehors de chez leurs parents et qui y retournent le week-end. Dans ce cas, les aides familiales permettent aux jeunes d'affronter plus facilement les difficultés d'insertion dans la vie d'adulte, dans la vie professionnelle.

3. La jeunesse est le reflet de sa société. D'autres analyses insistent sur le caractère enraciné de la jeunesse dans les cultures nationales. En effet, les calendriers de départ du milieu familial sont très différents d'un pays à l'autre, y compris en Europe. Les jeunes du Sud de l'Europe partent tardivement, ceux du Nord, notamment danois, sont très précoces dans leur décohabitation du domicile parental, alors que les pays centre-européens, dont la France, sont en position intermédiaire. D'où la typologie suivante : le modèle méditerranéen (type idéal Italie) propose un départ tardif, un accompagnement presque exclusivement familial de la transition vers l'âge adulte et l'inexistence de forme de vie intermédiaire entre la famille d'origine et la famille de procréation ; le modèle nord-européen (type idéal Danemark) propose des rôles sexués plus égalitaires et les jeunes peuvent s'émanciper plus facilement de leur milieu familial ; enfin, dans le modèle intermédiaire continental (type idéal France), les jeunes quittent leurs parents à l'occasion de leurs études. Mais le départ des jeunes Français est réversible. Ils peuvent revenir au domicile parental, une fois les études terminées et munis d'une expérience de vie indépendante, tant affective que matérielle.

C. La jeunesse et l'entrée dans le monde du travail.

1. L'entrée dans la vie active est progressive. Emmanuel Defouloy estime qu'en France, plus qu'ailleurs, les jeunes sont utilisés comme une variable d'ajustement du marché du travail. Les mesures gouvernementales n'ont pas réglé le problème de fond, se contentant de mesures conjoncturelles. Pire, les conditions d'entrée dans la vie active se sont détériorées. Les jeunes sont donc en situation de précarité malgré des niveaux d'études importants, et ils sont souvent contraints de revenir vivre chez leurs parents vers la trentaine, ce qu'ils considèrent avec un grand malaise. Mais cette analyse n'est pas celle de Yannick L'Horty, qui montre que les jeunes, et les plus de 50 ans, ont plus de probabilité de quitter leur emploi, mais que le risque ne s'est pas accru pour les jeunes depuis les années 1980. De même, pour Laurence Bloch et Marc-Antoine Estrade, la probabilité d'accéder à l'emploi stable à partir d'une forme particulière d'emploi ou d'accéder à un emploi à partir du chômage est plus élevée pour les jeunes que pour les vieux et ces probabilités sont fortement dépendantes du niveau de formation.

2. Il n'existe pas un calendrier type de l'entrée de la jeunesse dans la vie active. Typiquement, la jeunesse finit ses études, trouve un emploi et quitte le domicile parental, mais ce modèle est remis en question. En effet, les travaux d'Olivier Galland montrent que les calendriers atypiques sont devenus très nombreux et concernent 28 % des hommes et 41 % des femmes. Pour Christian Baudelot et Roger Establet, l'ordre des étapes n'a pas été modifié par la crise, mais le calendrier typique est beaucoup plus fréquent chez les garçons qui ont suivi un long cursus universitaire, et il est beaucoup plus lent pour les non-diplômés et les titulaires de CAP. Pour eux, ce ralentissement correspond à une régression de l'accès à l'autonomie. La société moderne conduit donc à une régression car il n'y a plus de compensation entre les jeunes des milieux populaires et bourgeois.

3. La jeunesse actuelle est victime de la crise. De même, la jeunesse actuelle est victime des transformations de la condition salariale. Jusqu'aux années 1980, le salaire et l'évolution des rémunérations au cours de la vie constituaient la clé de voûte du système des relations intergénérationnelles. Les jeunes entraient sur le marché du travail avec un salaire plus élevé que celui de leur père au même âge, ce qui leur permettait d'avancer plus vite et, finalement, de gagner plus en fin de carrière, sans que les plus âgés soient pénalisés car ils connaissaient aussi des augmentations de salaires régulières (Baudelot et Establet). Le système se déséquilibre dans les années 1980, car les différences de salaires entre classes d'âge se sont accrues alors qu'ils auraient dû diminuer, les mutations technologiques déqualifiant les plus âgés en faveur des plus jeunes. La crise a porté un coup aux velléités de promotion sociale par l'école. D'où, aujourd'hui, la nécessité de continuer les études, y compris en milieu populaire. Dès lors, se pose la question de la réalité des scolarités et des débouchés professionnels liés aux cursus scolaires des jeunes de milieux populaires. La jeunesse est donc victime des transformations de la société, sans que des mesures structurelles soient prises pour éviter son malaise.

Alors que (trop) souvent la jeunesse est considérée comme marginalisée au sein de la société, il est possible de démontrer que les pratiques spécifiques de la jeunesse la relient à son environnement social. La jeunesse n'est donc pas simplement un mot, elle est une réalité de la vie quotidienne.

S'agit-il donc d'une remise en cause des travaux de Pierre Bourdieu ? Pas nécessairement. En effet, Bourdieu précise que *« c'est dans une relation commune à un état particulier du système scolaire, et dans les intérêts spécifiques, différents de ceux de la génération définie par la relation à un autre état, très différent du système, qu'il faut chercher un des principes unificateurs d'une génération : ce qui est commun à l'ensemble des jeunes, ou du moins à tous ceux qui ont bénéficié un tant soit peu du système scolaire, qui en ont tiré une qualification minimale, c'est le fait que globalement, cette génération est plus qualifiée à emploi égal que la génération précédente »* (« La "jeunesse" n'est qu'un mot », 1978). Il ouvre ainsi, dès le départ, la voie à l'idée que la jeunesse est une réalité sociale construite par l'état des rapports de force au sein du champ, au sein de la société.

Dans un article déjà ancien, Ralph Linton pose une des interrogations principales à propos de l'interprétation de la place de la culture juvénile dans les sociétés modernes : *« Do age group have separate cultures ? »*. Mais en voulant répondre à ce type de question, il en conclut lui-même qu'il a probablement *« raised more question than I have answered »*. Ouvert en 1942, le débat n'est toujours pas clos !

Références bibliographiques

- Pierre Bourdieu, « La jeunesse n'est qu'un mot » in P. Bourdieu, *Questions de sociologie*, Éditions de Minuit, 1984.
- Pierre Cahuc *et al.*, *La Machine à trier, comment la France divise sa jeunesse*, Eyrolles, 2011.
- Jean-Claude Chamborédon, « La délinquance juvénile, essai de construction d'objet », *in Revue française de sociologie*, 12, 3,1971.
- Daniel Cohen (études coordonnées par), *Une jeunesse difficile. Portrait économique et social de la jeunesse française,* collection du Cepremap, Éditions Rue d'Ulm/Presses de l'École normale supérieure, 2007. http://www.cepremap.ens.fr/depot/opus/OPUS06.pdf
- Monique Dagnaud, *Génération Y, Les jeunes et les réseaux sociaux, de la dérision à la subversion*, Les Presses de Sciences Po, 2011.
- Olivier Galland, *Sociologie de la jeunesse*, Armand Colin, 1re édition 1991.
- Olivier Galland, *Les Jeunes*, coll. Repères, La Découverte, n° 27, 2009.
- Insee, *Les Jeunes*, coll. Contours et caractères, 2000.
- Catherine Pugeault-Cicchelli, Vincenzo Cicchelli, Tariq Ragi (sous la dir.), *Ce que nous savons des jeunes*, PUF, coll. Sciences sociales et sociétés, 2004.
- François de Singly, *Les Adonaissants*, Armand Colin, 2006.

Sujet 19

Dans quelle mesure la notion de classe sociale permet-elle d'analyser le fonctionnement et les transformations de la société française depuis le XIXe siècle ?

Analyse du sujet

Le sujet ainsi formulé invite à une réflexion sur la pertinence sociologique de la notion de « classe sociale ». Il s'agit cependant moins d'un sujet d'épistémologie que de sociologie historique puisque le questionnement sur la pertinence de la notion ne doit pas se faire de manière trop théorique mais à travers son utilisation dans l'étude d'un contexte précis.

Celui-ci n'est rien moins que la société française, à la fois dans son fonctionnement et ses transformations, les deux termes étant importants. Il s'agit au total de se demander si on peut comprendre la société et le changement social à l'aide de la notion de « classe sociale ».

L'expression « dans quelle mesure » invite à discuter la pertinence de cette grille de lecture du monde social, c'est-à-dire qu'il faudra en montrer non seulement la pertinence mais dévoiler également les grandes lacunes auxquelles l'utilisation de cette seule grille conduit dans la compréhension de la société française.

Le cadre chronologique porte sur un peu plus de deux siècles ; il s'agit donc d'étudier la société contemporaine, c'est-à-dire celle qui émerge suite à la Révolution française et à partir de la révolution industrielle.

Proposition de corrigé

Une grille de lecture de l'organisation et du changement social basée sur les « classes » est forcément une perspective délicate. Le terme, à vocation descriptive depuis un temps bien antérieur à Karl Marx puisqu'on la trouve déjà chez François Quesnay en 1758, est devenu aussi un instrument de combat politique, par un glissement opéré dans la première moitié du XIXe siècle. Cette évolution traduit alors le regard de plus en plus critique de certains observateurs qui, utilisant alors la notion de « classe » largement popularisée par les classiques anglais, prennent position face à la montée de la question sociale posée par la misère ouvrière concentrée sur certains sites de production. Marx a simplement systématisé et popularisé cette démarche. La lutte des classes est devenue un thème qui, sortant du champ analytique, a largement occupé ensuite celui de l'action politique. Si les économistes ont finalement pour la plupart abandonné la notion de classe, les sociologues ne l'ont pourtant pas laissée aux seuls militants politiques, considérant la persistance de son intérêt pour l'analyse des sociétés contemporaines. On peut définir succinctement les classes sociales comme de larges regroupements d'individus sur des bases essentiellement, mais pas forcément exclusivement, économiques, qui les distinguent du reste de la société. Ces classes peuvent être dotées d'une conscience et d'une organisation collectives qui les rendent aptes à orienter le changement social.

On pourrait bien sûr s'arrêter sur l'éternelle question de l'existence concrète ou non des classes sociales, problème dont Pierre Bourdieu soulignait, amusé, qu'il occupait les sociologues depuis l'origine de la discipline, et se contenter d'opposer dès lors une perspective purement nominaliste de catégorisation sociale par l'observateur à une perspective réaliste réifiant les classes sociales en individus historiques, aptes à traverser les siècles et transcendant les individus physiques. Ou alors nous pouvons, comme l'envisage Luc Boltanski, essayer de penser l'existence des « êtres inexistants » que sont les classes sociales en tant qu'entités collectives, existence qui ne saurait se situer sur le même plan que celle des individus, mais qui pour autant peut avoir une consistante sociologique réelle. Suivant l'idée très spécifique aux sciences sociales selon laquelle les représentations du réel peuvent avoir sur lui des conséquences manifestes, nous nous demanderons si la notion de classe sociale a été structurante pour la société française depuis la fin du XVIIIe siècle, structurante pour les comportements des individus et pour les transformations de l'organisation sociale. Mais l'intérêt de la notion pour le sociologue ne se limite pas au questionnement de sa pertinence pour les acteurs historiques, elle peut aussi s'envisager comme un outil éclairant pour la compréhension de l'organisation sociale. Autrement dit, l'utilisation de cette notion nous permet-elle d'appréhender ce qu'a été l'essentiel de la société française et de ses changements depuis deux siècles ? Ou au contraire, certains pans entiers du changement social et de la vie sociale sont-ils peu perceptibles au prisme de cette grille de lecture ?

Ainsi, il convient d'évaluer la force signifiante de la notion de « classe sociale » pour les représentations et l'action collective dans la société française contemporaine (I), puis de remarquer ce qu'apporte à l'observateur l'utilisation de cette notion pour décrypter le monde social, pour mettre à nu l'essence de son fonctionnement et de ses transformations, sans manquer de souligner les inévitables insuffisances d'une grille de lecture trop exclusive (II).

I. Les « classes sociales », une notion plus ou moins signifiante pour les représentations et l'action collective en France depuis le XIXe siècle.

A. La lente affirmation de la notion de « classes sociales » dans les représentations et l'action collective au XIXe siècle.

1. La dissolution de l'ancien ordre aristocratique et l'émergence progressive d'une nouvelle classe dominante. L'abolition de la société d'ordres par la Révolution française semblait mettre fin à l'existence d'un groupe social dominant. Pourtant, dès l'Empire, une élite sociale se distingue par de nouveaux titres et la Restauration permet à l'ancienne aristocratie de retrouver l'essentiel de son statut social. Pour autant, ce n'est pas un retour à la société d'ordres de l'Ancien Régime. Les couches sociales dominantes de la première moitié du XIXe siècle, les notables, ont une composition sociologique qui évolue progressivement ; l'aristocratie exerce en son sein une domination de plus en plus contestée par des familles issues du monde économique et financier qui, convertissant leur richesse en capital foncier, peuvent accéder au monde des notables, en particulier suite à l'élargissement du droit de suffrage après 1830. Le monde des notables forme donc une classe de plus en plus hétérogène, même si la fortune foncière y est une condition d'accès. Cette hétérogénéité se traduit par des divergences politiques internes.

2. Les « classes moyennes », ou ceux qui ne veulent pas être en bas mais ne peuvent être en haut. Au début du XIXe siècle, les classes moyennes correspondent encore dans les représentations à la bourgeoisie, toujours devancée par l'aristocratie, mais les évolutions politiques et sociologiques viennent bouleverser cette perspective : avec l'élargissement du droit de suffrage et l'enrichissement rapide d'une élite bourgeoise dans les années 1830 et 1840, le pluriel de l'expression « classes moyennes » se justifie de plus en plus : il s'agit d'un ensemble de positions intermédiaires dans la hiérarchie sociale, une partie du monde de la boutique et de l'artisanat, des petits chefs d'entreprises, bref les « couches nouvelles » évoquées par Gambetta en 1874, mais aussi les travailleurs éduqués, professions libérales ou fonctionnaires intermédiaires. Un cadre de vie urbain, l'impossibilité de l'accès au sommet de l'échelle en termes de richesse, de pouvoir ou de prestige, voire cette opposition à l'élite dominante, distinguent les classes moyennes, tout comme la peur d'être assimilées à la misère et à l'agitation populaire.

3. Les mondes ouvriers ou la difficulté de « faire classe ». L'émergence d'un groupe ouvrier aux conditions particulières de vie est au départ difficile à percevoir (Gérard Noiriel, 1986). La distinction du groupe des paysans est encore imparfaite : les ouvriers-paysans sont encore nombreux, soit pour ce qui est du partage du temps entre la mine et les champs, soit pour ce qui est du travail à domicile réalisé par des familles paysannes pour des donneurs d'ordres urbains. Par ailleurs, la distinction entre les ouvriers de métier et la petite bourgeoisie est encore fragile, dans la mesure où le monde de l'atelier et de la boutique est encore le cadre principal du travail ouvrier. En outre, en 1880, un actif sur deux est encore employé dans l'agriculture, si bien que le nombre des ouvriers agricoles dépasse celui des ouvriers employés dans l'industrie. Par ailleurs, la diversité des racines régionales et paysannes des ouvriers migrants dans les grands centres industriels est un obstacle à l'émergence d'une conscience commune.

B. Les classes sociales : une réalité évidente pour la France de la fin du XIXe siècle aux années 1960.

1. Le bouleversement des classes dominantes. La Grande Dépression (1873-1896) affecte les revenus de la classe dominante, mais ceux tirés de l'industrie ne sont pas autant réduits que ceux issus de la terre : c'est donc la vieille aristocratie foncière qui perd une part de ses positions. Avec la reprise, la haute bourgeoisie de la

Belle Époque mène grande vie, ayant accumulé des fortunes comme rarement dans l'Histoire. Il s'agit alors d'une classe qui combine temps libre et aisance matérielle de manière très confortable. Dans les années 1930, à l'effondrement durable des cours des titres financiers s'ajoute la baisse forte et longue des profits des entreprises. Entre 1936 et 1945, les 5 % des ménages aux plus hauts revenus voient leur part dans le revenu total de la population passer de 18 % à 12 %, soit une baisse d'un tiers (Thomas Piketty, 2001). C'est pour ainsi dire la fin d'une couche sociale qui avait pu préserver, notamment par une fortune accumulée depuis le XIXe siècle, un niveau et un mode de vie radicalement différents de ceux du reste de la société.

2. La constitution d'une véritable classe ouvrière. Suite à la concession du droit de grève et à la création de l'Internationale ouvrière en 1864, les conflits se multiplient. Après l'échec de la Commune, la « classe ouvrière » prend conscience progressivement de la nécessité de l'organisation au-delà du simple recours à la violence. Autorisés à partir de 1884, les syndicats s'organisent progressivement jusqu'à l'échelle nationale, telle la CGT en 1895. Cette cristallisation de la conscience ouvrière s'accompagne d'une augmentation du nombre des conflits et de leur dureté au cours de la Belle Époque. Les avancées de 1936 se sont faites dans un contexte de pression des ouvriers qui occupent les usines et la CGT obtient alors un succès considérable et une très forte hausse de ses adhérents. L'idéologie marxiste contribue dans les discours et les représentations à forcer l'existence d'une classe ouvrière en tant qu'acteur de l'histoire sociale. Le parti communiste devient après guerre un parti ouvrier puissant, assurant une représentation politique des intérêts de la classe ouvrière. Il existe des municipalités ouvrières, dans les banlieues des grandes agglomérations, telle la « ceinture rouge » autour de Paris. La conscience de classe y est forte, nourrie des expériences de luttes et des conquêtes sociales depuis le début du XXe siècle.

3. L'organisation collective de la paysannerie. Présentée par Marx (1852) comme un exemple de classe sans conscience et donc sans capacité à peser sur le changement historique, la paysannerie se constitue progressivement en classe dans la deuxième partie du XIXe siècle, profitant notamment de l'avantage en termes de représentation que lui confère son poids démographique et l'usage du droit de suffrage. L'homogénéité de la paysannerie est forte à la Belle Époque, avec le maintien de la petite exploitation au cours du siècle (70 % des exploitations ont moins de 5 hectares en 1882) et avec le départ des campagnes vers les villes de l'essentiel des actifs agricoles les plus pauvres. L'organisation collective se structure face aux difficultés dans les années 1880, avec l'émergence d'unions nationales des syndicats agricoles, de gauche et de droite, regroupant un nombre considérable d'adhérents. Les organisations agricoles FNSEA et CNJA participent ensuite activement pendant les Trente Glorieuses à l'élaboration des lois d'orientation agricole favorisant la modernisation décisive de l'agriculture française.

C. Une notion qui perd de sa force signifiante à la fin des Trente Glorieuses, sans pour autant appartenir totalement au passé.

1. La moyennisation de la société française. À partir des années 1960, la société française se transforme car la haute bourgeoisie d'avant-guerre n'arrive pas à récupérer ses positions, laminées par la guerre et la crise des années 1930, et parce que s'affirme un groupe de salariés aisés, les cadres, non assimilables à l'ancienne haute bourgeoisie (Henri Mendras, 1988). La fin des années 1960 est aussi l'amorce d'une réduction marquée des écarts de revenus et d'une ouverture culturelle en direction des classes populaires : début de la massification de l'enseignement supérieur, de la diffusion par les médias télévisuels d'un contenu qui rapproche les représentations du monde des divers milieux sociaux, accès des classes populaires à la consommation de masse et surtout progression marquée de la mobilité sociale ascendante des enfants des milieux modestes. L'affirmation de l'appartenance à la classe moyenne devient majoritaire, ce qui, avec l'accroissement de la mobilité sociale, contribue à dissoudre progressivement la représentation d'un monde social structuré selon l'antagonisme marxiste dual traditionnel (Louis Dirn, 1990, Pierre Rosanvallon, 1996).

2. La dissolution de la classe ouvrière. Avec la crise des années 1970, le chômage en hausse frappe durement les ouvriers. La culture ouvrière construite depuis la fin du XIXe siècle se perd : les ouvriers qualifiés se rapprochent des modes de vie de la classe moyenne avec des salaires convenables, tandis que les ouvriers non qualifiés des services (livreurs…) et les OS restent mal considérés. Ainsi la classe ouvrière, tout en voyant sa frange qualifiée aspirée par la moyennisation, se dissout pour l'essentiel dans une vaste classe populaire, dont les ouvriers représentent une part désormais minoritaire et qui est de plus en plus incarnée par la figure de l'employé. Signe de cet affaiblissement de la conscience de classe, le vote ouvrier éclate et n'appartient plus au parti communiste, qui décline fortement; de même, le taux de syndicalisation baisse en même temps que les gros bastions industriels disparaissent et que les nouveaux emplois se développent dans des PME où les syndicats sont peu implantés (Stéphane Beaud et Michel Pialoux, 1999).

3. La persistance de la haute bourgeoisie en tant que classe sociale. En dépit de la réduction très forte de l'écart de richesses avec le reste de la société, par comparaison avec le début du XXe siècle, les sociologues Michel Pinçon et Monique Pinçon-Charlot (2000) soulignent que la haute bourgeoisie forme encore une classe sociale assez marquée en ce qu'elle essaie de préserver, par des pratiques distinctives marquées, une distance avec le reste de la société. Cela passe notamment par le développement de la pratique de « l'entre-soi ». Par le refus de la mixité sociale des lieux de résidence et de scolarisation, la haute société perpétue une frontière sociale. L'évolution des revenus depuis les années 2000 se fait à l'avantage de cette haute société, renforçant par là l'affirmation de la spécificité de son mode de vie, sans pour autant qu'elle soit parvenue en France, à la différence d'autres pays comme les États-Unis, à recréer par la richesse la distance avec le reste de la société qu'elle avait développée jusque dans les années 1920.

II. L'intérêt et les limites de la notion de « classe sociale » pour l'observateur cherchant à décrypter le fonctionnement de la société française contemporaine.

A. Une notion qui permet de percevoir la perpétuation de logiques sociales de domination…

1. L'analyse par Marx de la société française du milieu du XIXe siècle. Partant des conflits politiques traversant la France à cette époque, Marx souligne que la distinction entre les légitimistes et les orléanistes reflète une hétérogénéité au sein de la bourgeoisie, entre une composante foncière d'un côté et liée aux activités économiques nouvelles de l'autre. Par ailleurs, les classes moyennes sont assimilées à une « nouvelle classe de petits bourgeois », alliés selon Marx en 1848 à une partie du prolétariat pour imposer la République, alliance cependant ruinée par les journées de Juin 1848 et l'écrasement des ouvriers parisiens par l'armée d'une république désormais bourgeoise. Toutefois, la division de la bourgeoisie permet la restauration progressive de l'Empire, sans que la paysannerie, classe sociale sans consistance historique (classe en soi mais non classe pour soi), ne puisse l'empêcher. Ainsi, la société française est marquée selon Marx par des rapports de classes qui dépassent la simple opposition entre bourgeoisie et prolétariat puisqu'il distingue jusqu'à huit classes sociales différentes dans *Le 18 Brumaire* publié en 1852.

2. La reproduction des positions sociales analysée à l'aide de l'outil des classes sociales. Les inégalités sociales se perpétuent en partie à travers les générations, en raison de barrières faisant obstacle à une égalité des chances d'accès aux diverses positions sociales. Au-delà de la simple étude des trajectoires individuelles, la notion de classe aide à comprendre les raisons pour lesquelles on n'échappe pas facilement à son milieu d'origine. La transmission de la richesse n'est guère entravée par la fiscalité sur les classes dominantes au XIXe siècle : la position de classe dans le système productif, qui permet la détention d'un patrimoine élevé, assure alors aux enfants de la bourgeoisie un destin social facile. Par ailleurs, la transmission culturelle familiale est de plus en plus un gage de reproduction sociale, à mesure que les titres scolaires prennent de l'importance. Edmond Goblot (1925) souligne que l'organisation du système scolaire républicain s'accommode très bien de filières destinées à former l'élite et à accueillir ses enfants. Il préfigure le travail de Pierre Bourdieu (1970 et 1979), les deux auteurs montrant que la haute bourgeoisie cultive un habitus qui perpétue une distance sociale au reste de la population. La mobilité sociale croissante observée dans la deuxième moitié du XXe siècle révèle cependant un affaiblissement de ces barrières de classes.

3. Les nouveaux dominés et dominants des débuts du XXIe siècle. Les barrières sociales persistent dans un monde social qui n'est pas que la gradation de positions personnelles, fruits des choix subjectifs réalisés par des individus selon une perspective postmoderne empiriquement peu étayée. La crise de l'emploi qui s'est développée depuis les années 1970, avec la montée du chômage et une précarité plus fréquente, s'est abattue pour l'essentiel sur les classes populaires : le contraste est saisissant depuis vingt ans entre un taux de chômage des ouvriers ou employés généralement au-dessus de 10 % et celui des cadres autour de 5 %. Par ailleurs, l'homogamie sociale des cadres s'est renforcée depuis les années 1980 et les inégalités culturelles se sont creusées en ce qui concerne la pratique de la lecture, la fréquentation des musées ou des théâtres, le temps passé devant la télévision. La massification scolaire ne signifie pas toujours un mouvement d'une ampleur équivalente d'ouverture sociale des formations donnant accès aux meilleurs postes, comme le montre le cas des plus grandes écoles. Quant à la ségrégation territoriale, elle ne diminue pas, voire elle progresse au bénéfice des plus riches. Au-delà d'une simple lecture en termes de catégories sociales, on ne peut donc que s'interroger sur la persistance de barrières sociales entre classes dominantes et classes populaires.

B. ... et d'analyser certaines transformations de la société...

1. Les transformations des modes de vie des classes populaires urbaines. Le XIXe siècle est marqué par une intégration croissante des classes populaires, au sens où avec l'industrialisation elles ont pris une place, certes subordonnée mais définie, au sein du système économique et social. À la suite d'autres travaux, Robert Castel (1995) a bien souligné que jusqu'alors le petit peuple des villes vivait en grande partie sans statut et dans une grande précarité : vagabonds, mendiants, prostituées, et surtout travailleurs de peine souvent journaliers. L'essor du monde ouvrier urbain et les avancées économiques et sociales permettent le développement d'un style de vie populaire affirmant une dignité du travail manuel (Maurice Halbwachs, 1913), une sociabilité familiale et de quartier intense et une rupture revendiquée dans les attitudes et les valeurs, avec le reste de la société (Richard Hoggart 1957, Pierre Bourdieu 1979). Pourtant, avec la crise de la classe ouvrière et de l'emploi, avec l'ouverture culturelle croissante liée à la progression de la scolarisation, au rôle des médias et à des métiers souvent de services qui créent des contacts avec les autres milieux sociaux, le mode de vie des classes populaires s'est transformé. L'attachement au localisme du quartier reste une valeur importante (David Lepoutre 1997, Stéphane Beaud 2002), mais moins exclusive, et s'accompagne d'un attrait frustré pour les normes de consommation dominantes.

2. Les évolutions dans les classes supérieures. Au cours du XIXe siècle s'affirme la bourgeoisie au détriment de l'aristocratie héritière d'une fortune foncière venue de l'Ancien Régime. Avec le déclin relatif des revenus de la terre amplifié au cours de la Grande Dépression (1873-1896) et l'affirmation de la force du suffrage universel masculin, la déroute des rentiers du sol est aussi la fin des notables, et les familles aristocratiques qui veulent préserver leurs positions investissent la haute fonction publique ou se fondent dans la haute bourgeoisie. Celle-ci voit son patrimoine laminé dans les années 1930 et 1940 et accueille en son sein une part croissante de travailleurs qualifiés, professions libérales et cadres supérieurs. Classe vivant auparavant des revenus du capital, la haute bourgeoisie tire de plus en plus ses revenus du travail. Le mode de vie change aussi, passant d'un style bourgeois traditionnel dans des châteaux ou des hôtels particuliers, avec une domesticité nombreuse, un temps libre important, à une vie quasi exclusivement urbaine, une domesticité réduite et un temps libre rare. La nouvelle classe dominante dispose de moins de temps et de goût pour la culture cultivée, notamment livresque, et utilise son fort pouvoir d'achat pour occuper ses loisirs par des pratiques culturelles peu acétiques mais qui cultivent l'entre-soi et permettent un affichage mondain. La maîtrise des langues étrangères, un mode de vie très international et un éclectisme culturel distinguent nettement cette classe du reste de la société (Philippe Coulangeon, 2011).

3. Le déclin de la ruralité et l'affirmation de la société urbaine. En 1789, les quatre cinquièmes de la population française sont des ruraux et les deux tiers de la population vivent du travail agricole. Les évolutions sont lentes puisqu'en 1911 encore 56 % de la population sont à la campagne. Ils ne sont plus que 18 % en 2006. Le XXe siècle est donc marqué par une transformation radicale des modes de vie liée à l'essor urbain. La paysannerie, organisée en tant que classe depuis la fin du XIXe siècle, décline numériquement rapidement à partir des années 1960, suite à une rapide modernisation agricole. Elle disparaît en tant que classe puisque les agriculteurs ne représentent plus que 3 % des emplois en 2008, mais conserve une influence politique en tant que groupe de pression. Le déclin du monde rural est aussi celui d'une petite bourgeoisie traditionnelle, d'artisans et de boutiquiers disséminés sur le territoire et notamment dans les bourgs ruraux. L'urbanisation de la société peut donc être appréhendée au travers de l'observation de la fin de la classe paysanne et de la transformation interne des classes populaires et moyennes.

C. … mais qui éclaire mal certaines tensions et mutations de la société française.

1. Les rapports de genres ne sont pas des rapports de classes. La structure sociale est aussi marquée par une domination masculine qui s'atténue cependant depuis deux siècles. Dans le monde professionnel, l'activité féminine se renforce au cours du XIXe siècle, en même temps que certaines formes de participation féminine à l'activité productive, jusqu'alors masquées (fonctions « d'aide » dans l'exploitation ou la boutique), sont progressivement reconnues. Après avoir progressé jusqu'à la Première Guerre mondiale, l'activité féminine recule de l'entre-deux-guerres au milieu des années 1960, à la fois sous l'effet d'un antiféminisme et du *baby-boom* qui renforcent l'assignation des femmes à la sphère domestique. Si le taux d'activité féminin progresse ensuite continûment, les femmes restent victimes d'inégalités salariales et dans l'accès aux postes à responsabilités. Au sein de la sphère domestique, le code civil de 1804 formalise une infériorité juridique des femmes mariées et, au sein de la classe dominante, le modèle hérité de l'épouse sans profession perdure. Soumise au « chef de famille » jusqu'en 1970, l'épouse n'exerce jusqu'alors pas l'autorité parentale à égalité avec son mari. L'accès des femmes aux fonctions politiques et au droit de suffrage ne leur est accordé en France qu'en 1944, et en 2007 elles ne représentent que 18,5 % des députés à l'Assemblée nationale. Les luttes féministes popularisées par des figures marquantes telles Olympe de Gouges, Flora Tristan, Marguerite Durand ou Simone de Beauvoir rappellent que les conflits sociaux ne sont pas que de classes (Roland Pfefferkorn, 2007).

2. De l'indigène à l'immigré, les rapports sociaux ne sont pas que de classes. Lorsque s'ouvre le XIXe siècle, la France est un pays colonial dont certains des grands ports atlantiques ont, en plus d'un siècle, largement profité de l'essor d'un grand commerce en partie fondé sur la traite des Noirs. Sous la pression d'une

Angleterre abolitionniste, celle-ci est découragée par les autorités à partir de 1817, mais se prolonge sous des formes plus discrètes pendant plusieurs décennies. Si l'esclavage est aboli en 1848, l'entreprise coloniale prend de l'ampleur en Afrique. Le rapport de beaucoup de Français aux populations de couleur est alors fondé à la fois sur un sentiment de supériorité et sur un goût pour l'exotisme. En métropole, la population originaire des colonies passe assez inaperçue tant elle est peu nombreuse, jusqu'à ce que pendant les Trente Glorieuses le manque de main-d'œuvre conduise à augmenter le nombre des immigrés qui viennent en partie d'Afrique. Si 15 % des immigrés en France en 1962 sont originaires d'Afrique, c'est le cas de 39 % d'entre eux en 1999 selon l'INSEE. Une partie de la population blanche peine cependant à accepter l'installation de ces minorités visibles qui, souvent membres des classes populaires, sont à ce titre aussi frappées durement par la crise de l'emploi. Le qualificatif d'étranger ou d'immigré, tel un stigmate, reste même parfois accolé dans certains esprits à des personnes nées et ayant grandi en France, révélant une tension latente qui trouve un débouché croissant dans la vie politique à partir des années 1980.

3. Les dynamiques générationnelles : une variable sociologique à ne pas oublier. Le changement social s'opère aussi à travers la succession des générations. Elle modifie par exemple la place de la religion dans la vie sociale, avec un recul marqué surtout au XXe siècle (perte de positions institutionnelles avec la loi de 1905, crise des vocations dans l'Église depuis les années 1970, recul de la pratique et montée de l'incroyance), accompagné d'une diversification religieuse (montée de l'islam ou du bouddhisme). Certaines phases de l'histoire culturelle sont marquées par des évolutions fortes liées en partie à des visions nouvelles du monde qui accompagnent les générations montantes ou font suite à des ruptures collectives majeures. C'est ainsi que les années suivant la Première Guerre mondiale sont marquées par un renouvellement culturel, en partie sous l'influence américaine : une valorisation marquée de la liberté de l'individu et une volonté d'émancipation féminine qui se heurte à une réaction antiféministe. Le traumatisme de la Seconde Guerre mondiale conduit aussi à des changements profonds de la société, inspirés en grande partie par ceux ayant participé à l'aventure de la Résistance et qui permettent des réformes collectives majeures sur la protection sociale, l'éducation ou l'action économique de l'État. Les générations nombreuses nées pendant le *baby-boom* bousculent les normes et les valeurs de la société française à la fin des années 1960 et au début des années 1970, avec une revendication de l'autonomie individuelle et à nouveau de l'émancipation féminine, la génération de leurs enfants ayant grandi dans un contexte de chômage de masse à partir des années 1990, alors que leurs parents partaient à la retraite souvent avant 60 ans, ayant parfois le sentiment ou la crainte d'un relatif déclassement (Louis Chauvel, 2011).

Les classes sociales sont une notion sociologique pertinente qui permet au sociologue de dévoiler les grandes forces structurant la société et perpétuant les inégalités à travers le temps. À condition toutefois de ne pas considérer que la société française est marquée par un simple rapport dual caractérisant un mode de production de type capitaliste, que véhiculerait un catéchisme marxiste rudimentaire. Vision qui ferait d'ailleurs injustice à Marx lui-même de la richesse de sa propre vision de la société française de son temps. Si les analystes de la société s'appuient sur cette notion pour mieux la comprendre avant Marx, ils continuent à l'utiliser jusqu'à notre époque. Quant à savoir si des classes sociales ont existé en France en tant que groupes réels, il s'agit bien d'une question de sociologie historique et non d'épistémologie : bien sûr certains sociologues individualistes refusent de l'envisager par principe mais, en dehors d'un réalisme naïf, une perspective constructiviste permet d'envisager l'existence de certaines classes, plus ou moins consistantes, dans la société française des deux derniers siècles. Certaines tensions structurantes peuvent cependant difficilement être pensées à l'aide de cette seule grille de lecture. C'est le cas en particulier des oppositions de genres, des rapports ethnico-culturels et des mutations générationnelles.

Références bibliographiques

- Philippe Alonzo, Cédric Hugrée, *Sociologie des classes populaires*, 2010.
- Stéphane Beaud, Michel Pialoux, *Retour sur la condition ouvrière : enquête aux usines Peugeot de Sochaux-Montbéliard*, 1999.
- Stéphane Beaud, *80 % au bac... et après ? – les enfants de la démocratisation scolaire*, 2002.
- Serge Bosc, *Sociologie des classes moyennes*, 2008.
- Pierre Bourdieu, *La Reproduction. Eléments d'une théorie du système d'enseignement*, 1970.
- Pierre Bourdieu, *La Distinction. Critique sociale du jugement*, 1979.
- Robert Castel, *Les Métamorphoses de la question sociale*, 1995.
- Louis Chauvel, *Le Destin des générations*, 2011.
- Christophe Charle, *Histoire sociale de la France au XIXe siècle*, 1991.
- Philippe Coulangeon, *Les Métamorphoses de la distinction. Inégalités culturelles dans la France d'aujourd'hui*, Paris, 2011.
- Louis Dirn, *La Société française en tendances*, 1990.
- François Dubet, Danilo Martuccelli, *Dans quelle société vivons-nous ?*, 1998.
- Olivier Galland, Yannick Lemel, *La Société française, un bilan sociologique des évolutions depuis l'après-guerre*, 2011.
- Yannick Lemel, *Les Classes sociales*, 2004.
- Edmond Goblot, *La Barrière et le niveau. Étude sociologique sur la bourgeoisie française moderne*, 1925.
- Maurice Halbwachs, *La Classe ouvrière et les niveaux de vie*, 1913.
- Richard Hoggart, *La Culture du pauvre*, 1957.
- David Lepoutre, *Cœur de banlieue. Codes, rites et langages*, 1997.
- Karl Marx, *Le 18 Brumaire de Louis Bonaparte*, 1852.
- Henri Mendras, *La Seconde Révolution française. 1965-1984*, 1988.
- Gérard Noiriel, *Les Ouvriers dans la société française (XIXe – XXe siècle)*, 1986.
- Roland Pfefferkorn, *Inégalités et rapports sociaux. Rapports de classe, rapports de sexe*, 2007.
- Michel Pinçon, Monique Pinçon-Charlot, *Sociologie de la bourgeoisie*, 2003.
- Thomas Piketty, *Les Hauts Revenus en France au XXe siècle*, 2001.
- Pierre Rosanvallon, Jean-Paul Fitoussi, *Le Nouvel Âge des inégalités*, 1996.

Sujet 20

Dans quelle mesure les inégalités sont-elles explicables par l'appartenance sociale?

Analyse du sujet

La question des inégalités est permanente dans les sociétés développées comme dans celles des pays en développement. La recherche de la croissance s'accompagne généralement, comme l'a expliqué Simon Kuznets, d'un accroissement des inégalités. Mais alors qu'il estimait que cette augmentation devait être limitée dans le temps, il apparaît que les économies des PDEM connaissent aussi un accroissement des inégalités. En France, les travaux de Thomas Piketty, Camille Landais et Emmanuel Saez ont mis l'accent sur un retour des inégalités depuis la fin du XXe siècle. Si le sujet est donc bien dans une actualité permanente, il est aussi présent dans plusieurs parties du programme d'AEHSC. Ce thème peut se retrouver dans de très nombreuses parties des programmes de première et de seconde année, mais il est plus particulièrement abordé dès le début de la première année dans le thème « Cadre général des activités économiques et sociales », dans les sous-parties consacrées aux grandes fonctions économiques à travers la répartition, voire aussi dans l'étude des différentes organisations économiques et sociales. Il est ensuite au centre du thème consacré au rôle de l'État dans l'activité économique et sociale à travers les deux items du thème. Enfin, les inégalités sont au cœur de la réflexion des premiers sociologues et elles traversent l'évolution des structures sociales depuis le XIXe siècle. En seconde année, le thème est plus particulièrement étudié dans les déséquilibres et politiques économiques et sociales en économie ouverte, où il est explicitement mentionné dans les différents types de déséquilibres. Il se retrouve aussi dans la partie consacrée au changement social contemporain dans les PDEM comme dans celle étudiant les stratégies de développement. Cette multiple présence pose problème pour traiter le sujet, car il est alors possible de mobiliser les acquis de l'économie comme ceux de la sociologie, sans exclusive.

Proposition de corrigé

Dès le début du XIXe siècle, Tocqueville prévoyait que la modernité se conjuguerait à travers l'égalité des conditions. Si les sociétés développées ont bien connu une réduction des inégalités, celles-ci persistent dans les PDEM alors qu'ils sont toujours favorisés face aux pays en développement, même si l'éclatement du tiers-monde a permis à certains pays, notamment asiatiques, de rattraper tout ou partie de leur retard. Mais les inégalités ne font pas que persister dans les pays développés. Dès 1996, Jean-Paul Fitoussi et Pierre Rosanvallon indiquent que les pays riches font face à un « *nouvel âge des inégalités* ». Peu après, les travaux de Thomas Piketty seul, ou avec Camille Landais et Emmanuel Saez, confirment empiriquement, pour la France et les États-Unis, que les inégalités de revenu se sont accrues depuis les années 1980. Dès lors la question se pose de l'origine de la permanence de ces inégalités, alors même que la croissance, quoique parfois atone, s'est maintenue et que la richesse par habitants a formidablement augmenté, y compris depuis la crise de 1973, dans tous les pays développés. Pourtant, le modèle de la courbe en cloche, de Kuznets (« Economic Growth and Income Inequality », *American Economic Review*, 45(1), 1-28, 1955) affirme que la croissance se traduit par une réduction des inégalités. Les modèles économiques construits dans la logique du modèle de Solow ou même de Stiglitz confirment cette relation. Dès lors, la persistance des inégalités semble dépasser le cadre modélisé des économistes et il est nécessaire de mobiliser les connaissances sociologiques pour expliquer ce phénomène. Pour Alain Bihr et Roland Pfefferkorn (*Déchiffrer les inégalités*, 1999) le maintien et l'accroissement des inégalités sont provoqués par la mise en œuvre des politiques libérales qui, en rompant avec le compromis fordiste, ont limité le rôle des institutions qui maintenaient le principe de la répartition en faveur des plus démunis. De ce point de vue, Pfefferkorn (*Inégalités et rapports sociaux*, 2007) note qu'il faut mobiliser la notion de rapport social pour expliquer les inégalités. Tout rapport social, s'il est accepté, favorise la cohésion autour de valeurs partagées, mais en même temps il s'accompagne d'une lutte entre agents pour s'approprier une part des richesses. Cette lutte peut être naturalisée à travers l'appartenance sociale, chaque groupe social, c'est-à-dire chaque groupe identifiable par ses membres et par les autres et doté d'un intérêt commun, cherchant à maintenir ses prérogatives, ses richesses, son pouvoir, en opposition aux autres groupes sociaux. Mais l'appartenance à un groupe peut-elle expliquer toutes les formes d'inégalités? Toutes les formes de groupes se valent-elles pour expliquer les inégalités?

L'hétérogénéité des inégalités ne peut pas être appréhendée par une causalité unique et l'analyse de leurs origines peut conduire à formuler une typologie des inégalités qui justifierait que si les inégalités peuvent s'expliquer par des considérations économiques (I), la plupart d'entre elles dépendent de l'appartenance sociale (II), et celle-ci ne peut être moniste (III).

I. Des inégalités qui s'expliquent par une efficacité différenciée des acteurs économiques.

A. Les inégalités sont naturelles et efficaces pour les économistes.

1. Les inégalités chez les classiques. Traditionnellement, l'économie présente les inégalités comme efficaces car elles permettent à ceux qui sont dotés des ressources nécessaires et qui en ont la volonté de les accroître : celui qui fait des efforts sera récompensé, celui qui n'en fait pas sera sanctionné. Ainsi, pour Thomas Malthus, l'existence de classes riches et pauvres est nécessaire, car elles motivent ceux qui sont situés en haut de la hiérarchie sociale à faire en sorte d'y rester et elles incitent ceux qui sont situés en bas à travailler davantage pour arriver en haut. Dans ce contexte libéral, le travail justifie la réussite et la paresse conduit à la pauvreté. Le rôle des États ou des institutions caritatives peut alors s'avérer inefficace pour le bien-être collectif car, en incitant à la paresse, ils limitent la création de richesse pour tous.

2. Les inégalités chez les néoclassiques. L'analyse néoclassique attribue aussi aux inégalités un rôle important. Pour Alfred Marshall (*Principes d'économie politique*, 1890) les facultés humaines sont des instruments de production dont l'utilisation sur les marchés accroît la richesse de tous. De même, pour Vilfredo Pareto, dans le cadre de la concurrence pure et parfaite, chaque agent est rétribué en fonction de sa productivité et des quantités de ressources qu'il utilise. L'équilibre général est un optimum et chaque unité de production est allouée de manière à maximiser sa productivité marginale. Dans ce contexte, les principes de justice définis par Aristote sont présents. La justice commutative, correspondant à des échanges équivalents, est réalisée car les agents acceptent d'échanger leurs ressources, et la justice distributive, correspondant à l'équité d'une rémunération en fonction des ressources mobilisées, est aussi présente sur le marché.

B. Les inégalités peuvent être compensées tout en maintenant la régulation marchande.

1. Une compensation en amont du marché. Les efforts différenciés des uns et des autres les justifient mais surtout, les inégalités de départ ne sont pas modifiées : en effet, si l'équilibre général est bien un optimum de Pareto, toutes les répartitions sont possibles et on peut imaginer un équilibre où 10 % de la population reçoit 90 % des richesses, chacun tirant ses ressources des inégalités de départ. Face à cette réalité de l'équilibre en CPP, les néoclassiques du bien-être admettent la possibilité de mettre en œuvre des principes correcteurs. Mais ils doivent se situer hors marché. Pour Léon Walras, l'intervention de l'État est possible en amont du marché : en nationalisant les terres et les réseaux ferrés, les pouvoirs publics évitent que des rentes indues soient ponctionnées sur la nécessité de se loger et de se nourrir, de même que l'homogénéisation des transports permet la mobilité des facteurs de production.

2. Des corrections en aval. Pour Milton Friedman, l'action publique est aussi possible. Il propose de supprimer toute aide en nature (école, nourriture...) et de conserver un seul impôt qui serait positif au-dessus du seuil de pauvreté et négatif au-dessous. Ce système permettrait à la personne pauvre de retrouver du pouvoir d'achat. D'autres auteurs libéraux proposent des solutions fondées sur le même principe, comme le chèque éducation, etc. Ainsi, si les libéraux admettent que le marché est le meilleur régulateur, ils n'interdisent pas les actions correctrices pourvu qu'elles ne se situent pas sur le marché et qu'elles ne conduisent pas à une perte sèche trop importante.

II. Des inégalités qui s'expliquent par l'appartenance à des groupes sociaux antagonistes.

A. La structure de classe à l'origine des inégalités.

1. Des inégalités présentes et surtout ressenties. Pour Fitoussi et Rosanvallon, les inégalités structurelles sont traditionnelles et elles décrivent, par exemple, la hiérarchie des revenus. Elles sont intériorisées par la société et elles sont l'enjeu des négociations entre institutions, entre représentants du monde patronal et syndical. De ce point de vue, ces inégalités sont dues à l'existence de la stratification sociale. L'appartenance à une catégorie socioprofessionnelle est à l'origine d'une inégalité de revenu. Ainsi, en France, le salaire médian des ouvriers est approximativement le tiers de celui des cadres. Pourtant, plus de la moitié des français ont le sentiment d'être victimes d'inégalités du point de vue du revenu (enquête perception des inégalités et du sentiment de justice, 2009).

2. L'appartenance de classe à l'origine des inégalités. Ces inégalités de revenu sont le fruit d'une appartenance de classe mais aussi des conditions de vie. Dès les années 1950, Richard Hoggart montre que l'appartenance de classe est à l'origine d'inégalités salariales qui se traduisent aussi par des formes culturelles propres (*La Culture du pauvre*). Aujourd'hui, en France, environ 15 % des travailleurs peuvent être qualifiés de travailleurs pauvres et ils se recrutent majoritairement dans les catégories de la population ouvrière sans qualification ou parmi les employés. De même, le chômage touche la population de manière différenciée en fonction de son origine socioprofessionnelle : en 2010, les cadres et professions intellectuelles supérieures avaient un taux de chômage de 4 %, les professions intermédiaires 4,9 %, les employés 9,5 % et les ouvriers 13,5 %. Au-delà du critère de revenu, les inégalités scolaires touchent aussi différemment les CSP, provoquant ainsi une systématicité des inégalités. Alors qu'à 18 ans seulement 19 % des jeunes ont arrêté leurs études, ils sont 28 % à l'avoir fait chez les ouvriers contre 5 % chez les cadres. La remontée des inégalités se traduit par un discours sur le retour des classes sociales dans la littérature sociologique. Louis Chauvel (« Le retour des classes sociales »), Stéphane Beaud *et al.* (*La France invisible*, 2006) sont des exemples contemporains de ce renouveau. Ces auteurs mettent l'accent sur le caractère cumulatif des inégalités; les inégalités de revenu entraînent aussi des inégalités de patrimoine (plus fortes d'ailleurs) et des inégalités dans les conditions de vie.

B. Les conditions d'existence provoquent des inégalités.

1. Des inégalités qui font système. Dès 1999, Bihr et Pfefferkorn (*op. cit.*) ont montré que les inégalités se constituaient en système: le caractère cumulatif des inégalités et leur transmission intergénérationnelle étaient perçus comme la preuve d'une polarisation croissante de la société française. Pour Pfefferkorn (*Inégalités et rapports sociaux*, 2007), le caractère systémique des inégalités aurait été occulté pour plusieurs raisons. D'une part, certains sociologues (Ulrich Beck, Anthony Giddens, Pierre Rosanvallon) refuseraient délibérément d'apercevoir les inégalités car elles nuiraient à leur vision du monde. D'autre part, les inégalités sont d'autant moins visibles qu'elles ne se laissent pas appréhender sous la forme de tableau et qu'elles sont étudiées de manière sectorielle. La segmentation des travaux statistiques sur les origines des inégalités permettant finalement d'occulter leur détermination en termes de classes sociales.

2. Les conditions d'existence nuisent à l'ascension sociale. Si la pauvreté et le chômage touchent différemment les groupes socioprofessionnels, cela conduit à une détérioration des conditions d'existence provoquée par l'appartenance sociale. Les inégalités de logement, par exemple, sont directement liées au revenu: plus ceux-ci sont élevés plus il est aisé de se loger décemment. Ainsi, la superficie moyenne occupée par un actif est de 26 m² quand il s'agit d'un ouvrier qualifié, de 39 m² quand il s'agit d'un cadre, commerçant, chef d'entreprise ou profession libérale ou d'un agriculteur exploitant. De même, le bruit au domicile est jugé gênant par 25 % de l'ensemble des ménages, mais par 32 % des ménages du premier décile (*L'État des inégalités en France*, 2007). Enfin, le logement est jugé humide (28 %) et en mauvais état (25 %) par le décile le plus pauvre, alors que ces caractéristiques ne sont ressenties que par 15 % et 10 % de la population moyenne. Le cumul des difficultés de logement détériore ainsi les conditions de vie de la population la plus pauvre, empêchant les enfants de suivre une scolarité laissant espérer une mobilité sociale ascendante.

3. L'accès aux soins est inégalitaire. L'espérance de vie s'est accrue, mais de manière différenciée. Ainsi entre 1976-1984 et 2000-2008, l'espérance de vie moyenne à 60 ans est passée de 17,1 ans à 21,1 ans pour les hommes et de 21,8 ans et 25,2 ans pour les femmes, celle des cadres hommes est passée de 19,2 ans à 24 ans alors que celle des ouvriers s'est accrue de 15,9 ans à 19,6 ans, en même temps que les femmes cadres gagnaient 3,7 ans d'espérance de vie et les ouvrières 3,9 ans. Les conditions d'accès aux soins et les soins apportés au corps sont à l'origine de tels écarts. Si les facteurs culturels jouent (instrumentalisation du corps dans les classes populaires par exemple), ils sont le fruit des conditions de revenus et de vie. Ainsi, les problèmes d'obésité sont présents chez 0,7 % des enfants de cadres en classe de troisième et chez 7 % des enfants d'ouvriers. De même, les enfants de 12 ans sans problèmes dentaires sont 47 % chez les enfants de cadres et 32 % chez les enfants d'ouvriers. Ces chiffres montrent que les inégalités sociales de santé des parents se transmettent aux enfants. Ces problèmes sont connus, mais les mesures prises sont limitées. La couverture maladie universelle, par exemple, tente bien de couvrir les risques de santé, mais par le seul aspect monétaire. Or, il s'agirait d'agir au niveau culturel pour prendre en considération les effets systémiques des inégalités.

III. Des inégalités qui sont liées à la détention d'attributs sociaux particuliers.

A. La détention d'attributs sociaux à l'origine des inégalités.

1. L'introduction du genre remet en cause l'analyse en termes de classes sociales. Si les travaux sociologiques traditionnels mettent l'accent sur la structure de classes ou l'appartenance socioprofessionnelle pour expliquer les inégalités, des travaux plus récents notent que les inégalités sont de plus en plus transversales et fractales. Le genre et l'âge sont devenus des critères importants pour analyser l'origine des inégalités. Les femmes, notamment, ne parviennent pas souvent aux professions que leur permettrait leur diplôme. Et l'exemple vient de haut, car si le premier gouvernement de Jean-Marc Ayrault favorise la parité, les députées restent très peu nombreuses en comparaison de leurs homologues masculins. Le

« plafond de verre » reste prégnant. Les inégalités salariales sont sexuées : les hommes perçoivent, en moyenne, un salaire supérieur de 25 % (en équivalent temps plein) à celui des femmes. L'écart mensuel moyen est de 445 euros, soit presque un demi Smic. Et plus on monte dans la hiérarchie salariale, plus l'écart est important. En équivalent temps plein, le salaire minimum des 10 % des femmes les mieux rémunérées équivaut à 77 % du salaire minimum des 10 % des hommes les mieux rémunérés (soit 2 751 euros pour les femmes contre 3 596 euros pour les hommes en 2010). Si l'on prend en compte les 1 % les mieux rémunérés, c'est encore pire: les femmes touchent un salaire équivalent à 63 % de celui des hommes.

2. L'âge est aussi un facteur discriminant. Les travaux de Christian Baudelot et Roger Establet ont montré que la jeunesse « était en panne d'avenir » (*in* Daniel Cohen *et al.*, *Une jeunesse difficile, Portrait économique et social de la jeunesse française*, 2006). En reprenant des analyses plus anciennes (*Avoir trente ans en 1968 et en 1998*, 2000), ils démontrent que les cohortes de population les plus jeunes sont défavorisées à tout âge en comparaison de leurs aînés. Les inégalités de revenus, d'accès à l'emploi, d'accès au logement se cumulent. Ce constat est repris par des économistes et des sociologues pour les années les plus récentes. Dans *La Machine à trier, comment la France divise la jeunesse* (2011), Pierre Cahuc, Stéphane Carcillo, Olivier Galland et André Zylberberg montrent que les dysfonctionnements de l'école permettent à une partie de la jeunesse de s'en sortir alors qu'une autre partie s'enfonce dans l'exclusion. Si la jeunesse paraît être sacrifiée, peut-on dire que la vieillesse est favorisée ? Dès 1946, Alfred Sauvy craignait « l'envahissement des vieillards », mais dans *Le Destin des générations*, Louis Chauvel (1998) démontre que les générations nées dans les années 1940 et jusqu'en 1955 ont grandement bénéficié de la croissance des Trente Glorieuses, d'une certaine manière au détriment des autres cohortes. Ainsi, au-delà des classes sociales, les âges de la vie sont facteurs d'inégalités.

B. Des inégalités fractales, personnelles ou territoriales.

1. L'existence d'inégalités intracatégorielles. Au-delà des inégalités structurelles, Fitoussi et Rosanvallon (*op. cit.*), distinguent des inégalités dynamiques qui sont nouvelles et essentiellement intracatégorielles. Elles proviennent des parcours des individus, ce qui rend hétérogènes les situations à l'intérieur d'une même catégorie sociale. Le chômage, la précarité, l'appartenance à un segment ou à un autre du marché du travail sont des événements qui rendent incomparable l'expérience des individus au sein même d'une catégorie. Mais ces parcours peuvent aussi rendre comparables d'autres situations antérieurement antagonistes. C'est ainsi que les différences de revenu peuvent finir par s'estomper entre un petit patron en faillite, un cadre au chômage de longue durée et un ouvrier en emploi précaire. Les inégalités intracatégorielles rendent donc relativement obsolètes les typologies habituelles.

2. Des inégalités dans des sociétés fragmentées. La fragmentation des sociétés modernes se produit selon des divisions nouvelles pour Hugues Lagrange (*L'Épreuve des inégalités*, 2006). Les personnes ne pouvant se connecter au monde et qui sont de ce fait assignées à résidence, ceux qui n'ont pas de compétences relationnelles, ceux qui ne peuvent s'adapter aux nouveaux systèmes symboliques en sont réduits à vivre dans l'exclusion et la précarité. Le monde est devenu asymétrique et séparerait les populations entre ceux qui disposent de ressources adaptées au monde contemporain et capables d'individualiser leur parcours et ceux qui seraient contraints de subir les inégalités de la nouvelle société technologique.

3. Des inégalités de territoire. Les inégalités se matérialisent par des formes de ségrégation spatiale. Le phénomène n'est pas nouveau et dès la première école de Chicago (Robert Park et Ernest Burgess), les sociologues américains relèvent l'ethnicité des strates urbaines : les nouveaux arrivants s'agrègent dans des ghettos (Louis Wirth) qui sont plus souvent nationaux et culturels que religieux, même si ces diverses dimensions sont difficilement séparables. La forte cohésion sociale d'une communauté locale peut alors rendre difficile l'intégration urbaine. Ce qui était vrai dans les pays d'émigration peut aussi se comprendre pour les « banlieues rouges » françaises, mais si le lieu était stigmatisé, il était intégré dans les réseaux politiques et/ou dans la société. Il ne s'agissait pas de lieu de relégation comme on peut le constater aujourd'hui. Pour autant, toutes les formes de ségrégation n'excluent pas l'individu de la société. Dans *Le Ghetto français. Enquête sur le séparatisme social* (2004), Éric Maurin démontre que le territoire s'est imposé comme le lieu de nouvelles inégalités. Et ce n'est pas l'apanage des groupes mal intégrés que de chercher l'entre-soi. Les études de Michel Pinçon et

Monique Pinçon-Charlot montrent que des lieux sont habités depuis longtemps par les élites françaises et la gentrification se développe dans les quartiers anciennement populaires. Les inégalités de biens collectifs et de biens privés disponibles à proximité des habitats des plus aisés sont à l'origine de nouvelles inégalités.

L'analyse des causes des inégalités permet de dresser une typologie. Il est possible d'en dégager trois grands types: celles liées au statut dans la structure socioéconomique (revenu, patrimoine, conditions et précarité du travail), celles liées aux conditions d'existence (logement, santé, insécurité, exposition aux risques technologiques) et celles liées à la détention d'attributs sociaux particuliers (genre, origine ethnique, âge). Mais ces inégalités ne sont plus toujours portées par les classes sociales ou les fractions de classe, elles peuvent être le fruit des parcours et des aléas personnels.

La multiplicité des explications des inégalités remet en question les moyens de lutte traditionnels. Les conflits qui touchent les pays européens sont des exemples des défis auxquels sont confrontées les sociétés modernes.

Références bibliographiques

- Yann Algan, Pierre Cahuc et André Zylberberg, *La Fabrique de la défiance, et comment s'en sortir…*, Albin Michel, 2012.
- Stéphane Beaud (sous la dir.), *La France invisible*, La Découverte, 2006.
- Pierre Cahuc, Stéphane Carcillo, Olivier Galland et André Zylberberg, *La Machine à trier: Comment la France divise sa jeunesse*, Eyrolles, 2011.
- Olivier Galland, et Michel Forsé (sous la dir.), *Les Français face aux inégalités et à la justice sociale*, Armand Colin, 2011.
- Hugues Lagrange (sous la dir.), *L'Épreuve des inégalités*, PUF, 2006.
- Louis Maurin, *Déchiffrer la société française*, La Découverte, 2009.
- Observatoire des inégalités, *L'État des inégalités en France*, Belin, 2007.
- Roland Pfefferkorn, *Inégalités et rapports sociaux, rapports de classes, rapports de sexes*, La Dispute, 2007.
- Alain Bihr et Roland Pfefferkorn, *Déchiffrer les inégalités*, Syros, 1999.

Achevé d'imprimer en France par Présence Graphique
2, rue de la Pinsonnière - 37260 Monts
N° d'imprimeur : 081242661

1707302/01

Dépôt légal : août 2012